Edition Rosenberger

Die „Edition Rosenberger" versammelt praxisnahe Werke kompetenter Autoren rund um die Themen Führung, Beratung, Personal- und Unternehmensentwicklung. Alle Werke in der Reihe erschienen ursprünglich im Rosenberger Fachverlag, gegründet von dem Unternehmens- und Führungskräfteberater Dr. Walter Rosenberger, dessen Programm Springer Gabler 2014 übernommen hat.

Gerd Kalmbach

Jour fixe um 11

Aktivierendes Lehren im
Unternehmen
Ein Fachroman

Gerd Kalmbach
Offenburg, Deutschland

Bis 2014 erschien der Titel im Rosenberger Fachverlag, Leonberg.

Edition Rosenberger
ISBN 978-3-658-07352-7   ISBN 978-3-658-07353-4 (eBook)
DOI 10.1007/978-3-658-07353-4

Die Deutsche Nationalbibliothek verzeichnet diese Publikation in der Deutschen Nationalbibliografie; detaillierte bibliografische Daten sind im Internet über http://dnb.d-nb.de abrufbar.

Springer Gabler
© Springer Fachmedien Wiesbaden Nachdruck 2015
Ursprünglich erschienen bei Rosenberger Fachverlag, Leonberg, 2008
Das Werk einschließlich aller seiner Teile ist urheberrechtlich geschützt. Jede Verwertung, die nicht ausdrücklich vom Urheberrechtsgesetz zugelassen ist, bedarf der vorherigen Zustimmung des Verlags. Das gilt insbesondere für Vervielfältigungen, Bearbeitungen, Übersetzungen, Mikroverfilmungen und die Einspeicherung und Verarbeitung in elektronischen Systemen.
Die Wiedergabe von Gebrauchsnamen, Handelsnamen, Warenbezeichnungen usw. in diesem Werk berechtigt auch ohne besondere Kennzeichnung nicht zu der Annahme, dass solche Namen im Sinne der Warenzeichen- und Markenschutz-Gesetzgebung als frei zu betrachten wären und daher von jedermann benutzt werden dürften.
Der Verlag, die Autoren und die Herausgeber gehen davon aus, dass die Angaben und Informationen in diesem Werk zum Zeitpunkt der Veröffentlichung vollständig und korrekt sind. Weder der Verlag noch die Autoren oder die Herausgeber übernehmen, ausdrücklich oder implizit, Gewähr für den Inhalt des Werkes, etwaige Fehler oder Äußerungen.

Gedruckt auf säurefreiem und chlorfrei gebleichtem Papier

Springer Fachmedien Wiesbaden ist Teil der Fachverlagsgruppe Springer Science+Business Media
(www.springer.com)

Vorwort

Seit meinem Studium beschäftigt mich der Gedanke, dass gerade eine Disziplin wie die Pädagogik es doch schaffen muss, ihre Themen in ansprechender, manchmal witziger und dennoch anspruchsvoller Weise zu präsentieren. – Genau das ist in diesem Fachroman meine Intention. Lernen vollzieht sich besser mit positiven Emotionen, mit Spaß an der Beschäftigung mit einem Thema und nicht durch Langeweile.

Inspiriert durch so spannende Bücher wie „Der Termin" oder „Sophies Welt" kam mir die Idee, ob es nicht auch sinnvoll wäre, eine Geschichte über Lehren und Lernen im Unternehmen zu schreiben und dem Konzept des „aktivierenden Lehrens" gleich bei dessen Beschreibung Leben einzuhauchen. Denn dass dadurch das Gelesene besser behalten wird, steht meines Erachtens außer Frage.

Also ging ich ans Werk, diesen pädagogischen Kunstgriff ebenso wie andere Autoren vor mir zu wagen und die Dinge, die ich über Lehren und Lernen sagen möchte, in eine Geschichte zu packen. Ganz nach dem Motto „Gut erzählt ist halb gelesen" entwickelte ich die Ihnen hier nun vorliegende Geschichte in der Hoffnung, dass sie amüsant und doch lehrreich zugleich ist.

Das Buch ist, wie Sie merken werden, in einen eher theoretischen und einen eher praktischen Teil untergliedert. Ich bin davon überzeugt, dass eine gute Pädagogik auch ihre theoretischen Grundlagen braucht, und biete Ihnen in den ersten acht Kapitel deshalb keine leichte Kost. Aber ich glaube auch, dass Sie danach durch ein tieferes Verständnis des Geschriebenen belohnt werden.

Eine solches Buch entsteht freilich nicht über Nacht und nicht allein im stillen Kämmerlein. Dementsprechend möchte ich allen danken, die mich in dem (länger als geplant dauernden) Prozess des Schreibens unterstützt, inspiriert und ermutigt haben. Vor allem Regina, Susanne, Martin, Stephanie und natürlich Simone mit ihren Ausbildern gebührt mein besonderer Dank für die vielen Möglichkeiten des Gedankenaustauschs, die sie mir geboten haben.

Gerd Kalmbach
Durbach, November 2007

Inhalt

1 Jour fixe 1
2 In welcher Gesellschaft leben wir eigentlich? 11
3 Lehren und Pluralität 27
4 Ein Rüpel als Inspiration 31
5 Wahrheit als Konstruktion? 35
6 Abschied vom bisherigen Denken 45
7 Jonathan Myers 49
8 Fragen über Fragen 59
9 In Vino Veritas 67
10 Vom Lehrenden zum Lernbegleiter 79
11 Ein unheilvoller Anruf 97
12 Leittexte und Selbstorganisation? 111
13 Der Weg des geringsten Widerstandes 119
14 Wer fragt, der führt 127
15 Spiele im Training 145
16 Gedanken zur Vorbereitung 161
17 Der große Tag 177

Literatur 189

Zum Autor 193

1 Jour fixe

Frank Meister war wie immer am Montag morgen auf dem Weg zu seiner Arbeit. Es war einer dieser schönen Frühlingstage, an denen er sich bereits am frühen Morgen auf einen ausgedehnten Waldspaziergang nach der Arbeit freute. Aber bis dahin gab es ja noch einige spannende Dinge zu tun. Da er knapp zwanzig Kilometer zu seinem Arbeitsplatz mit dem Auto zurückzulegen hatte, konnte er sich während der Fahrt gedanklich schon auf den Arbeitstag vorbereiten.

Während die Landschaft im frühen Licht der Sonne an ihm vorüber zog, kamen ihm die letzten Wochen mit den Auszubildenden nochmals in den Sinn. Es war Prüfungszeit für die jungen Leute gewesen und dieses Jahr empfand er die Vorbereitung wieder ganz besonders anstrengend. Warum war das eigentlich so, dass sich die Azubis derart schwer taten, fragte er sich während der Fahrt. Als er damals zum Werkzeugmechaniker ausgebildet wurde – o.k., das war zwar schon einige Jahre her, schließlich war er bereits 43 Jahre alt – war alles noch irgendwie einfacher.

Ihm wurde von Anfang an gesagt, was zu tun und zu lernen ist, und er meinte sich zu erinnern, dass er das dann auch konsequent über die gesamte Lehrzeit hinweg getan hatte. Der Ausbildungsmeister hatte Themen vorgestellt, Schulungen gemacht und gesagt, wo es langgeht – und so war es dann auch. Alle Azubis hatten letztlich zu folgen und doch schien dieses System zu funktionieren. Er und alle seine Kollegen hatten schließlich damals die Ausbildung erfolgreich abgeschlossen! Heute schien es eher so zu sein, dass die jungen Leute erst auf den letzten Drücker versuchen, den Stoff zu lernen. Irgendwie glaubten sie den Aussagen der Ausbilder nicht mehr.

Die heutigen Azubis sind auch irgendwie selbstständiger, dachte Frank weiter. Zumindest empfinden sie das selbst so. Und sie sind auch selbstbewusster, hinterfragen viel, diskutieren über manches, worüber er früher mit seinem Ausbilder nie diskutiert hätte. Es scheint fast, als ob das eine ganz andere Generation ist. Jedenfalls musste er mit ihnen viel pauken in den letzten Wochen, vieles von dem Lernstoff nochmals wiederholen, in Einzelarbeit nachholen. Er war sich eigentlich sicher, dass die jungen Leute das alles schon mal gehört hatten, entweder im Firmenunterricht oder in der Berufsschule. Aber trotzdem, er und seine Kollegen mussten das alles nachholen.

Frank Meister verantwortete in seinem Unternehmen seit acht Jahren die gewerblich-technische Ausbildung als Abteilungsleiter. Neben ihm arbeiteten noch drei weitere Kollegen hauptamtlich als Ausbilder in dem Unternehmen. Nach seiner eigenen Lehre und der nebenberuflichen Zusatzausbildung zum IHK-Meister absolvierte er noch ein Studium zum Dipl. Ing. Maschinenbau. Mit ein bisschen Stolz blickte er auf seine Karriere. Schließlich hatte ihm niemand etwas geschenkt und er musste sich alles selbst erarbeiten. Er wünschte sich, dass seine Absolventen eine ähnliche Entwicklung nehmen könnten wie er. Es war heute ja wichtiger denn je, eine gute Ausbildung zu haben und sich ständig weiter zu entwickeln. Dazu wäre es aber nötig, dass die jungen Leute ehrgeizig sind, gerne lernen und vor allem auch von sich aus initiativ werden. Leider sah er im Moment bei kaum einem seiner insgesamt 66 Azubis diese Eigenschaften. Er fragte sich auch, wie er diese Eigenschaften bei den jungen Leuten wohl wecken könnte. Wenn Lernen Spaß machen würde, wenn die Azubis gerne in der Ausbildungsabteilung wären – ja, das wäre eine tolle Sache. Dann wären die Ergebnisse nachhaltig und tiefgründig, die Lernerfolge deutlich sichtbar und alle sehr viel zufriedener. Und zwar sowohl die lehrenden Ausbilder, als auch die lernenden Auszubildenden.

Manchmal, so dachte er weiter, fehlt den jungen Leuten einfach die Motivation. Vielleicht schaffen es wir Ausbilder ja auch nicht, die jungen Leute mit Elan, Spaß und Nachhaltigkeit mit den Lerninhalten vertraut zu machen?
  Aber freilich, es gab auch Unterschiede zwischen den Azubis. So waren die Mechatroniker zum Beispiel eher bereit, auch mal selbstständig an die Lösung eines Problems heranzugehen als die Industriemechaniker. Auch die Instandhalter und die Verfahrensmechaniker waren da sehr weit, obwohl es da selbstverständlich auch wieder Unterschiede innerhalb der Berufsgruppen gab.
  Aber es müsste doch auch möglich sein, alle Lernenden so zu erreichen, dass sie gerne lernen, dass sie bereit sind, sich einzubringen, dass sie mit Motivation und Engagement bei der Sache sind und eventuell sogar auch mal von sich aus mit einem Handbuch arbeiten oder im Intranet nach Lösungen suchen, und zwar ohne dass ein Ausbilder oder die Prüfung als „negative Verstärkung" – also Druck – dahinter stehen!

Während Frank so hin und herüberlegte, erreichte er das Werkstor und beschloss, diese Fragen mit seiner Kollegin aus der kaufmännischen

Ausbildung und seinem Vorgesetzten im heute anstehenden Jour fixe zu besprechen. Schließlich bot sich gerade dieser feste Montagstermin an, auch mal über ganz Grundsätzliches zu diskutieren.

Simone Kaufmann saß in ihrem Büro und blickte nachdenklich aus dem Fenster. Ihr Schreibtisch stand im fünften Stock des Gebäudes, wodurch sie einen sehr schönen Blick über den Vorplatz hinaus ins Grüne hatte. Sie bereitete sich gerade auf den Jour fixe vor, den sie heute mit Herrn Meister und Ihrem Vorgesetzten hatte. Simone dachte darüber nach, dass einige Azubis kurz vor den Prüfungen in bestimmten Abteilungen sehr große Lernschwierigkeiten hatten, in anderen aber nicht.

Woran das wohl liegt, grübelte sie. Vielleicht ganz einfach daran, dass die Themen nicht immer spannend waren? Aber es kann ja auch nicht Ziel der Ausbildung sein, den Auszubildenden spannende Themen zu bieten und sie zu unterhalten. Vielleicht ist es ja auch ein Problem, dass die Ausbildungsbetreuer den Lernstoff nicht spannend aufbereiten? Aber wie dem auch sei: Gelernt werden müssen sie trotzdem! Simone dachte an ihre eigene Lehrzeit und daran, dass sie den einen Ausbilder mochte, den anderen aber eher nicht. Eventuell ist es ja auch eine Frage des Umgangs der Ausbildungsbeauftragten mit den Azubis? Vielleicht stimmt ja einfach nur die berühmte Chemie nicht? Aber, so korrigierte sie ganz schnell wieder ihre eigenen Gedanken. Es gibt auch in Abteilungen mit einem so genannten schlechten Ruf ganz hervorragende Lehrlinge ...

Simone Kaufmann leitete die kaufmännische Ausbildung im Unternehmen und war gleichzeitig für Praktikanten und Diplomanden zuständig. Ihr standen in den unterschiedlichen Fachbereichen insgesamt 24 Kolleginnen und Kollegen zur Seite, die als Ausbildungsbeauftragte die kaufmännischen Azubis in den einzelnen Abteilungen begleiteten. Für Simone war es schon immer wichtig gewesen, das aus den jungen Menschen, die zu ihr in die Ausbildung kamen, nach der Lehrzeit kompetente Mitarbeiter und Kollegen wurden. Dementsprechend dachte sie auch immer wieder darüber nach, wie sie ihre Auszubildenden insgesamt besser betreuen konnten.

Manche Menschen passen eben einfach zueinander und kommen dementsprechend gut miteinander aus, dachte sie. Dann funktioniert auch das Lernen besser. Und dann sind manche Azubis in bestimmten Abteilungen eben besonders gut, mit anderen Kollegen lernen sie wiederum eher weniger gut.

Aber, so fragte sie sich selbstkritisch, wollen wir uns tatsächlich damit zufrieden geben? Eigentlich sollten ja schon alle Azubis in allen Abteilungen die gleichen Chancen haben und alle Themen und Bereiche gerne und gut kennen lernen. Letztlich ist es ja auch im Interesse des Unternehmens, bestens ausgebildete Fachkräfte zu haben. Aber wie ist es denn möglich, auf spezielle Bedürfnisse von einzelnen jungen Menschen einzugehen und gleichzeitig den Lernstoff zu vermitteln? Und – ist das überhaupt das Idealrezept? Vielleicht stellt sich ja auch die eher grundsätzliche Frage, wie junge Menschen in unserer heutigen Zeit eigentlich lernen und ob sich aus moderner pädagogischer Sicht vielleicht etwas verändert hat, was wir bislang noch gar nicht bedacht hatten? Vielleicht müssen wir ja an unserer pädagogischen Herangehensweise etwas ändern?

Simone nahm sich vor, diesen Themenkomplex gleich beim Jour fixe mit den Kollegen anzusprechen. Vielleicht würde sich ja in dem Gespräch eine Idee ergeben, wie Lernen im Unternehmen erfolgreicher und mit mehr Spaß und Freude ablaufen könnte ...

Auch Martin Peler machte sich im Vorfeld des heutigen Meetings so seine Gedanken. Er war für die Personalentwicklung der 1650 Mitarbeiter zuständig und hatte die Gesamtverantwortung für den Bereich Ausbildung inne. Regelmäßig traf er sich mit Herr Meister und Frau Kaufmann montags um 11 Uhr, um aktuelle Themen zu diskutieren.

Martin Peler hatte in der vergangenen Woche die Gelegenheit, mit dem Personalvorstand über seine aktuellen Zahlen und seine Erwartungen für das nächste halbe Jahr zu sprechen. So organisierte die PE insgesamt rund 100 Seminartage pro Jahr – was schon eine enorme Zahl war. Diesen Wert würde er als Mindestanzahl sehr gerne beibehalten. Allerdings waren sich sowohl der Vorstand als auch Martin selbst darin einig, dass sich trotz der vielen Weiterbildungstage in den Köpfen der Mitarbeiter eher wenig veränderte bzw. dass die Wirkung und die Effizienz von Weiterbildungsveranstaltungen nicht klar nachgewiesen werden konnte. Dementsprechend forderte der Vorstand auch, weiterhin auf dem Laufenden gehalten zu werden, inwiefern die PE- Maßnahmen aber auch die Aktivitäten in der Grundausbildung von Erfolg gekrönt waren. Schließlich war es ja auch so, dass sich durch die Eingliederung des Unternehmens in eine größere Gruppe vor zwei Jahren einiges getan hatte. Martin und seine Mannschaft standen stärker unter Druck als früher, weil das Thema Kostenreduktion auch vor PE nicht halt machte. Er musste schon öfters beim Vorstand antreten und Rechenschaft ablegen. Dennoch, er behielt freie Hand für das, was er tat, und der Vorstand stand hinter ihm. Trotzdem fragte er sich freilich, ob die Dinge, die sie in Sachen Bildung und Weiterbildung im Unternehmen so taten, auch so erfolgreich wie möglich waren oder ob es da noch Verbesserungspotenziale gab.

Auf dem Weg ins Besprechungszimmer dachte er kurz darüber nach, ob er wohl einfach noch mehr Seminartage anbieten müsste? Doch da fiel ihm ein schlauer Satz ein, den er mal gelesen hatte: „Wenn Sie immer das tun, was Sie schon immer getan haben, werden Sie immer das bekommen, was Sie schon immer bekommen haben. Wenn das, was Sie tun, nicht wirkt, tun Sie etwas anderes!"[1] Das würde aber bedeuten, dass er wahrscheinlich nicht das *Wie viel* an Trainings, sondern das *Wie* an Trainings verändern sollte. Denn eine Erhöhung der Quantität bringt ja nicht automatisch eine Erhöhung der Qualität mit sich!

Auf jeden Fall wollte er mit seinen Mitarbeitern aus der Ausbildung über die Qualität und Wirkung der Seminare sprechen und ihre Einschätzung erfahren. Schließlich ging es ja darum, das Aus- und Weiterbildungsbudget zu begründen und vor allem für erfolgreiches Lernen im Unternehmen zu sorgen.

Pünktlich um 11 Uhr trafen die drei Kollegen im Besprechungszimmer ein und begannen sofort und mit Elan mit den anstehenden Themen.

Frank: Puh, die letzten Wochen mit den Azubis, ich kann Euch sagen ... die waren wieder sehr aufwändig. Es scheint fast so, als ob die Jungs in den letzten drei Jahren nicht sehr viel mitgenommen haben in den ganzen Unterweisungen und Unterrichtseinheiten, geschweige denn in der Berufsschule. Wir haben schon geglaubt, die gesamte Lehrzeit nachholen zu müssen. Manchen fiel es leichter, sich den Lernstoff anzueignen, anderen wiederum nicht – da war wirklich ständiges Wiederholen angesagt. Da muss man sich nicht wundern, dass die Auszubildenden kaum noch Lust zum Lernen haben. Das scheint eben nicht immer bei allen gleich zu funktionieren. Manche lernen gerne, empfinden neue Themen und Verhaltensweisen eher als Herausforderung, für andere

---

[1] Seymour/O'Connor, 1996, S. 35

Lehrlinge ist Lernen eher ein negativ besetzter Begriff und sie scheuen sich vor Neuem.

Auf der anderen Seite kann es freilich auch an uns liegen! Es könnten ja auch unsere Unterrichtsformen sein, die eben nicht mehr auf moderne Auszubildende passen. Die jungen Menschen heute arbeiten sehr gerne und viel mit dem Computer, die Anforderungen an die Auszubildenden haben sich verändert – Ihr müsst Euch ja nur mal die Neuordnung der Ausbildungsrahmenpläne anschauen – dementsprechend müssten wir uns als Ausbilder ja auch verändern, auf dem aktuellen Stand sein, uns selbst anpassen, die Unterrichtsformen verändern, vielleicht auch mal die Medien wechseln. Ach, ich weiß auch nicht. Das scheint 'ne riesige Herausforderung zu sein. Und wenn man dann noch die jeweilige Individualität und die unterschiedlichen kulturellen Hintergründe der Azubis mitbedenkt ... Da ist es freilich kein Wunder, das wir mit unseren standardisierten Materialien und Unterweisungsformen nicht unbedingt an alle Lernenden herankommen! Manche meiner Ausbilder benutzen noch die Overhead-Folien, die sie vor fünfzehn Jahren schon hergestellt haben!

Aber nicht falsch verstehen, ich möchte meinen Ausbildern und den Ausbildungsbetreuern in den Fachabteilungen auch keinen Vorwurf machen. Sie bekommen die Materialien von mir und meinen Stammausbildern, sie werden hier in meiner Abteilung angelernt und hospitieren jeweils bei ihren Vorgängern. So wird das pädagogische Wissen eben von Ausbilder zu Ausbilder weiter gegeben. Nur, wenn sich Azubis verändern ... Ich glaube, nach den Erfahrungen der letzten Wochen, wir sollten mal gründlich über Auszubildende nachdenken: wer sie sind, wie sie lernen, was sie ausmacht. Wenn wir auf diese Fragen schlüssige Antworten haben, dann können wir auch darüber nachdenken, wie Lehren besser funktioniert und wie wir die Ausbilder auch durch Weiterbildungen befähigen können, durchaus auf individuelle Eigenheiten der Azubis einzugehen ...

Nach diesem überraschenden Vortrag von Frank schauten sich Martin Peler und Simone Kaufmann erst mal leicht betreten an, um dann langsam zustimmend zu nicken. Denn eigentlich hatte Frank ja recht. Schließlich war es die Dame am Tisch, die das Wort ergriff, und aus ihrer Sicht ganz Ähnliches berichtete.

Simone: Ja genau. Vielleicht sollten wir insgesamt darüber nachdenken, wie wir hier im Unternehmen unterweisen oder unterrichten? Ich habe ganz ähnliche Erfahrungen. Einige Azubis lernen beispielsweise hervorragend und voller Engagement in der Buchhaltung mit, während andere gerade die Buchhaltung als langweilige Abteilung empfinden und am allerliebsten dauerhaft im Marketing blieben. Meine Ausbildungsbetreuer und ich wissen ja, dass wir jeden Azubis je nach seiner Art, seinen Interessen und seinem Charakter ansprechen sollten, aber haben wir dazu die pädagogischen und didaktischen Mittel?

Und mal abgesehen davon, ich höre schon einige meiner Kollegen sagen, dass sie auch gar keine Zeit haben, so etwas wie eine „spezialisierte Einzelbetreuung" in der täglichen Praxis umzusetzen, denn schließlich bilden sie die Azubis neben ihrer eigentlichen Aufgabe aus. Dennoch sind meine Ausbildungsbeauftragten insgesamt sehr motiviert und engagiert und wollen ja, dass die Lehrlinge gut ausgebildet sind. Wir sollten mehr dazu beitragen, dass sie das pädagogische Handwerkszeug an die Hand kriegen, damit die jungen Menschen besser und leichter lernen können – damit erleichtern wir sowohl das Lernen der Azubis als auch das Lehren der Ausbildungsbeauftragten und erhöhen damit letztlich die Effizienz und den gesamten Erfolg der Ausbildung – und das gilt sicherlich auch für die pädagogische Arbeit in der Weiterbildung, nicht wahr?

Martin: Na ja, schön wäre es freilich, wenn alle alles wunderbar lernen würden, aber ist das ein realistisches Ziel? Und sind nicht auch tatsächlich die Interessen der Azubis und überhaupt aller Lernenden ausschlaggebend, wenn es um den Lernerfolg geht? Wir können aber andererseits auch nicht nur das lehren, was die Lernenden interessiert. Es gibt eben Themen, die sie wissen müssen, ohne dass sie sofort ein reges Interesse daran haben. Manche Seminarteilnehmer haben durchaus Interesse an einem Training zum Thema Projektmanagement, andere wiederum fühlen sich fast schon beleidigt, wenn ich sie zu dieser Veranstaltung einlade.

Das ist eben in der Personalentwicklung genauso wie in der Ausbildung. Manchmal habe ich den Eindruck, viel Zeit und Geld in ein Training investiert zu haben, ohne eine konkrete Ahnung zu bekommen, ob und was sich tatsächlich verändert hat. Es scheint einfach auf den jeweiligen Menschen anzukommen, wie er das verarbeitet, was er da an Wissen dargeboten bekommt. Für die einen passt es, für die anderen eher nicht.

Vielleicht sollten wir tatsächlich darüber nachdenken, mit welchen pädagogischen Mitteln und Methoden wir insgesamt die Wirkung von Aus- und Weiterbildung verbessern können. Denn im Endeffekt geht es immer darum, dass unsere Anstrengungen für das Unternehmen auch einen Nutzen bringen: Denn wir investieren viel Zeit und Geld! Wenn wir uns nicht darüber im Klaren sind, ob die Wirkung dieser Investition, also der Return on Invest, tatsächlich das ist, was wir wollen, dann sollten wir unsere Herangehensweisen überprüfen.

Und für das Unternehmen insgesamt ist es eben auch wichtig, aus der Ausbildung hervorragend ausgebildete Fachkräfte zu bekommen, die sich von sich aus in spezifischen Weiterbildungen auf ihrem Gebiet weiter spezialisieren und dadurch ihren Beitrag zum Gesamterfolg der Firma leisten können. Das Ziel muss es sein, Lehren und Lernen in unserem Unternehmen unter die Lupe zu nehmen, es erfolgreicher zu gestalten und dadurch insgesamt zu einem lernenden Unternehmen zu werden, damit wir „vom Lernen des Individuums zum Lernen der Gruppe oder der Organisation"[2] kommen.

Na ja, aber um das zu erreichen, ergänzte Simone, müssen unsere pädagogischen Anstrengungen aber auch bei den Lernenden ankommen – es muss Spaß machen zu lernen. Wir reden hier von einer neuen Lernkultur, in der das Sich-Fortbilden positiv verstanden wird als etwas, das auch den Lernenden selbst nutzt und nicht lästig ist. Bisher gilt Lernen als etwas, das man leider tun muss, um eine Prüfung zu bestehen. Wir sollten uns mal ganz grundsätzliche Gedanken darüber machen, mit wem wir es bei unseren Lernern eigentlich zu tun haben, wie Menschen eigentlich lernen und was wir daraus für Schlussfolgerungen für unsere interne Bildungsarbeit ziehen müssen.

Ja genau, stimmte Frank begeistert zu. Das wäre so etwas wie ein Projekt „Neue Lernkultur", das wir zu dritt angehen könnten. Denn eines ist klar, wir wollen alle drei dasselbe: dass unsere Lernenden im jeweiligen Kontext so erfolgreich wie irgend möglich lernen. Wir sollten sofort damit beginnen, nach neuen Ideen, Ansätzen und Möglichkeiten zu suchen. Sei es in Artikeln, Büchern, im Internet oder durch externe Hilfe. Wir brauchen Impulse, wie wir unsere pädagogische Arbeit erfolgreicher gestalten können!

---

[2] Arnold Rolf, 1995, S. 29

Jetzt war Frank nicht mehr zu stoppen. Voller Enthusiasmus fuhr er fort: Ein erster Ansatz könnte zum Beispiel sein, zunächst einmal zu fragen, wie man die Unterschiede zwischen Menschen erklären kann. Ich habe da neulich im Internet etwas über die Pluralität in modernen Gesellschaften gelesen – war ein ganz spannender Artikel. Das ist für uns durchaus auch von Bedeutung, haben wir es doch dauernd mit heterogenen Azubigruppen bzw. Lernenden allgemein zu tun. Das heißt, wir sollten zunächst so etwas wie eine Gegenwartsanalyse durchführen: Lernen und Lehren spielt sich ja nicht in einer fiktiven pädagogischen Provinz ab, sondern wir leben in einer hochkomplexen, industriell immens entwickelten Gesellschaft. Dennoch stellen wir fest, dass selbst wir, die wir uns längst mit der Heterogenität von hoch entwickelten Lebensgemeinschaften arrangiert haben, über die radikale Pluralität staunen, mit der wir neuerdings im Zeitalter der Globalisierung konfrontiert werden. Zudem steht eine moderne Didaktik als „Lehre vom Lehren und Lernen"[3] nie als isolierte Einzelwissenschaft dar, sondern spiegelt immer auch die gesellschaftlich etablierten geistigen Strömungen wider, in denen sie sich befindet, auch weil Lehren und Lernen letztlich ein gesellschaftliches Projekt darstellt.

Mein Vorschlag wäre es also, dass ich mich zunächst mal um die Frage kümmere, *in welcher Gesellschaft wir eigentlich leben*. Was zeichnet uns heutzutage aus und welche Auswirkungen hat das schließlich auf pädagogisches Arbeiten? Ich werde dann im nächsten Jour fixe davon berichten. Was haltet Ihr davon?

Martin und Simone wussten zwar nicht so genau, wovon Frank da eben gesprochen hatte, aber es klang so, als ob er sich schon des Öfteren mit dem Thema einer pluralen Gesellschaft auseinandergesetzt hätte. Also beschlossen sie, ihn mal machen zu lassen. Und irgendwie hatte er ja auch recht: Pädagogische Arbeit war ja schließlich immer auch innerhalb der Gesellschaft anzusiedeln. Sie arbeiteten ja nicht irgendwo, sondern in einen Gesamtkontext eingebunden. Dementsprechend lag die Frage schon auch nahe, in welcher Gesellschaft wir eigentlich leben. Und vielleicht haben sich ja in den letzten Jahren auch viel Veränderungen ergeben, auf die sie verpasst hatten, die pädagogischen Antworten zu finden ...

---

3   Duden, 1994

Und die ganze Diskussion um PISA, Ganztagesschulen, Schulformen überhaupt, Bildung und Ausbildung machten ja auch deutlich, dass da durchaus Bewegung drin war und sich viele mit solcherlei Gedanken beschäftigten. Ganz zu schweigen von solchen Begriffen wie Bildungs- bzw. Erziehungsnotstand – teilweise spürten sie die Auswirkungen direkt „am eigenen Leib". Vielleicht hatten sie ja wirklich etwas nachzuholen ...

Dementsprechend kam die Idee von Frank gut an. Simone und Martin erklärten sich mit der Vorgehensweise einverstanden, beim nächsten Jour fixe dann ihrerseits eine bestimmte Frage oder ein Thema zu übernehmen. Martin stand auf, ging zu seinem Wandschrank im Büro, öffnete die Tür und kramte suchend in den Untiefen dieses Möbelstücks. Er zog ein gebundenes Buch mit leeren Seiten heraus, auf dessen Umschlag er mit feierlicher Miene den Titel „Projekttagebuch Neue Lernkultur" schrieb, und es Frank für die ersten Notizen überreichte. Dieses Buch wird uns dienlich sein, unsere Erkenntnisse und Gedanken zu sammeln, um sie schließlich eventuell anderen Kollegen weiterzugeben, meinte er erläuternd. Ich möchte gerne, dass wir unsere Erkenntnisse im Zusammenhang mit dem Projekt notieren, damit wir auch nichts von dem vergessen, was wir erarbeiten.

Frank schnappte sich das Buch. Die Idee gefiel ihm gut, nicht nur für den Papierkorb zu arbeiten, sondern auch die Ergebnisse der Recherchen festzuhalten, um sie dann eventuell anderen Kollegen zugänglich zu machen.

Gerade aus der Perspektive der gesamten Unternehmensgruppe war es wichtig, solche Ideen und Gedanken als Benchmarks festzuhalten. Wer wusste schon, ob nicht in einem Jahr an einer ganz anderen Stelle in der Gruppe die gleichen Gedanken entstehen? Dann wäre es schon klasse, wenn sie aus ihrem Projekt die Gedanken gesammelt und niedergeschrieben hätten. Denn schließlich musste ja nicht jeder die gleichen Erfahrungen nochmals machen ... Lernen, so sagte Frank zustimmend, entsteht ja schließlich auch durch den Austausch von Ideen und nicht dadurch, das jeder sein Wissen für sich behält ...

Die drei verabredeten sich für den nächsten Jour fixe und machten sich auf in ihre Büros ...

2 In welcher Gesellschaft leben wir eigentlich?

Zurück in seinem Büro dachte Frank Meister noch mal über das Gespräch mit seinen Kollegen nach. Er war sehr zufrieden. Diese neue Projektidee bedeutete zwar für alle zusätzliche Arbeit, aber das schien ja niemanden abzuschrecken. Ganz im Gegenteil. Und wenn sich jeder einbringt, so dachte er beschwingt, sich jeweils ganz spezifischen Fragen annimmt, die ihn selbst sehr interessieren, und sie dann gemeinsam die Ergebnisse der Recherchen zusammentragen, dann kommt dabei bestimmt ein weit reichendes und wichtiges Ergebnis heraus.

Dementsprechend ging er ohne Umschweife hochmotiviert daran, sich im Internet unter wikipedia.de der Frage zu widmen, in welcher Gesellschaft wir eigentlich leben. Die vielen Treffer, Suchergebnisse und Möglichkeiten konnten einen freilich erschlagen, deshalb entschloss er sich, etwas gezielter und genauer nachzufragen. Schließlich hatte er auch schon von Begriffen wie Moderne, Postmoderne, Globalisierung und Pluralität gehört. Er engte seine Recherche etwas ein und landete auf soziologisch und teilweise philosophisch orientierten Seiten mit den unterschiedlichsten Abhandlungen zu diesem Themenkomplex.

Neben vielen Artikeln gab es auch noch eine Menge Literaturtipps. Um sich dann am Abend nach Feierabend genauer mit den Texten beschäftigen zu können, druckte er diejenigen aus, die ihm am spannendsten erschienen. Ein Papier in der Hand war ihm schließlich schon immer lieber gewesen, als nur am Bildschirm zu lesen.
Deshalb wollte er auch noch einige von den Büchern haben, die im Internet empfohlen waren. Zum Glück hatte er noch den Benutzerpass der hiesigen Stadtbücherei dabei. Da wollte er gleich nach Feierabend noch vorbeischauen, um sich einige auszuleihen.
Damit ist dann die Ausrüstung mit den nötigen dicken Wälzern gesichert und es steht mir nichts mehr im Wege, die halbe Nacht am Schreibtisch zu verbringen, dachte er bei sich, nicht ohne ein leicht mulmiges Gefühl angesichts dieser Aufgabe, die er sich so bereitwillig selbst ans Bein gebunden hatte ...

Es war spätabends, draußen war es schon dunkel, die Kinder waren im Bett und seine Frau hatte sich mit dem neuesten Schwedenkrimi in ihren Lesesessel zurückgezogen, als er mit einem Glas guten Rotwein in sein Arbeitszimmer ging, um in Diplomarbeiten, Büchern und anderen Veröffentlichungen zu kramen, die sich mit den pädagogischen Implikationen der Diskussion um Gesellschaft und Globalisierung beschäftigten.

Lehren und Lernen ist ein gesellschaftliches Projekt

Denn schließlich war ja logisch, so dachte er, das eine Didaktik nie als isolierte Einzelwissenschaft dasteht, sondern immer auch die gesellschaftlich etablierten geistigen Strömungen widerspiegelt, in denen sie sich befindet. Nicht umsonst spricht der Bildungstheoretiker Heydorn von der „Interdependenz von Gesellschaftsverfassung und Bildungsinstitutionen."[4]

Hinzu kommt ja noch ein weiterer Gedanke, überlegte Frank weiter. Lehren und Lernen sind ja immer zukunftsorientiert, sie weisen über sich hinaus, weshalb sie sich letztlich auch an den geistigen Strömungen orientieren sollten, die eine gelingende Zukunft gewähren können. Das hat ja schließlich Immanuel Kant schon gesagt. Frank zog ein Papier aus dem Stapel und kramte nach dem Satz, den er vorhin schon einmal gelesen hatte: „Ein Prinzip der Erziehungskunst [...] ist: Kinder sollen nicht dem gegenwärtigen, sondern dem zukünftig möglich besseren Zustande des menschlichen Geschlechts angemessen [...] erzogen werden."[5]

Die Leitidee der Aufklärung

Ja genau. Das war die Zeit der Aufklärung, in der die eine Leitidee vorherrschte, die alle Wissensanstrengungen dieser Zeit versammelte, nämlich: „Emanzipation [der Menschheit – GK] durch Wissenschaft."[6] Diese Leitidee, dass durch das Fortschreiten wissenschaftlicher Erkenntnis das Leben der Menschheit immer besser gelingt, der Mensch die Natur immer weiter erforscht, sich in seiner Welt mehr und mehr zurecht findet, hielt sich lange, ja sogar bis in unsere Zeit.

---
4   Heydorn, Heinz-Joachim, 1980, S. 99
5   Kant, Immanuel, 1982, S. 14
6   Welsch, Wolfgang, 1993, S. 36

Manche Fortschrittsoptimisten heute werden diesen Gedanken immer noch unterschreiben. Manchmal ertappe ich mich ja selbst dabei, grübelte Frank weiter, wie ich denke, dass die Probleme der Menschheit schon irgendwie durch technische Entwicklungen behoben werden können. Aber wenn ich so an die Diskussion um den Klimawandel denke ... Ob da eine technikorientierte Denkweise hilft?

Und es tauchen ja auch Gegenstimmen auf, weil uns die fortwährende Entwicklung von Technologien ihrerseits ja auch wieder vor ganz neue Probleme stellt. Plötzlich wird der Menschheit die Möglichkeit der Unmöglichkeit ihrer eigenen Existenz vor Augen geführt. Die durch Menschen erfundenen und gesteuerten Großtechnologien entwickeln ein eigenartiges, durch Menschen plötzlich eben nicht mehr kontrollierbares Eigenleben, das Gefahren in sich birgt, von denen sich niemand mehr ein rechtes Bild machen kann.

Das Projekt der Aufklärung kommt ins Wanken

An diesem Punkt der Entwicklung wird ja plötzlich das ganze Projekt der Aufklärung in Frage gestellt, stellte Frank nachdenklich fest. Der große Entwurf beginnt zu bröckeln. Der Versuch, mit Hilfe einer sich ständig entwickelnden Wissenschaft die Menschheit zu emanzipieren, scheint gescheitert, ja sogar pervertiert, da die Menschen ihre jeweiligen Errungenschaften dazu benutzen, sich gegenseitig zu bekämpfen. Diese selbstzerstörerischen Tendenzen waren mitnichten die Pläne der Aufklärer, die durch fortschreitende Emanzipation die Menschheit einem „Ewigen Frieden" (Kant) entgegenführen wollten.

Die bisherigen und so beliebt und gewohnt gewordenen Denksysteme scheinen zu versagen. „Unsere Welt geht durch eine fundamentale Krise: eine Krise der Weltwirtschaft, der Weltökologie, der Weltpolitik. Überall beklagt man die Abwesenheit einer großen Vision, den erschreckenden Stau ungelöster Probleme, die politische Lähmung [...] Zu viele alte Antworten auf neue Herausforderungen."[7] Bei all diesen Gedanken mochte Frank irgendwie sein Rotwein nicht mehr so recht schmecken.

Und eine dieser neuen Herausforderungen, ergänzte er seine eigenen Gedanken, ist ja auch die Globalisierung. Nämlich dadurch, dass unsere

---

7   Küng, Hans, 1995, S. 24

Gesellschaften heutzutage keine kulturelle Homogenität mehr aufweisen, weil sie durch Zuwanderungen aller Art von verschiedensten Einflüssen durchdrungen werden. „Zwar ist Deutschland längst ein globaler Ort, an dem sich die Kulturen der Welt und ihre Widersprüche tummeln. Aber diese Realität blieb bislang abgedunkelt im vorherrschenden Selbstbild einer weitgehend homogenen Nation. All dies tritt im Zuge der Debatte über Globalisierung ans Licht. Denn Globalisierung, wie gesagt, meint vor allem eins: *Denationalisierung*"[8] bis hin zu einem Gebilde, das weit oberhalb der einzelnen Nationalstaaten anzusiedeln ist – zum Transnationalstaat. Und dadurch verschwimmen selbstverständlich alte Normen und Werte, die Orientierung an den althergebrachten Mustern geht verloren. Hier nun taucht dann ja auch für uns, die wir aus- und weiterbilden, die Frage auf, wie wir mit dieser Pluralität und Heterogenität innerhalb der Gesellschaften umgehen können.

Werte verschwimmen

Na ja, dachte sich Frank, über den Verlust an Normen und Werten bei den Jugendlichen haben er und seine Ausbilderkollegen ja schließlich auch schon häufig miteinander sprechen müssen. Manche Azubis, so haben sie manchmal den Eindruck, kennen gewisse Grundregeln einfach nicht mehr oder nehmen für sich sogar in Anspruch, ganz andere Normen setzen zu können, als er und seine Mitarbeiter vorgeben. Das zeigt sich ja schon allein daran, wie gleichgültig und stellenweise sogar unverantwortlich die Azubis mit wertvollen Werkzeugen oder Messgeräten umgehen. Oder wenn von der Berufsschule die Klage kommt, dass die Gewalt unter den Schülern stetig zunimmt. Man muss ja nur mal die Nachrichten schauen ... Und außerdem, dachte er weiter, spüre ich unter meinen Lehrlingen ja auch verschiedene kulturelle Einflüsse, denn schließlich habe ich Azubis aus vier unterschiedlichen Herkunftsländern in einem Jahrgang, was durchaus ab und an zu Konflikten unter den Jugendlichen führt.

Aber wie kann ich denn nun in der Ausbildung mit dieser Pluralität umgehen? Oder ist es etwa nicht richtig, *eine* pädagogische Idee zu nehmen, um so mit allen Lernenden zu arbeiten? Denn hier klingt es ja fast so, als ob dieses Denken ein eher überkommenes aus einer anderen Zeit zu sein scheint. Denn bei mir setzt sich langsam fast der Eindruck

---

[8] Beck, Ulrich, 1997, S. 34

durch, „wonach es keine eindeutigen Antworten mehr gibt, weder im Kleinen, Privaten noch im Großen"[9].

Moderne – Postmoderne

Mit der Aufklärung begann das, was auch gerne als Zeitalter der Moderne bezeichnet wird. Und das Denken in der Moderne verfolgte ja immer ein Prinzip: „Jeweils *ein* großer Entwurf mit *einer* Methode und *einem* Ziel; und jeder von ihnen versprach das Heil für *alle* und im *Ganzen.*"[10] Innerhalb dieses Prinzips waren zwar die Inhalte different, aber das Prinzip blieb immer konsequent erhalten.

Aha, dachte Frank. Aber an genau dieser Stelle setzt dann wohl das postmoderne Denken ein, von dem ich auch schon gelesen habe. Das ist wohl so etwas wie eine Weiterentwicklung der Moderne. Er blätterte zurück an die betreffende Textstelle: Die veränderte Geisteshaltung, die von postmodernen Denkern für sich in Anspruch genommen wird, besteht nun darin, dass das oben beschriebene Prinzip abgelehnt wird. Es wird das „Ende der großen Entwürfe" (Wolfgang Welsch) beziehungsweise das „Ende der Meta- Erzählungen" (Jean-François Lyotard) postuliert. „Postmoderne bedeutet exakt, dass man diesen Meta-Erzählungen keinen Glauben mehr schenkt."[11]

Das schadet gar nichts, dachte Frank. Denn eines ist ja auch klar: Die Totalitätsmodelle „waren allenfalls für eine Dimension passend, den anderen Dimensionen gegenüber aber gewalttätig. Sie kamen durch die Erhebung eines Partikularen zum vorgeblich Absoluten zustande und vergingen sich daher von vornherein und auf Dauer an der Pluralität und Unterschiedlichkeit der Wissenstypen, Wirklichkeitsarten, Lebensformen und Kulturen."[12]

Soso, das würde also praktisch Folgendes bedeuten: Wenn ich einen Azubi befrage, wie er denn zukünftig den Unterricht der CNC-Programm-Codes gestaltet haben möchte, und ich dann meine Materialien und die Form der Schulung genau nach seinen Wünschen ausrichte, dann erhebe ich seine Sicht der Dinge zum Absoluten, weil ich die an-

---

9 Beck, Ulrich, 2005, S. 47
10 Welsch, Wolfgang, 1993, S. 36
11 Welsch, Wolfgang, 1993, S. 36
12 Welsch, Wolfgang, 1993, S. 37

deren Azubis nicht gefragt habe. Ihm gefällt dann vermutlich mein Unterricht, die anderen finden es womöglich ganz furchtbar. Das muss wohl mit der Verabsolutierung eines Partikularen gemeint sein, grübelte er weiter ...

Radikale Pluralität ist ein Grundphänomen in modernen Gesellschaften

In diesem Sinne lautet dann auch eine der Hauptthesen dieses Denkens: Radikale Pluralität wird als eine Grundverfassung moderner Gesellschaften verstanden. Sie ist also nicht mehr nur als Binnenphänomen innerhalb eines Gesamthorizontes zu sehen, sondern als eines, das jeden Horizont, jeden Rahmen und Boden, also auch Erziehung, Lehre und Aus- und Weiterbildung tangiert. „Solche Pluralität ist seit langem, ist schon in der Moderne zu konstatieren – hie und da. Aber wo sie – wie jetzt – zur allgemeinen Grundverfassung wird, wo sie nicht mehr nur in abstrakten Spekulationen und aparten Zirkeln existiert, sondern die Breite der Lebenswirklichkeit zu bestimmen beginnt, da verändert sich das ganze Spiel."[13]

Es verändert sich in der Form, dass der je individuelle Mensch unter Umständen mit Wahrheiten und Wirklichkeiten konfrontiert wird, die sein eigenes Weltbild in Frage stellen. Dieser Tatsache wird sich das Individuum fast täglich bewusst, wenn es feststellt, dass ein und derselbe Sachverhalt in einer anderen Sichtweise (zum Beispiel durch ein anderes Individuum) sich völlig anders darstellen kann und dass diese Sichtweise keineswegs mehr wahr oder falsch ist als die eigene.

Gerade um diesen Punkt von unterschiedlichen, manchmal sogar konträren Sichtweisen und Lebenswirklichkeiten geht es, dachte sich Frank, denn der macht letztlich ja auch den Umgang mit Lernenden im didaktischen Prozess stellenweise sehr schwierig. Manch älterer Ausbilder hat ja manchmal kaum noch Verständnis für die jungen Menschen, ihre Interessen und Ansichten – umgekehrt ist es genauso. Und wie soll jetzt ein junger Auszubildender, der womöglich aus einem völlig anderen Kulturkreis stammt, von einem „alten Hasen" etwas lernen, wenn der wiederum auf eine ganz andere Lebenswirklichkeit zurückgreift? Und dabei ist es ja nicht nur eine Altersfrage. Auch ganz unterschiedliche

---

13 Welsch, Wolfgang, 1997, S. 5

Wahrheiten tauchen auf. Der Auszubildende wird viele Dinge ganz anders beurteilen und einordnen, als es sein Ausbilder tut. Und dabei wollen wir doch den jungen Menschen beibringen, was wahr und richtig ist?

Mit einer eigentümlichen Mischung aus Resignation und Neugier las Frank in einem anderen Artikel weiter. Er war sich noch nicht so ganz sicher, wo all diese Überlegungen enden würden, stellten sie doch schließlich sein bisheriges Denken stark in Frage.

Gibt es richtig oder falsch?

Hier scheitert dann jedes Totalitätsmodell, das etwas Partikulares, hier das individuelle Weltbild, die subjektive Lebenswirklichkeit, als etwas Absolutes setzt. Und wenn das so ist, dann resultiert daraus auch zwangsläufig die ethische Forderung dieses Denkens. „Die Grunderfahrung der Postmoderne ist die des unüberschreitbaren Rechts hochgradig differenter Wissensformen, Lebensentwürfe, Handlungsmuster."[14]

Oh ja, das kann ich sehr wohl bestätigen, dachte Frank, als er diese Passage in dem Text las. Gerade diese Grunderfahrung ist es wohl, die es uns auch so schwierig macht. Wir müssen heute mit den Azubis viel häufiger diskutieren, ihnen erklären, warum wir Dinge so haben wollen, wie wir sie haben wollen. Ständig meint einer der Jungens, Anweisungen hinterfragen, unsere Aussagen generell in Frage zu stellen oder seine Gedanken als die wirklich richtigen darstellen zu müssen. Diese Vielfalt der Wissensformen und die daraus resultierenden Handlungen sind es, die unsere lehrende Arbeit so anstrengend machen. Und in der Erwachsenenbildung ist es bestimmt noch schwieriger, weil die Lebensentwürfe, Gedanken, Sichtweisen und Handlungsmuster ja bereits viel gefestigter sind, dachte er bei sich. Früher war das mit den Autoritäten klarer. Ich habe in meiner Lehrzeit einfach gesagt bekommen, wo es langgeht. Da gab es keine Diskussionen – der Ausbilder hatte recht. Und damit gut.

Allerdings, so räumte Frank gedanklich ein, ist das wohl in diesem postmodernen Denken, das in einer pluralen und globalisierten Gesellschaft vorrangig zu sein scheint, nicht mehr die richtige Denkweise. Denn jeglicher Versuch einer Vereinheitlichung dieser sich unterscheidenden Formen von Vernunft – und jeder würde behaupten, dass seine

---

14 Welsch, Wolfgang, 1997, S. 5

Denkweise die einzig vernünftige ist – wäre eine Unterdrückung von pluralen Vorstellungen und somit ethisch nicht vertretbar.
Postmodernes Denken in einer durch Globalisierung geprägten Welt distanziert sich deshalb von diesen Versuchen. „Die Postmoderne ist von ihrem ganzen Ansatz her ethisch grundiert. Sie tritt mit Entschiedenheit für das Eigenrecht der unterschiedlichen Orientierungen und Lebensformen ein."[15]

Hm, das würde bedeuten, dass wir aus postmoderner Sicht ethisch verpflichtet sind, diese Unterschiede zwischen den Menschen sowohl zu erkennen als sie auch anzuerkennen. Wenn nun aber unterschiedliche Orientierungen, Lebensweisen und -formen, Wissensformen und Handlungsmuster selbstverständlich sind, wenn sie in diesem postmodernen Denken legitim sind, dann ist immer noch nicht klar, wie wir in der Aus- und Weiterbildung mit unseren pädagogischen Konzepten damit umgehen sollen.

Es existiert nicht *die* eine Vernunft.
Vernunft ist im Plural zu denken!

Unser bisheriges Denken muss sich also wandeln. Wir müssen uns darüber verständigen, ob wir den Begriff der Vernunft im Singular oder im Plural verwenden wollen. „Wer von Wissenschaft spricht, und damit die Durchsetzung der Prinzipien der Aufklärung und der Rationalität versteht, muss sich danach fragen lassen, welches seine Begriffe von Aufklärung und Rationalität sind. Er wird sich gefallen lassen müssen, dass andere Vorstellungen dessen, was Rationalität bedeutet, dass also andere Rationalitätsmodelle, dass andere Rationalitäten ihm entgegengehalten werden"[16]. Auch dieses neue Denken spricht nicht von einer Suspendierung von Vernunft. Aber es geht darum, ob Vernunft nicht auch im Plural gesehen werden muss. Denn schließlich ist es ja so, dass jeder Lernende seine Sicht der Dinge zunächst als richtig und dementsprechend als vernünftig bezeichnen wird. Das heißt, wir haben es mit unterschiedlichen Individuen mit einer je unterschiedlichen Vernunft zu tun, die alle gleichwertig und legitim sind. Das ist nun also die ethische Dimension dieses Denkens.

---

15 Welsch, Wolfgang, 1988, S. 44
16 Marotzki, Winfried, 1992, S. 193

Ja gut, das mag ja alles theoretisch richtig sein. Aber was genau sollten wir denn nun in einer derart radikal pluralen Gesellschaft tun, welche Anforderungen ergeben sich denn nun für den einzelnen Menschen, um auch diesen ethischen Forderungen gerecht werden zu können? Also „welche individuellen Fähigkeiten werden postmodern wichtig, welche Handlungsmaximen vordringlich, wie sehen die Konturen einer postmodernen Lebensform aus?"[17], fragte sich Frank, der jetzt langsam ungeduldig wurde. Und welche Auswirkungen hat das für die Bildungspolitik, für die Bildungsarbeit vor Ort, für Lehren und Lernen?

Wie muss Bildung in globalisierten Gesellschaften ausgerichtet sein?

Zunächst einmal ist wichtig, so las er weiter, dass „Politiker das Geld in Wissen und Ausbildung stecken, um Bürgern die Fähigkeiten und Orientierungen zu vermitteln, die sie in die Lage versetzen, sich in den transnationalen Landschaften und Widersprüchen einer Weltgesellschaft zurechtzufinden."[18] Das heißt, dass eigentlich in Bildung und Forschung investiert werden muss, und zwar in großem Stil. Aha, lächelte Frank amüsiert vor sich hin. Das ist das exakte Gegenteil dessen, was heute in Deutschland tatsächlich geschieht.

Und wie vermittle ich denn nun meinen Azubis die Fähigkeiten, sich in einer transnationalen, von Heterogenität geprägten Gesellschaft zurechtzufinden, fragte er sich und las neugierig weiter. Denn das funktioniert ja eben nicht ganz so einfach.

Eine der großen Antworten auf Globalisierung lautet daher: „Verlängerung – nicht Verkürzung – der Ausbildung; deren Fixierung auf bestimmte Arbeitsplätze und Berufe lockern oder abstreifen und Ausbildungsprozesse ausrichten auf breit anwendbare Schlüsselqualifikationen; unter diesem Stichwort wird inzwischen nicht nur Flexibilität oder lebenslanges Lernen verstanden, sondern werden auch Sozialkompetenz, Teamfähigkeit, Konfliktfähigkeit, Kulturverständnis, vernetztes Denken, Umgang mit Unsicherheiten und Paradoxien der Zweiten Moderne eingereiht."[19]

---

17 Welsch, Wolfgang, 1988, S. 61
18 Beck, Ulrich, 1997, S. 230
19 Beck, Ulrich, 1997, S. 230 ff.

In Ordnung, dachte sich Frank. Dem stimme ich zu, schließlich wollen wir die Förderung genau dieser Schlüsselqualifikationen ja vorantreiben in unserem Projekt „Neue Lernkultur". Und wenn die Azubis gelernt haben, lebenslang weiter zu lernen und sich gegenüber Veränderungen nicht einzuigeln, dann sind sie auch fit für eine unbestimmbare Zukunft mit wechselnden Bedingungen, auf die man letztlich nur mit permanentem Lernen antworten kann. Was die Verlängerung der Ausbildungszeiten angeht? Naja, das ist außerhalb unseres Einflusses. Wichtig ist, dass wir in der zur Verfügung stehenden Zeit das Beste erreichen.

Und für uns, die wir in der Bildungsarbeit tätig sind, ist das ja auch sehr spannend. Denn wir haben ja die aufregende Situation, das wir in einer globalisierten Welt stecken, in der wir überkommene Belehrungsgesellschaften durch dialogische Aufmerksamkeit ersetzen – wir dürfen also nicht nur dozieren, bevormunden und belehren, sondern sollten im Dialog mit den Lernenden agieren. Dies geschieht freilich auch auf die Gefahr hin, das unterschiedliche Meinungen und Ideen entstehen, ja das erfordert sogar den Mut zum Missverständnis! Das müssen wir in unserer Bildungsarbeit erreichen, dann können wir unsere Jugendlichen und alle Lernenden vorbereiten, sich in einer pluralen Gesellschaft zurecht zu finden.

Das Ich als Orientierung

Dann kommen wir auch dazu, grübelte Frank weiter, die Ausbildung eines individuellen Ich als Handlungs- und Orientierungszentrum für uns Lehrende zu betreiben – also gar nicht so sehr die Sache als eher die Jugendlichen selbst in ihrer Individualität ins Blickfeld nehmen und entwickeln. Die jungen Leute sollten lernen, sich nicht nur an vermeintlichen Autoritäten wie zum Beispiel uns Ausbildern zu orientieren, sondern schon auch an sich selbst. Jeder Mensch muss heute lernen, ganz aus sich heraus, auf sich selbst gestellt, autonom und selbstverantwortlich sein Leben zu führen. Es gilt zu erlernen und zu erproben, einen offenen Prozess, also das Leben mit all seinen Veränderungen und Bewegungen zu gestalten.

Und das gelingt uns Lehrenden bestimmt nicht, dachte sich Frank weiter, indem wir den Lernenden genau sagen, was sie wie tun sollen.

Und dann schaffen wir es vielleicht auch, was in einer globalisierten Welt der Transnationalität absolut unumgänglich erscheint. Es verändern sich nämlich nicht nur die Handlungsformen, sondern das gesamte Existenzideal. Der Umgang mit Pluralität, Andersheit und Dissens wird jetzt ausschlaggebend. „Der Blick über den Zaun, der gekonnte Wechsel, das Bedenken auch anderer Möglichkeiten gehören zu den Grundkompetenzen postmoderner Subjekte."[20] Das sind die entscheidenden Messgrößen.

Das Ende der Pädagogik?

Oh je, oh je, überfiel es jetzt schlagartig den etwas verwirrten Frank. Konsequent gedacht ist das ja katastrophal. Jahrelang haben wir an die Aufklärung geglaubt. Jetzt heißt es, dass das Ende der großen Entwürfe gekommen sei. „Ende der Aufklärung, [...] die Aufgabe des Wahrheitsanspruchs, Pluralität anstelle von Verbindlichkeiten, schließlich die neue Unübersichtlichkeit."[21] Was auch immer man letztlich über diese Phänomene denkt, sie scheinen stets Pädagogik schlechthin, Erziehung und Unterricht zu dementieren. Die radikale Pluralität der Wissensformen und -typen, unterschiedlichste Rationalitätsformen, verschiedene Lernarten und ineinander verschmelzende Kulturen sind zuviel für uns als Ausbilder bzw. für eine Aus- und Weiterbildung, die es gewohnt ist, sich auf ihre Sicherheiten zu verlassen.

Die Erziehung war doch schließlich stets unser Werkzeug, um das Projekt der Moderne zu verwirklichen – nämlich die Menschheit zu emanzipieren, seufzte Frank innerlich. Sie übersetzte das Programm der Aufklärung in eine Erziehungspragmatik, in Methoden, in didaktische Vorgehensweisen, die ganz klar umrissen waren.

Insofern kommen wir nun als Lehrende und natürlich auch die Pädagogik allgemein unter der Prämisse des Endes der Aufklärung in einen Zustand völliger Ungewissheit. Es scheint, als sei die Legitimation der Pädagogik aufgehoben, was bedeuten würde, dass sie sich nur noch selbst auflösen kann!

Dabei hat sie sich doch stets dadurch Bedeutung verschafft, dachte Frank weiter, dass sie sich als die Instanz verstanden hat, die Zukunft garantierte. Und zwar eine Zukunft, die different von der Gegenwart war – und nicht nur different, sondern im Idealfall besser. Dies war doch immer das entscheidende Element im Selbstverständnis dieser Disziplin. Doch mit der Diagnose der radikalen Pluralität „zerbricht in

---

20 Welsch, Wolfgang, 1988, S. 66
21 Winkler, Michael, 1992, S. 152

der Pädagogik nun die Hoffnung, dass sie dem Handeln in einer schlechten Gesellschaft durch Erziehung Sinn geben kann, indem sie es durch pädagogische Intervention in eine Richtung lenken könnte."[22]

Also dadurch fällt doch irgendwie die Begründung der Erziehung weg? Frank schüttelte nur noch den Kopf. Das Fundament oder noch besser der Überbau, der unsere Arbeit legitimiert, wird uns Pädagogen weggenommen! Wir sind also unser Arbeitsgebiet los, sind in der modernen Epoche nicht weiter von Bedeutung. Jetzt, unter der Prämisse der Pluralität braucht's uns und die Pädagogik nicht mehr. „Kurz: Rien ne va plus. [...] Das Drama ist perfekt. Wir stürzen uns hinab."[23]

Frank sank in seinem Stuhl ganz weit nach hinten und schaute an die Decke. Seine Untergangsgedanken waren zwar ironisch, doch schien die Pädagogik insgesamt recht eigentümlich auf diese Gesellschaftsdiskussion zu reagieren. Und das machte ja auch deutlich, wie schwerwiegend das sein kann, womit er sich da beschäftigt hatte. Denn einerseits nahm die Erziehungswissenschaft die Debatte um die Pluralität ja gar nicht ernst, war ihr „aber andererseits mit einer irritierend suizidalen Tendenz verfallen"[24]. Denn diese Untergangsgedanken hatten ja auch andere, nicht nur Frank.

Erziehung beginnt erst mit der Pluralität

Andererseits! Frank begann wieder zu lächeln, denn ihm kam noch ein anderer wichtiger Gedanke: Die Einsicht der Anerkennung einer radikalen Pluralität lautet doch, dass wir mit Eindeutigem nicht mehr rechnen dürfen. Das heißt also auf der anderen Seite, dass Umwege nun erlaubt, ja sogar geboten sind. Darin könnte sich zugegebenermaßen das Ende der Pädagogik abzeichnen. „Doch in Wirklichkeit legt genau dies ihren Kern wieder frei."[25] Jetzt, wo in der Tat die Gewissheiten wegbrechen, sind die Pädagogik und die Pädagogen wieder auf ihre Realität verwiesen, nämlich auf die Wirklichkeit der Ungewissheiten, auf den Zwang zur Verständigung unter Anerkennung des anderen, jubelte Frank innerlich über diese Idee.

---

22 Winkler, Michael, 1992, S. 169
23 Winkler, Michael, 1992, S. 165
24 Winkler, Michael, 1992, S. 154
25 Winkler, Michael, 1992, S. 152

In einer pluralen Gesellschaft mit all ihren Unwägbarkeiten und Unsicherheiten gewinnt sie ihren Ort und ihre Funktion wieder. Mit dieser Diskussion ist die Pädagogik an ihren Ausgang gelangt – sie fängt nun erst an.

Und ein wesentlicher Bestandteil dieser Aufgabe war es, die Mündigkeit der Lernenden wieder zu fördern, ihnen Verantwortung zu geben, sie zu ermutigen, ihren eigenen Standpunkt, ihre eigenen Sichtweisen zu entwickeln und zu pflegen. Es geht also nicht mehr darum, den Lernenden die Sichtweisen der Ausbilder und Lehrenden überzustülpen – im Sinne eines Nürnberger Trichters. Das ist wie beim Staat und der Politik, dachte Frank weiter. Menschen wollen ihre Freiheiten und weniger Bevormundung.

„Normal entwickelte Menschen wollen ihr Leben so weit wie möglich selbst gestalten. Sie wählen ihre Wohnung, ihr Automobil und ihre Kleidung, sie wählen ihren Beruf und möglichst ihren Arbeitsplatz, sie wählen ihren Partner, Freunde und Bekannten, sie wählen ihre Freizeitbeschäftigungen und Urlaubsreisen. Mit all diesen Wahlen gestalten sie ihr Leben. Wählen zu können ist Ausfluss von Freiheit und diese von menschlicher Würde."[26] Und wenn wir Pädagogen nun aufgrund unserer Sicht der Dinge, dass wir die Dinge besser wissen und können als andere, den Lernenden deren Freiheiten beschneiden und ihnen die Verantwortung abnehmen, dann entmündigen wir sie. Auch wenn wir es dabei sehr gut meinen. Und, gut gemeint ist längst noch nicht gut gemacht!

Positiv formuliert, schmunzelte Frank in sich hinein, entlasten wir unsere Azubis und Teilnehmenden dadurch von ihrer Verantwortung. Aber, so dachte er auch gleich weiter: „Die Übergänge von verantwortungsfrei zu verantwortungslos und von verantwortungslos zu würdelos sind [...] fließend."[27] Und wenn wir Lernende derart entwürdigen, brauchen wir uns nicht zu wundern, wenn selbst Erwachsene völlig infantilisiert werden und „Blödelbarden" (M. Miegel) zu kulturellen Leitfiguren werden.

Und welche einfache Formel gibt es denn nun, dachte Frank weiter, die all das Gesagte auf einen Nenner bringt? Es gibt wohl keine eindeutigen Wahrheiten mehr, selbst Vernunft ist im Plural zu denken. Unsere Ge-

---

26 Miegel, Meinhard, 2003, S. 237
27 Miegel, Meinhard, 2003, S. 237

sellschaft ist extrem heterogen und wir können mit keinen Gewissheiten mehr rechnen. Kulturelle Verschmelzungen allerorten, die Wissensformen variieren, die Lernenden sind selbstbewusst und bereit, Verantwortung zu übernehmen.

Vielfalt ist die Lösung

Das alles erschwert doch letztlich jegliches pädagogisches Arbeiten. Dabei könnte es doch so einfach sein, wenn alles einfach wäre ... Ulrich Beck hat formuliert, dass Vielfalt die Lösung sei! Ganz nach dem Bayern-München-Prinzip! Dieses belegt letztlich, dass Vielheit, Unterschiedlichkeit, kultureller Mischmasch und Sprachengewirr durchaus erfolgreich sein kann. Und Beck fährt fort: „Wer nicht wahrhaben will, dass die Welt – und Deutschland ist ein Teil der Welt – in ihrem Kern längst kosmopolitisch geworden ist, leidet an akutem Wirklichkeitsverlust, der sich [...] verheerend auswirkt."[28]

Insofern dachte Frank, ist es einfach wichtig und auch bestimmt richtig, die Pluralität und Heterogenität von Azubigruppen anzuerkennen und sie auch zu begrüßen, mit ihr konstruktiv umzugehen und sie nicht als etwas Schlechtes oder Bedrohliches, sondern eher als etwas Bereicherndes zu betrachten.

Inzwischen war es sehr spät geworden. Das intensive Studium der Artikel und Nachdenken über all diese Themen hatten dazu geführt, dass er die Zeit vergessen hatte. Er war zwar sehr müde, aber auch hochzufrieden mit dem, was er an Erkenntnissen gewonnen hatte. Zugegeben, nicht alles davon machte ihn richtig glücklich – schließlich verkomplizierten seine Gedanken die pädagogische Arbeit im Unternehmen, doch andererseits erklärte sich einiges durch seine Nachforschungen. Auf jeden Fall wollte er, bevor er zu Bett ging, seine wichtigsten Gedanken notieren, um sie auch den beiden Kollegen zugänglich zu machen.

Das gebundene Buch, das Frank von Martin Peler als Projekttagebuch „Neue Lernkultur" bekommen hatte, lag unter dem Stapel von philosophischen Abhandlungen über die Gesellschaft. Er schlug die erste leere Seite auf und notierte:

---

28 Beck, Ulrich, 2005, S. 113

Plurale Gesellschaften, Globalisierung und Pädagogik

- Es besteht grundsätzlich eine gegenseitige Abhängigkeit zwischen der jeweiligen Gesellschaftsverfassung und den Bildungsinstitutionen bzw. der darin gelebten Pädagogik.
- Die heutige Gesellschaftsverfassung „Neue Moderne" bedeutet exakt, das man den großen Entwürfen der Moderne keinen Glauben mehr schenkt.
- Die Neue Moderne steht für eine radikale Pluralität, die jeden Horizont tangiert.
- Das im postmodernen Denken befürchtete Ende der Aufklärung ist *nicht* das Ende der Pädagogik.
- Im Gegenteil: Die Wirklichkeit der Ungewissheiten und der daraus resultierende Zwang zur Verständigung unter Anerkennung des anderen sind die Anfänge der pädagogischen Arbeit.
- Die Rückübertragung von Verantwortung an die Lernenden wird dazu führen, dass sie ihren Kopf wieder heben und sich selbst als Orientierungs- und Handlungszentrum begreifen.
- Vielfalt ist die Lösung!

3 Lehren und Pluralität

Nachdem Frank seinen Kollegen im nächsten Jour fixe berichtet hatte, was er zu unserer Gesellschaftsverfassung so alles recherchiert hatte, war zunächst einmal Stille im Raum. Dann meldete sich Simone Kaufmann zu Wort: Heißt das, dass wir uns letztlich fragen müssen, wie wir in der Lehre, im Unterricht und im Seminargeschehen mit dieser Heterogenität und radikalen Pluralität umgehen können? Also wie wir unterschiedliche Lern-, Wissens- und Urteilstypen in *eine* Art zu Lehren integrieren können?

Modernes Lehren muss der Individualität der Lernenden gerecht werden

Ja genau, so habe ich das verstanden, antwortete Frank. Eine konventionelle Unterrichtsplanung kann die Heterogenität gar nicht verarbeiten. Sie kann der Individualität eines jeden Lernenden gar nicht gerecht werden. Meistens ist Unterricht doch zeitlich und thematisch vorgeplant und wird mit Verweis auf Lehrpläne auch rigoros so gehalten. Mit so einem Vorgehen kann niemand auf die situativ auftretenden Bedürfnisse der Lernenden eingehen. Ein weiteres Problem der Didaktik in modernen Gesellschaften besteht darin, dass sie die Vielheit der Wirklichkeiten und Rationalitäten in ihre Überlegungen miteinbeziehen muss. Der einheitsstiftende Unterricht, der jeweils einen Aspekt, eine These, eine Wahrheit als das einzig Richtige hervorhebt, kann als überholt gelten. Dementsprechend muss eine moderne Didaktik plural, vieldimensional und unterschiedlich operieren.

Und vielleicht haben wir eines ja auch noch gar nicht beachtet, fuhr Frank in Professorenmanier weiter fort, nämlich dass sich die radikale Pluralität nicht nur im gesellschaftlichen Rahmen, sondern auch im Individuum selbst abspielt. Das bedeutet, dass auch das Individuum nicht nur eine Identität hat, sondern viele – der Sohn/die Tochter, der Azubi, der Jugendliche, der sich in seiner Altersgruppe behaupten will etc. Also all die unterschiedlichen Rollen, Identitäten, die unsere Lernenden so haben. Das gilt auch für Erwachsene in Seminaren, die in unterschiedlichsten Rollen agieren. Dies erzeugt neben einem hohen Grad an Zugewinn von Freiheit auch eine enorme Zunahme des Entscheidungsdrucks auf den Einzelnen. Gerade bei jungen Menschen kann das zu Problemen führen, denn Sich-Entscheiden muss gelernt sein. „Gleichzeitig aber wird die Jugend auf dem Feld der Unterweisung durch eine rigide Didaktik und eine rigide Schule in eine schizophrene Situation gebracht, weil Entscheidungsverhalten, Entscheidungssituationen und Entscheidungsnormen überwiegend vom Lehrenden oder von einer umgebenden rigiden Lernkultur festgelegt sind."[29] Das heißt, dass wir die Entscheidungen für sie treffen. Wir übernehmen die Verantwortung für die Lernenden. Wir entmündigen sie.

Eine Didaktik, die der Globalisierung gerecht werden will, muss also auf Rigidität verzichten und kann für ihre Annahmen nicht länger Universalität beanspruchen. „Schüler glauben den Lehrern nicht mehr, sie ‚verneigen' sich nicht mehr vor den ‚Wahrheiten' der Lehrer, weil sie längst erfahren haben, dass eine Sache viele Gesichter, viele Zugangswege, viele verschiedene Normen und Gesinnungsstrukturen haben kann und weil sie selbst widersprüchliche Erfahrungen darin gesammelt haben. Die Erfahrung der Verschiedenheit in der Sache, in sich selbst und in der Gruppe und schließlich in den Vermittlungsformen, erfordert eine neue *offene Integrationsleistung* des Individuums."[30]

Und genau diese offene Integrationsleistung entspricht dem Entwurf einer pluralen Vernunft, die im Umgang mit der Transnationalität von modernen Gesellschaften nötig ist, beendete Frank schmunzelnd seine Rede und freute sich diebisch, die beiden anderen verblüfft zu haben.

Nun, folgerte Martin Peler, dann müssen sich auch die von der Didaktik angesteuerten Lernziele der Situation in globalisierten Gesellschaften anpassen. Das hohe Ziel der Aufklärung, den Menschen zu emanzipieren, reicht ganz offensichtlich nicht mehr aus bzw. kann es ja also eigentlich nicht mehr sein. Ein Blick in die jüngere Geschichte zeigt ohnehin, dass dieser Versuch wohl gescheitert ist. Wenn wir darüber nachdenken, wozu Fortschritt und die Erhebung von einer Leitidee zu einem Totalitätsmodell geführt haben, wird das schnell klar. Totalitäre Staaten mit rigiden Leitideen, die dann für alle gelten müssen, beweisen das täglich. Wenn sich Menschen über andere Menschen erheben, sich und ihre Sicht der Dinge als etwas Überlegenes betrachten, dann wird meistens ein großes Unrecht daraus.

---

29 Kösel, Edmund, 1995, S. 26
30 Kösel, Edmund, 1995, S. 27

Lernanreize bieten und Selbstorganisation befördern

Also muss nicht nur Ziel sein, die Menschen zu emanzipieren, sondern noch mehr: „Sein eigenes Leben allein und verantwortlich in die Hand zu nehmen und innerhalb der Lebenswelten zurechtzukommen ist wohl eines der Hauptlernziele bereits im Kindergarten, dann in der Schule und in der beruflichen Ausbildung, das die junge Generation für sich selbst und allein erproben muss."[31] Dahin müssen wir also mit unserer Bildungsarbeit kommen.

In diesem Sinne gilt es aber, das Selbstverständnis der Didaktik bzw. des am Geschehen beteiligten Didaktikers neu zu konturieren. Er kann nicht mehr nur Vorgaben machen, sonst lernt niemand, Verantwortung für sich selbst zu übernehmen. Wissensvermittlung muss dem Anbieten von Anreizstrukturen weichen, in denen der Lernende seinen eigenen Lernweg selbstorganisiert gehen kann. Gerade auch in meinem Bereich, der Bildungsarbeit mit Erwachsenen, scheint mir dies wichtig. Schließlich haben unsere Mitarbeiter ihren eigenen Kopf – vielleicht sogar noch viel mehr als die Jugendlichen.

Hinzu kommt, dass wir innerhalb der beruflichen Aus- und Weiterbildung immer mehr von Schlagworten wie Flexibilität, Teamfähigkeit, selbstständiges Lernen etc. reden. Und das genau ist letztlich unser Bildungsauftrag hier im Unternehmen. Das müssen wir mit unserer Arbeit erreichen und das funktioniert nicht, indem wir Vorgaben machen und rigiden, geradlinigen Unterricht durchführen. Hier ist letztlich gefragt, dass sich die Lernenden einbringen können – das hat auch was mit Selbstorganisation zu tun. Und gerade im Hinblick auf die Qualifizierung der Mitarbeitenden im Sinne von Schlüsselqualifikationen ist dies unerlässlich.

Na dann, setzt Frank ein, müssen wir uns also weiterhin darum kümmern, wie dieses Anbieten von Anreizstrukturen, wie diese Förderung der Selbstorganisation aussehen kann. Vielleicht ist auch gerade diesbezüglich die Idee von Simone aus dem letzten Jour fixe interessant. Darüber hinaus ist die Frage generell von großer Bedeutung für unser Thema.

Oh, welche Frage denn, fragte Simone verdutzt nach.

Na ja, nachzufragen eben, wie Menschen eigentlich lernen. Damit wir daraus unsere Schlüsse ziehen können. Das hattest du doch im letzten Meeting angeregt.

---

31 Kösel, Edmund, 1995, S. 26

Stimmt, ja genau, jetzt wo Du es sagst, stimmte Simone lachend zu. Dieses Thema halte ich auch für evident. Denn schließlich bildet das ja auch so etwas wie eine Grundlage für unsere Überlegungen. Wenn wir nicht wissen, wie Lernen funktioniert, dann brauchen wir uns auch keine Gedanken über das Lehren machen. Ich würde mich da mal ganz gerne bis zum nächsten Meeting schlau machen. Und ich weiß auch schon, wo ich da nachschauen kann. Ich habe da ein ganz interessantes Buch zu Hause ... Aber bevor wir wieder unserem Tagesgeschäft nachgehen, sollten wir vorher noch kurz einige Bemerkungen in unser Tagebuch schreiben.

Sie nahm das Buch von Frank und begann, auf der nächsten leeren Seite zu schreiben:

Didaktik in von Pluralität geprägten Gesellschaften

- Eine konventionelle, rigide und statische Unterrichtsplanung kann auf die Heterogenität im Unterrichtsgeschehen gar nicht reagieren.
- Eine moderne Didaktik muss vieldimensional, plural sein und unterschiedlich operieren.
- Lernende müssen sich entscheiden können und dies auch dürfen.
- Lernziel muss es sein, Menschen dazu zu befähigen, allein und selbstverantwortlich zu handeln.
- Es geht darum, Anreizstrukturen anzubieten, in denen der Lernende seinen eigenen Lernweg selbstorganisiert gehen kann.

4 Ein Rüpel als Inspiration

Auf dem Weg nach Hause schlenderte Simone Kaufmann noch ein bisschen durch die Fußgängerzone der Stadt. Sie war früh dran und montags kam ihr Partner immer später nach Hause, so dass sie noch genügend Zeit für einen kleinen Bummel hatte. Es war ein schöner warmer Frühlingsabend, der dazu einlud, sich an der frischen Luft zu bewegen. Sie wusste zwar, dass sie noch einiges für den Jour fixe zu tun hatte, aber bei dem schönen Abend hatte sie noch keine Lust, sich hinterm Schreibtisch zu verkriechen ...

Also ging sie von Schaufenster zu Schaufenster, bis sie zu dem Geschäft mit den vielen schönen Wohnaccessoires kam. Sie betrachtete die neuesten Wohntrends, von Kerzenständern über Designer-Uhren für die Küche bis hin zu modischem Fensterschmuck. Schließlich ging sie rein und sah sich weiter um. Was wohl ihrem Partner gefallen würde? Das schöne Olivenschiffchen aus Keramik oder die feine Rotweinkaraffe? Sie entschied sich gut gelaunt für beides, ging zielstrebig zur Kasse und bezahlte ihre neuen Errungenschaften.

Auf dem weiteren Weg durch die City zum Parkhaus musste sie über den großen Marktplatz. Wie schön hier doch alles leuchtete in der Abenddämmerung, dachte sie. Und die vielen Menschen, die hier so geschäftig durch die Straßen eilen, noch kurz vor dem Abend auf dem Weg, kleine Besorgungen zu erledigen. Sie mochte diese Abendstimmung in der Stadt, freute sich über die Sachen, die sie gekauft hatte, und wollte gerade weitergehen – da bekam sie plötzlich einen Schubs an die Schulter! Ein älterer, hagerer und hochgeschossener Mann, der offensichtlich in Eile war, hatte sie angerempelt.

Oh, entschuldigen Sie ..., versuchte Simone zu sagen. Aber der Mann ließ ihr keine Chance, den Satz zu Ende zu bringen.

Haben Sie denn keine Augen im Kopf, polterte er von oben herab auf Simone ein. Sie träumen wohl, während Sie hier rumlaufen! Es ist ja wohl 'ne Frechheit, hier so völlig rücksichtslos durch die Gegend zu marschieren und sich überhaupt keine Gedanken über andere Leute zu machen! Ist es denn zuviel verlangt, dass Sie älteren Mitmenschen ein bisschen mehr Respekt entgegenbringen?

Simone wandte sich ab und ging ihres Weges, ohne weiter auf die Vorwürfe des leicht überreizten Mannes einzugehen, der noch weiter murmelte, als sie ihn schon nicht mehr richtig hören konnte.

Jetzt war sie dahin, ihre schöne Abendstimmung. Sie ärgerte sich über diesen Rüpel, der sie, obwohl er sie selbst angerempelt hatte, auch noch dafür verantwortlich machte. Wie man sich überhaupt über eine solche Kleinigkeit aufregen konnte, fragte sie sich. Schließlich kann es in einer belebten Fußgängerzone immer mal zu einem kleinen Zusammenstoß kommen. Aber eigentlich ist ja auch gar nichts passiert. Was wohl in dem Kopf dieses Mannes so vorging? Ob er wohl alle Dinge in seinem Leben derart negativ betrachtete?

Der Zwischenfall in der Fußgängerzone beschäftigte sie noch, als sie schon wieder im Auto saß und auf der Heimfahrt war. Eigentlich hatten sie ja beide den Zusammenstoß identisch wahrgenommen – es war eben ein Zusammenstoß: Sie traf es an der Schulter, ihn im oberen Rippenbereich. Das war doch nicht schlimm und tat auch nicht weh!

Was die beiden jedoch jeweils in ihren Köpfen daraus gemacht hatten, war äußerst unterschiedlich. Für Simone war es ein Versehen, das einfach mal passieren kann. Für den älteren Herrn war es ein Frontalangriff auf seine Person, gegen den er wohl glaubte sich heftig wehren zu müssen. Dies tat er mit Beschimpfung und offensichtlichem Ärger über ihre Tollpatschigkeit. Und das, obwohl sie selbst überzeugt war, dass es eigentlich seine Schuld war.

Also hat doch eigentlich jeder der beiden aus ein und derselben Situation zwei völlig unterschiedliche Dinge konstruiert, dachte sie sich. Wir haben beide genau das Gleiche erlebt, es aber völlig anders interpretiert. Das ist schon seltsam, und vielleicht ist das ja im Grunde ein generelles Prinzip, wie wir mit unseren Wahrnehmungen umgehen.

Ihr fielen die Worte von Frank heute Morgen im Jour fixe wieder ein, der von unterschiedlichen und pluralen Wissenstypen, Wirklichkeitsarten und Lebenswirklichkeiten gesprochen hatte.

Vielleicht hatte der Mann ja mal die Erfahrung gemacht, dass ihn jemand ganz bewusst angerempelt und geärgert hat und erlebt dies als persönlichen Angriff, dessen man sich erwehren muss?

Aus Wahrnehmung wird Erkenntnis

Auf einmal dämmerte Simone, dass das ja auch etwas mit dem Thema Lernen im Allgemeinen zu tun hat. Menschen nehmen Dinge wahr und formen sie dann zu Urteilen, die sie letztlich als ihr eigenes Wissen abspeichern. Also zunächst „werden alle Sinneseindrücke geordnet und danach vom Verstand zu Begriffen geformt. Mit dieser Tätigkeit des Verstandes ist es aber nicht getan. Bei der anschließenden Untersuchung des Denkens werden die Kategorien gefunden. Sie verbinden die Begriffe zu Urteilen"[32].

Und dabei ist nicht automatisch gesagt, dass zwei Menschen, die das Gleiche wahrnehmen, auch später das Gleiche urteilen oder gar wissen! Das ergibt ja auch eine Art radikale Pluralität, schloss sie aus ihren Überlegungen.

Diesem Gedanken wollte sie sofort näher auf den Grund gehen, denn schließlich hatte sie ihren Kollegen sowieso versprochen, sich der Frage zu widmen, wie menschliche Erkenntnis überhaupt entsteht. Das wäre doch gelacht, wenn sie für die seltsame Reaktion des Rüpels in der Stadt nicht noch eine plausible Erklärung finden würde. Und sie ahnte schon, das diese Erklärung ganz eindeutig auch etwas mit ihren Auszubildenden bzw. mit Lernenden und den Fragen zu tun hatte, die sie sich im Projekt „Neue Lernkultur" stellten.

Zu Hause angekommen ging Simone zielstrebig in ihr Arbeitszimmer. Das Abendessen mit ihrem Partner, das neugekaufte Olivenschiffchen und die Weinkaraffe waren vergessen. Sie war jetzt begierig drauf, Antworten auf ihre Fragen zu finden und schnappte sich als Erstes das Projekttagebuch, um die Gedanken festzuhalten, die sie von der Autofahrt mitbrachte, da diese ja augenscheinlich auch etwas mit ihrem gemeinsamen Thema Lehren und Lernen zu tun hatten.

Ein Unfall mit Folgen

- Unterschiedliche Menschen reagieren unterschiedlich auf gleiche Wahrnehmungen.
- Der Verstand formt die Wahrnehmungen zu Begriffen.
- Was für eine Person ein harmloser, belangloser Zwischenfall ist, kann für eine andere Person ein direkter Angriff sein.
- Menschen beurteilen Situationen nach dem, was sie früher gelernt haben.

Jetzt war sie richtig gespannt darauf nachzulesen, wie Menschen denn nun Erkenntnis schaffen, bzw. wie sie zu dem kommen, was sie zu wissen glauben!

---
32 Ludwig, R., 1995, S. 28

5 Wahrheit als Konstruktion?

Simone kramte in ihrer kleinen Bibliothek neben dem erwähnten Buch noch nach einem Manuskript, das sie als Zusammenfassung eines Vortrages zum Thema Lernen auf der Bildungsmesse in die Hand bekommen hatte. Sie war sich sicher, hier die Frage, wie menschliche Erkenntnis stattfindet, beantwortet zu bekommen.

Der Beitrag handelte von der Erkenntnistheorie des Radikalen Konstruktivismus und sie erinnerte sich, dass er stellenweise ihre bzw. die bisher allgemeingültige Anschauung darüber, wie Erkenntnis stattfindet, völlig auf den Kopf stellte. „Während die traditionelle Auffassung in der Erkenntnislehre sowie in der kognitiven Psychologie dieses Verhältnis stets als eine mehr oder weniger bildhafte (ikonische) Übereinstimmung oder Korrespondenz betrachtet, sieht der radikale Konstruktivismus es als Anpassung im funktionalen Sinn."[33]

Das heißt, dass hier das Verhältnis zwischen Wissen und Wirklichkeit anders beurteilt wurde, als sie es bislang tat. Sie war immer der Auffassung gewesen, dass ihre Wahrnehmung der Wirklichkeit entspricht. Hier wurde das anders gesehen. Der Redner sprach sogar von Erfindung und Konstruktion.

Dieser völlig anderen Sicht der Dinge wollte sie genauer auf den Grund gehen, da diese Aussagen ja nun wirklich derart widersprüchlich zu den alltäglichen menschlichen Erfahrungen zu sein schienen. Schließlich nehmen wir Menschen doch die Welt, so wie sie ist, tagtäglich mit unseren Sinnen wahr? Und was soll das eigentlich mit dieser „Anpassung im funktionalen Sinne"? Mit diesen Fragen im Kopf machte sich Simone daran, den Argumentationsstrang des Radikalen Konstruktivismus zu erarbeiten.

Der Radikale Konstruktivismus argumentiert entgegen der allgemein verbreiteten Ansicht, Wahrnehmen und Erkennen sei ein Wiedergeben einer unabhängigen Welt, aus biologisch-hirnphysiologischer Sicht: Aus Experimenten geht eindeutig hervor, dass unsere Sinnesorgane keine Bilder oder andersgestaltige Wirklichkeiten, sondern lediglich elektrische Impulse an unser Gehirn liefern. „In den Erregungszuständen einer Nervenzelle ist nicht die physikalische Natur der Erregungsursache codiert. Codiert wird lediglich die Intensität dieser Erregungsursache, also ein „Wie viel", nicht aber ein „Was".[34]

---
33 Glasersfeld, Ernst von, 1995, S. 19
34 Foerster, Heinz von, 1995, S. 43

Das leuchtet ein, denn schließlich wird ja auch nicht mein ganzer Arm von unten nach oben in Richtung Gehirn heiß, wenn ich auf eine glühende Herdplatte fasse, dachte Simone. Wenn sich also die das Gehirn erreichenden Reize beim Betrachten einer Blume in ihrer Art nicht von denen unterscheiden, die das Gehirn erhält, wenn ich von einer Biene gestochen werde, taucht die Frage auf, woher die Differenzierungen dann kommen, die ich in meiner Lebenswelt zu vollbringen vermag? Neugierig las sei weiter ...

Die Umwelt ist unsere Erfindung

Der Konstruktivismus behauptet, dass unser Gehirn die Reize erst in für uns lesbare Informationen verwandelt. Das bedeutet, dass wir die Welt um uns herum nicht wahrnehmen können, zumindest nicht im herkömmlichen Sinne, sondern dass „Wahrnehmung erst durch sensorisch-motorische Wechselwirkung entsteht."[35] Unser Gehirn konstruiert also die Wirklichkeit, die wir zu erkennen glauben, auf der Basis von elektrischen Impulsen, die sich lediglich in ihrer Intensität, nicht aber in ihrer Art unterscheiden. Dies führt zu der kühnen Hauptthese des Radikalen Konstruktivismus: „Die Umwelt, so wie wir sie wahrnehmen, ist unsere Erfindung."[36]

Daraus folgt wiederum, auch und gerade im Zusammenhang mit der radikalen Pluralität moderner Gesellschaften, die Einsicht, dass jedes Individuum seine eigene, subjektive Lebenswirklichkeit konstruiert.

An dieser Stelle der Lektüre fiel Simone der gereizte und nörgelnde Mann in der Fußgängerzone wieder ein. Klar, der Angriff auf seine Person war definitiv seine Erfindung. Simone wollte ihm nichts Böses, es war schließlich nur ein Versehen. Aber der Reiz, der elektrische Impuls, den sein Gehirn erreichte, führte dazu, dass er lospolterte und sich furchtbar aufregte. Insofern leuchtete Simone das bisher Gesagte durchaus ein. Wenn jeder Mensch seine eigene Konstruktion als individuelles Weltbild deklariert, dann kann das zweifellos zu interpersonalen Konflikten führen, wenn sich die Konstruktionen als unterschiedlich erweisen. Dies ist ganz offensichtlich in der Fußgängerzone passiert.

---

35 Foerster, Heinz von, 1995, S. 41
36 Foerster, Heinz von, 1995, S. 40

Wie kann uns die Welt so stabil vorkommen, wenn wir sie selbst erfinden?

Allerdings war da noch eine andere offene Frage. Bei Simone regte sich durchaus Widerstand bei dem Gedanken, dass die Menschen die Welt um sich herum erfinden. Denn es gibt ja Konstanten, die wir alle als solche erkennen und anerkennen. Außerdem erscheint uns die Welt, in der wir leben, ja äußerst stabil und sicher – sie kann doch deshalb nicht von jedem Einzelnen erfunden sein? Simone las irritiert weiter.

Diese Frage erübrigt sich aus konstruktivistischer Sicht, denn: „Wenn [...] die Welt, die wir erleben und erkennen, notwendigerweise von uns selbst konstruiert wird, dann ist es kaum erstaunlich, dass sie uns relativ stabil erscheint."[37]

Des Weiteren kann man anführen, dass der Mensch ein Wesen in der Sprache ist. Er gleicht sozusagen intuitiv im Gespräch mit anderen Menschen seine individuellen Konstruktionen denen des Gegenübers an. Dies führt zu einer Art gemeinsamem Nenner, der die Unterschiede in den jeweiligen Konstruktionen verschwimmen lässt, diese jedoch nicht völlig abschafft. Je mehr dieser Angleichungsprozesse das Individuum durchläuft, desto mehr verständigt es sich mit anderen über die verschiedenen Wirklichkeitskonstruktionen. „Das heißt ganz allgemein, die Welt, die wir erleben, ist so und muss so sein, wie sie ist, weil wir sie so gemacht haben."[38]

Na ja, dachte sich Simone, das mag ja eine ganz schlüssige und plausible Erklärung sein, aber unsere Erfahrung lehrt uns doch etwas anders: Es ist doch so, dass Etwas erst einmal vorhanden sein muss, damit es wahrgenommen werden kann! Und ist nicht demzufolge die These der Konstruktion abwegig? Denn wenn Etwas vorhanden ist, dann brauche ich es ja nicht zu konstruieren, sondern nur wahrzunehmen. „Etwas, das ‚erblickt' werden könnte, müsste da sein, bevor der Blick darauf fällt – und Wissen wäre somit notwendigerweise Abbild einer Welt, die da ist, d. h. existiert, bevor ein Bewusstsein sie sieht oder auf andere Weise erlebt."[39] Simone las weiter im Text und stellte fest, dass diese Lektüre

---

37 Glasersfeld, Ernst von, 1995, S. 28
38 Glasersfeld, Ernst von, 1995, S. 29
39 Glasersfeld, Ernst von, 1995, S. 24

den Boden, auf dem ihre Ansichten und Wirklichkeiten bisher ruhten, ins Wanken brachte.

Das Dilemma der Erkenntnislehre

Mit diesem eben beschriebenen Szenario ist denn auch das Dilemma der Erkenntnislehre der letzten zweitausend Jahre geschaffen. Denn, wenn Erkenntnis oder Wissen reine Beschreibungen einer Welt *an sich* sind, die völlig unabhängig vom jeweiligen Beobachter ist, so bräuchten wir ein Kriterium, auf Grund dessen wir die Richtigkeit oder Falschheit unserer Abbilder beurteilen können. Dieses Kriterium ist aber nicht in Sicht. Ob und inwieweit das Bild, das unsere Sinne uns vermitteln, der objektiven Wirklichkeit entspricht, bleibt die unbeantwortbare Frage der Erkenntnislehre. Ernst von Glasersfeld präsentiert das Beispiel mit einem Apfel, den unsere Sinne wahrnehmen. Wir schreiben ihm Eigenschaften wie süß, glatt, duftend etc. zu, aber es sei keineswegs sicher, dass der Apfel diese Eigenschaften wirklich besitzt! Und ebenso wenig selbstverständlich sei es, dass er nicht auch noch andere Eigenschaften besitzt, die wir einfach nicht wahrnehmen. „Die Frage ist unbeantwortbar, denn, was immer wir machen, wir können unsere Wahrnehmung von dem Apfel nur mit anderen Wahrnehmungen vergleichen, niemals aber mit dem Apfel selbst, so wie er wäre, *bevor* wir ihn wahrnehmen."[40] Es ist also aus konstruktivistischer Perspektive völlig unmöglich, eine Beobachtung ohne das subjektive Zutun des Beobachters zu bewerkstelligen. Die Wortwahl Zutun ist hier auch durchaus angebracht, denn der Konstruktivismus vertritt die Ansicht, „dass Erkennen und Wissen nicht der Niederschlag eines passiven Empfangens sein können, sondern als Ergebnis von Handlungen eines aktiven Subjekts entstehen."[41] Unter Handlungen wird hier das Konstruieren von Erkenntnis aus den jeweiligen Wahrnehmungen verstanden. Wissen ist also das Produkt unserer eigenen Gehirntätigkeit.

Simone erinnerte sich daran, das auch schon in ähnlicher Weise woanders gelesen zu haben und blätterte in ihren Unterlagen nach. Sie fand eine Textpassage, in der Immanuel Kant den Erkenntnisprozess aus seiner Sicht beschrieb: „Mit den Formen Raum und Zeit werden

---

40   Glasersfeld, Ernst von, 1995, S. 25
41   Glasersfeld, Ernst von, 1995, S. 30

alle Sinneseindrücke geordnet und danach vom Verstand zu Begriffen geformt."[42]

Das Gehirn konstruiert subjektive Landkarten der Welt

Aha, sinnierte sie. Also ist es schon bei Kant der Verstand, der die Sinneseindrücke formt, und die urteilende Vernunft, die ihnen Bedeutung gibt. Die menschliche Tätigkeit des Erkennens führt also nicht zu einem wahren Bild der Welt in ihrem *So-Sein*. Sie kann keine Wirklichkeiten erkennen, sie konstruiert ein Bild der Welt, sozusagen eine subjektive Landkarte, mit der sich der je einzelne Mensch zurechtfinden muss.

Hier nun stellt sich die Frage, nach welchen Kriterien wir unsere Weltbilder konstruieren. Was sind unsere Anhaltspunkte, nach denen wir bestimmten Wahrnehmungen diese, anderen hingegen jene Bedeutung zuschreiben? Was ist es, was unser Weltbild zu unserem ureigensten macht? Mit dieser Frage sind wir wieder an den Ausgangspunkt zurückgekehrt, denn es ist die bereits erwähnte Anpassung im funktionalen Sinn, deren Postulation den Konstruktivismus derart radikal von der bisherigen Erkenntnislehre unterscheidet.

Das Kriterium ist Anpassung im funktionalen Sinne

Während bislang behauptet wurde, dass unsere Wahrnehmungen mit den Dingen an sich übereinstimmen, wird diese These im Konstruktivismus abgelehnt. Dieser spricht auch nicht davon, dass etwas stimmt. Seine Option ist, dass etwas *passt*, und zwar in dem Sinne, dass es den Dienst leistet, den wir uns von ihm erwarten. Ein Schlüssel passt zu einem Schloss, wenn er es aufsperrt. Das Passen beschreibt hier aber nur die Fähigkeit des Schlüssels, nicht aber die Eigenschaften des Schlosses. Von professionellen Einbrechern wissen wir, dass es eine Menge Schlüssel gibt, die eine andere Form als die unsrigen haben und die dennoch unsere Türen aufsperren. „Vom Gesichtspunkt des Radikalen Konstruktivismus stehen wir alle – Wissenschaftler, Philosophen, Laien,

---

42   Ludwig, Ralf, 1995, S. 28

Schulkinder, Tiere, ja Lebewesen aller Art – unserer Umwelt gegenüber wie ein Einbrecher dem Schloss, das er aufsperren muss, um Beute zu ma-chen."[43] Wie der je einzelne Mensch das Schloss entriegelt, also wie der Schlüssel geformt ist, ist individuell unterschiedlich. Der Konstruktivismus postuliert, dass das Ergebnis, nämlich die geöffnete Tür, die Instanz ist, die über die Brauchbarkeit des Schlüssels entscheidet. Das ist gemeint, wenn von einer Anpassung im funktionalen Sinne gesprochen wird; Wissen muss beweglich und anpassungsfähig sein. Es kann nicht starr sein, es muss in die individuellen kognitiven Strukturen, die den Akt des Erkennens leiten und somit das subjektive Weltbild mitentwickeln, hineinpassen. Aber auch die kognitiven Strukturen sind im Fluss des Erlebens nicht unabwandelbar.

Eine ganz bestimmte kognitive Struktur, die bis heute standgehalten hat, beweist also nicht mehr und nicht weniger als eben, dass sie unter den Umständen unseres Lebens das geleistet hat, was wir von ihr erwartet haben. „Logisch betrachtet, heißt das aber keineswegs, dass wir nun wissen, wie die objektive Welt beschaffen ist; es heißt lediglich, dass wir einen gangbaren Weg zu einem Ziel wissen [...] Es sagt uns nichts – und kann uns nichts darüber sagen – wie viele andere Wege es da geben mag"[44].

Wow, dachte sich Simone. So habe ich das ja noch nie betrachtet. Das heißt, es gibt keine Wahrheiten mehr. Es gibt nur Konstruktionen, die in irgendeinem Kontext passen, in einem anderen vielleicht weniger. Und wieder musste sie an den Rüpel vom frühen Abend denken. Vielleicht gab es eine Situation in seinem Leben, in der er wirklich angegriffen wurde und in der sein Verhalten, gleich loszupoltern, in irgendeiner Weise gepasst hat, weil es ihn eventuell vor weiteren Angriffen bewahrt hatte. Also hätte sein in ihren Augen völlig unnötiges Verhalten durchaus seine Berechtigung gehabt. Andererseits wollte sie ihn jetzt aber auch nicht einfach so entlasten. Sein Verhalten war definitiv fehl am Platz! Trotz eines auftauchenden Verständnisses für den Kerl ärgerte sie sich noch über ihn und wollte ihn nicht einfach freisprechen. Sie las weiter, um zu schauen, was es denn mit den so genannten Wirklichkeiten auf sich hatte.

---

43 Glasersfeld, Ernst von, 1995, S. 20
44 Glasersfeld, Ernst von, 1995, S. 23

Wissen ist subjektive Konstruktion

Erkennende Akteure können also nicht wissen, was jenseits der kognitiven Strukturen liegt, die sie selbst aufgebaut, das heißt konstruiert haben. „Für Konstruktivisten bezieht sich das Wort ‚Wissen' daher auf ein Gut, das sich radikal von der objektiven Repräsentation einer vom Beobachter unabhängigen Welt unterscheidet, nach der der Großteil der traditionellen Philosophen des Westens bis heute sucht."[45]

Wie unterschiedlich manche *Wirklichkeiten* bewertet werden, zeigt der Psychotherapeut Paul Watzlawick: „In Indien kann einem als *swami*, als Heiliger, vorgestellt werden, wer im Westen als katatoner Schizophrener diagnostiziert würde."[46] – „Derartige Sinnzuschreibungen sind aber nicht das Abbild objektiv bestehender, sozusagen platonischer Wahrheiten, deren sich gewisse Menschen besser bewusst sind als andere, sondern sie sind überhaupt nur innerhalb eines gewissen Kontextes denkbar."[47]

Aber das würde ja bedeuten, grübelte Simone über das eben Gelesene, dass wir aus konstruktivistischer Sicht den Glauben an eine objektive Wirklichkeit, die es mit den Sinnen zu erfahren gilt, aufgeben müssen. Und dass es gar keine absoluten Wahrheiten mehr gibt, dass wir es nie mit den Dingen *an sich* zu tun haben. Ganz im Gegenteil, wir müssen feststellen, dass wir auch in diesem Bereich, nämlich der Erkenntnistheorie, mit einer radikalen Pluralität der Wirklichkeiten und Wahrheiten konfrontiert werden! Das ist ja ganz ähnlich wie in dem gesellschaftlichen Rahmen, von dem der Kollege Meister im letzten Meeting gesprochen hatte. Aber worauf kann man sich denn überhaupt noch verlassen, wenn es keine objektiven Wahrheiten mehr gibt, sondern alles nur noch konstruiert und erfunden ist in einem funktionalen Sinn? Simone las verunsichert weiter.

Anerkennung von Differenzen

Das bisher Gesagte führt uns automatisch zu der Feststellung, dass der Konstruktivismus implizit eine ethische Forderung beinhaltet, gerade weil er ein Vielheitspostulat enthält. „Pluralismus meint also die Aner-

---

45 Glasersfeld, Ernst von, 1997, S. 175
46 Watzlawick, Paul, 1995, S. 90
47 Watzlawick, Paul, 1995, S. 90

kennung von relativen Differenzen zwischen Individuen und/oder sozialen Gruppen sowie zwischen ihren Wirklichkeitsvorstellungen und Handlungen als eine gleichermaßen erkenntnistheoretische wie anthropologische und soziale Grundgegebenheit."[48] Die relativen Differenzen zwischen den Wirklichkeitskonstruktionen können mehr oder weniger übereinstimmen, müssen es aber nicht. Dementsprechend wird auch die Güte von Erkenntnissen dadurch bestimmt, ob derjenige, der die Erkenntnis konstruiert hat, mit ihr sein Problem lösen konnte, und nicht dadurch, ob sie einen Bezug auf die *Realität* hat.

Das ergibt fast zwangsläufig unterschiedliche Konstruktionen, unterschiedliche Sichtweisen und Wahrheiten, dachte Simone. Das ist ja vor allem für den Lehrbetrieb eine spannende Feststellung. Denn wenn jeder seine eigenen, je individuellen Konstruktionen macht, wie soll dann nach richtig oder falsch geurteilt werden? Hier ist wirklich die Frage, wie Differenzen in der Erkenntnis anerkannt werden können. Sie las weiter in dem Kapitel über die Ethik.

Eine pluralistische Ethik muss sich also an den Gegebenheiten orientieren, die letztlich genau diese Pluralität ausmachen: „Der Anwesenheit anderer und damit an den Auswirkungen, die Handeln auf andere hat."[49]

Das bedeutet, grübelte Simone nachdenklich, dass der Bezug ethischer Überlegungen nicht eine vom Individuum unabhängige Wahrheit sein kann, sondern immer irgendwie vom Subjekt selbst gestaltet sein muss. „Moralische Verantwortung geht mit der Einsamkeit moralischer Entscheidungen einher."[50] Es sind also die individuellen Wirklichkeitskonstruktionen und die daraus resultierenden Handlungen, die dann faktisch Auswirkungen auch auf andere Individuen haben. Und genau diese Handlungen müssen auf ihre ethische Brauchbarkeit überprüft werden. Wenn ich etwas tue, dann wirkt das immer auch auf andere. Und mein Tun hängt letztlich von meinen Wirklichkeitskonstruktionen ab. Dadurch wirkt mein Bild der Welt auf andere Menschen, und meine Aufgabe ist es nun, zu überprüfen, ob ich anderen damit schade.
    Das kommt mir doch ziemlich bekannt vor, dachte Simone. Sie ging kurz ins Internet und suchte nach dem berühmten Satz. Immanuel

---

48   Hejl, Peter M., 1995, S. 37
49   Hejl, Peter M., 1995, S. 53
50   Baumann, Zygmunt, 1995, S. 23

Kant hatte diese Forderung nämlich auch schon einmal in unübertroffener Weise formuliert: „Handle nur nach derjenigen Maxime, durch die du zugleich wollen kannst, dass sie ein allgemeines Gesetz werde."[51]

Auch im kategorischen Imperativ von Kant spielen die Folgen des eigenen Handelns für andere eine wesentliche Rolle im Beurteilen des eigenen Handelns. Um dieser Forderung Nachdruck zu verleihen, muss noch ein Gleichheitspostulat formuliert werden, weil nur die Anerkennung von Pluralität und Individualität nicht ausreicht: „Ohne die Gleichheit der beteiligten Konstrukteure ist der Pluralismus nur ein Denkspiel."[52]

Demzufolge, war sich Simone sicher, müsste die Konsequenz aus dem Konstruktivismus sein, dass sich das Individuum seiner individuellen Wirklichkeit bewusst sein muss, diese als individuell akzeptiert, andere Wirklichkeiten hingegen als gleichrangig und ebenso legitim anerkennt. Die jeweiligen Handlungen, die aus dem subjektiven Bild der Welt resultieren, muss das Individuum in eigener Verantwortung sich selbst und dem anderen gegenüber vertreten können. Ethik in diesem Sinne entspricht also eher einer Einstellung, einer Lebensart, einem konkreten Verhalten, als einem rationalen Urteilen über Werte und Normen. „Ethisches Verhalten hat mehr mit Weisheit als mit Vernunft zu tun: Es ist weniger eine Frage des richtigen Urteilens als vielmehr eine Frage des guten Lebens."[53]

Das ist ein starkes Stück. Nicht nur, dass wir im Lehrbetrieb unsere Wirklichkeiten als individuell betrachten sollen, nein, wir sollen die anderen Wirklichkeiten als gleichrangig und legitim ansehen. Das stellt doch wiederum jegliche pädagogische Arbeit in Frage? Schließlich sind wir doch angetreten, unsere Wirklichkeiten anderen Menschen weiterzugeben, empörte sich Simone innerlich.

Andererseits erklärt die Theorie des radikalen Konstruktivismus, aus welchem Grund manche Themen bei einigen Auszubildenden so ankommen, bei anderen wiederum ganz anders. Na ja, wir werden aus diesem Themenbereich herauskristallisieren müssen, was denn das alles mit unserer pädagogischen Arbeit im Unternehmen zu tun hat und welche Implikationen für unsere Arbeit daraus entstehen. Vorerst halte ich

---

51   Kant, Immanuel, 1995, S. 30
52   Hejl, Peter M., 1995, S. 53
53   Varela, Francisco J., 1994, Umschlagrücken

mal diese wilden Thesen in unserem Projekttagebuch „Neue Lernkultur" fest.

**Konstruktion von Wissen. Oder:
Sich selbst die Welt passend machen**

- Erkennen ist nicht ein passives Wiedergeben von objektiven Wirklichkeiten.
- Elektrische Impulse werden vom Gehirn in Erkenntnis umgewandelt – Wissen wird konstruiert, ist also ein aktiver, vom Individuum gesteuerter Prozess.
- Wir können nie feststellen, ob die Welt *wirklich* so ist, wie wir sie wahrnehmen.
- Wir schließen uns die Welt auf, wobei wir nur beobachten können, ob der Schlüssel passt – wir wissen nicht, wie das Schloss beschaffen ist.
- Unsere Handlungen, die aus unseren Erkenntnissen resultieren, müssen immer wieder auf die Wirkung auf andere überprüft werden – das ist die ethische Implikation des Konstruktivismus.
- Eine schlimme Befürchtung: Die Welt ist erfunden, die Gewissheiten brechen weg; Bildungsarbeit muss sich neu definieren!

6 Abschied vom bisherigen Denken

Die Herren Meister und Peler staunten nicht schlecht über die Erkenntnisse, die Simone im nächsten Jour fixe bezüglich der Konstruktion von Wissen zum Besten gab. Sie waren sich schließlich bewusst, dass diese Sicht der Dinge durchaus eine Art kopernikanische Wende in der Erkenntnislehre darstellte und vor allem würden sie ihre eigene Art, Schulungen, Trainings und Unterricht zu gestalten, radikal verändern müssen.

Inwieweit ist denn nun unsere Bildungsarbeit hier im Unternehmen tatsächlich von dieser Theorie tangiert, fragte Frank, nachdem das Gespräch erst nicht so recht in Gang kommen wollte. Was genau bedeutet das alles für uns hier konkret im Lehr- und Bildungsalltag?

Simone: Na ja, wir hatten uns ja gefragt, wie menschliches Lernen stattfindet. Wir hatten außerdem gesagt, dass das die zentrale Frage ist, wenn wir über Unterricht bzw. Lehren nachdenken. Wir können nun also den Lernprozess als einen aktiven Akt des Konstruierens von Wirklichkeiten betrachten, den jeder Lernende vollzieht. Wir als diejenigen, die Trainings gestalten, müssen uns also überlegen, wie wir diesen Prozess fördern können oder wie wir das jeweilige Individuum dazu anregen können, diesen Akt der Konstruktion von Wissen zu vollziehen.

Das klingt aber auch alles recht einleuchtend, was du uns erzählt hast, schaltete sich Martin ein. Und ich bin mir auch nicht sicher, ob das nicht schon immer so gewesen ist, dass wir Lernprozesse anregen müssen. Auf den ersten Blick hört sich das alles recht theoretisch an, aber o.k. Beim zweiten Hinsehen erweist es sich jedoch als äußerst anspruchsvolle Aufgabe. Wenn nämlich das Individuum aus den ihm angebotenen Reizen nur jeweils die herausfiltert, die es als funktional empfindet, so können wir letztlich davon ausgehen, dass unsere Trainings in der gewohnten Form, wie sie hier größtenteils stattfinden, mitnichten einheitliche Wahrheiten erzeugen. Oder diese gar transportieren! Könnten unsere Trainings Wahrheiten und Wirklichkeiten einfach transportieren, sie also sozusagen den jeweiligen Lernenden überstülpen, dann wäre ja Erkenntnis wieder kein aktiver Prozess, sondern ein passiver, empfangender Akt. Und das hast Du ja, liebe Simone, eben als unhaltbare Sichtweise dargestellt.

Trainings transportieren keine Wahrheiten

Wir müssen uns also fragen, ergänzte Frank, ob, und wenn ja, wann eine Trainingsmethode wie der Frontalunterricht überhaupt noch sinnvoll ist, wenn wir davon ausgehen, dass sich die jeweiligen Zuhörer sowieso nur das herauspicken, was sie für relevant bzw. funktional im Sinne ihrer Lebenswirklichkeit halten. Hinzu kommt, dass sich der jeweils Lehrende gefallen lassen muss, dass es womöglich Teilnehmer seiner Veranstaltung gibt, die seine Wirklichkeiten, die er zu transportieren versucht, rundweg ablehnen.

Simone: Unsere neue Didaktik muss also davon abrücken, dass sie in Form von bestimmten Lehreinheiten Wahrheiten vermitteln kann – das hat sie ja bislang für sich in Anspruch genommen. Denn auch diese Wahrheiten sind ja schließlich nichts als Konstruktion, auch wenn wir bislang anders argumentiert haben. Die objektive, vom beobachtenden Subjekt wahrnehmbare Welt ist ja schließlich eine nicht zu beweisende Annahme.

Aber das würde ja bedeuten, dass wir hier den kompletten Lehrbetrieb einstellen, die Türen des Ausbildungszentrums vernageln und nach Hause gehen können, meckerte Frank jetzt dazwischen, der schon fast die Lust an der Diskussion verlor.

Nein nein, beruhigte ihn Martin, aus der Sicht des Radikalen Konstruktivismus klingt es zwar anmaßend, wenn die lerntheoretische Didaktik von Heimann behauptet: „Erziehen im allgemeinen, Lehren und Unterrichten bewirken langfristig wirksame Veränderungen in Menschen oder sollen sie zumindest bewirken"[54], aber das heißt ja nicht, dass keine Veränderungen stattfinden können. Doch wenn im Menschen etwas Veränderungen bewirken kann, dann nur der Mensch selbst. Nur er selbst entscheidet, ob und in welcher Form er die ihm angebotenen Reize wahrnimmt, und wie er sie in sein Bild der Welt, in seinen Erkenntnisprozess, in sein Wissen aufnimmt.

---

54 Schulz, Wolfgang, (Heimann/Otto/Schulz) 1979, S. 18

Selbstverständnis des Lehrenden

Aus dieser Sicht, ergänzte Simone, muss sich also das Selbstverständnis des Didaktikers, des professionellen Trainers oder Ausbilders verändern. Er kann keine Wirklichkeiten eins zu eins vermitteln. Er muss sich seiner eigenen Subjektivität bewusst werden und die der Lernenden anerkennen. Er kann sich nicht mehr als der richtungweisende Erzieher betrachten, sondern bestenfalls als Begleiter eines vom Subjekt selbst gesteuerten Lernprozesses.

Aha, warf Frank ein, in diesem Sinne muss dann auch die Gestaltung der Trainings, der Schulungen verändert werden. Diese müssen den Lernenden in seiner Subjektivität erfassen können, sie müssen Anreize bieten, die zum Lernen anregen. Das würde bedeuten, dass wir neue, auf die verschiedenen Subjekte ausgerichtete Methoden benötigen, die imstande sind, verschiedenste Menschen unterschiedlich anzusprechen. Sie sollten auch Neugier wecken, die Teilnehmer anspornen, sich für ein bestimmtes Thema zu interessieren. Wenn uns das gelingt, dann werden unsere Lernenden die Themen selbstorganisiert aufgreifen. Sie werden ihren eigenen Lernweg schaffen, sich autonom mit bestimmten Fachthemen auseinandersetzen.
  Genau das scheint die Botschaft zu sein, die wir als Lehrende aus dem Radikalen Konstruktivismus ziehen müssen. Denn dieser „betont die Selbstorganisation und Autonomie, nicht nur die Steuerung und das Reagieren."[55]

Langsam, langsam, stoppte ihn Martin. Wir sind noch nicht so weit, schon über Methoden zu sprechen. Mir ist noch nicht ganz klar, wie das mit der Selbstorganisation gemeint ist. Es kann ja wohl nicht sein, dass, obwohl mir das als die naheliegendste Schlussfolgerung erscheint, wir uns jetzt aus dem Lehrgeschehen zurückziehen und die Lernenden alles autonom und selbstorganisiert tun! Ich denke, das hinter dem Begriff „Selbstorganisation" mehr steckt. Und ich weiß auch genau, wo ich da nachschauen kann. Hinzu kommt, dass mir die Erläuterungen des Konstruktivismus zum Thema Lernen noch nicht ganz ausreichen. Ich schlage deshalb vor, dass ich mich noch mal mit diesem aktiven Akt des Konstruierens von Wissen auseinandersetze, bevor wir zu schnell weitergehen. Ich werde beim nächsten Meeting davon berichten. Aber wir sollten noch die Ergebnisse unserer Diskussion festhalten ...

---
55 Kösel, Edmund, 1995, S. 53

Frank nahm ihr Projekttagebuch „Neue Lernkultur" und begann unter dem zustimmenden Nicken der beiden Kollegen, Notizen über das Gespräch niederzuschreiben:

Trainings unter konstruktivistischen Vorzeichen

- Gewöhnlicher, herkömmlicher Unterricht versucht, Wahrheiten und Wirklichkeiten über die Lernenden zu stülpen.
- Das steht im Widerspruch zu der Tatsache, das Erkenntnis ein aktiver Akt des Konstruierens ist.
- Für Trainer: Auch die Wahrheiten des Trainers sind subjektive Konstruktionen!
- Trainings müssen die Subjektivität der Lernenden erfassen können.
- Sie müssen Anreize bieten, Neugier wecken, Selbstorganisation und Autonomie im Lernprozess fördern und ermöglichen.
- Das bedeutet letztlich einen Abschied von alten, herkömmlichen Herangehensweisen im Unterricht.
- Das Selbstverständnis von Lehrenden muss sich verändern.

7 Jonathan Myers

Der Begriff der Selbstorganisation ging Martin Peler noch lange durch den Kopf. Auch noch gegen Abend, als er bereits auf dem Weg zu einem Vortrag mit anschließender Podiumsdiskussion zum Thema „Lernende Organisation" unterwegs war. Die hiesige Hochschule veranstaltete den Abend und hatte dazu Experten geladen, die das Thema diskutieren sollten. Martin hatte in der Zeitung davon gelesen und sich selbstverständlich sofort angemeldet. Als Personalentwickler in seinem Unternehmen hatte er für solche Themen immer ein offenes Ohr.

Der Hörsaal war recht voll, was dafür sprach, dass sich noch viele andere etwas ganz ähnliches gedacht hatten. Aber es waren auch eine Menge Studenten anwesend, die es sich nicht entgehen lassen wollten, einmal etwas anderes an der Uni zu erleben.

Der Referent des eröffnenden Vortrags war ein kleiner, etwas untersetzter Mittvierziger, der es sich hinter dem riesigen Stehpult und dem Bildschirm seines Notebooks bequem einrichtete und nach den begrüßenden Worten des einladenden Professors auch gleich begann, über eine Umfrage bei Unternehmen zu berichten, die sein Beratungsinstitut durchgeführt hatte.

Die Podiumsteilnehmer, die anschließend an der Diskussion teilnehmen sollten, saßen etwas abseits und richteten den Blick auf die Wand hinter sich, um die Präsentation an der Leinwand verfolgen zu können.

Nach den ersten Worten des Referenten fiel Martin so nebenbei auf, dass die Folien recht voll zu sein schienen und er sich stark auf das Geschriebene konzentrieren musste. Zudem war der Dialekt des Sprechenden etwas ungewohnt. Martin war klar, dass der Mann woanders herkam. Obwohl das Thema recht spannend war, erwischte er sich dabei, wie seine Gedanken bald abschweiften. Er musste sich beherrschen, nicht zu gähnen, schließlich war es ja auch bereits spät am Abend und er hatte einen langen Tag hinter sich.

Die „slide-show" des Referenten zog sich etwa eine Dreiviertelstunde hin – es waren bestimmt 45 Folien, die gezeigt wurden und Martin war sich nicht mehr sicher, was eigentlich auf den ersten zu sehen gewesen war. Eigentlich war das ja nur eine Folie pro Minute, dachte sich Martin. aber trotzdem kann man kaum folgen. Ich glaube fast, weniger ist mehr ... Da fiel ihm wieder das Thema Selbstorganisation ein. Was ich hier so erlebe, kann wohl kaum damit gemeint sein!

Der Referent beendete seine Ausführungen mit der Aufforderung ans Publikum, noch Fragen zu stellen. Kein Zuhörer regte sich. Das war dann auch der Startschuss für eine Podiumsdiskussion, die letztlich kaum neue Erkenntnisse für Martin bereit hielt. Das Schicksal nahm sozusagen gnadenlos seinen Lauf und Martin blieb trotz sich immer heftiger einschleichender Müdigkeit eisern, bis die Veranstaltung zu Ende war.

Auf dem Weg nach Hause erinnerte er sich, dass er ähnlich ablaufende Veranstaltungen schon öfters erlebt hatte. Meistens war es dann so, dass er sich am Ende fragte, was er denn nun eigentlich gelernt hatte? Häufig musste er sich dann selbst die Antwort schuldig bleiben.

Woran das wohl liegt? Bin ich etwa nicht aufnahmefähig genug? Wenn das in unseren Seminaren in der Firma und der Ausbildung genauso abläuft, dachte er weiter, dann müssen wir uns nicht wundern, wenn die Lernenden eher frustriert die Veranstaltungen verlassen. Denn schließlich haben sie eine Menge Zeit eingebracht, in der sie ebenso gut an ihrem Arbeitsplatz hätten sein können, weil kaum etwas hängen blieb.

Was unbedingt zu vermeiden ist ...

Er fasste das Erlebte in Gedanken nochmals zusammen. An diesem Abend wurde er mit Folien erschlagen, die zu voll mit Informationen waren, um alles zu erfassen. Er hörte das Referat eines Mannes, den er hinter seinem Aufbau aus Rednerpult und Laptop kaum wahrnehmen konnte und sah eine Podiumsdiskussion, die keine Erkenntnisse lieferte, weil der Moderator es vermied, auch nur annähernd so kritisch zu fragen, wie es Martin erwartet hätte.

Was war hier eigentlich falsch gelaufen? Denn schließlich wollte er ja niemandem bösen Willen unterstellen. Die Protagonisten auf der Veranstaltung waren ja auch daran interessiert, dass der Abend ein Erfolg wird. Dem war aber leider nicht so. Irgendwie hatte er als Teilnehmer des Abends den Eindruck, gar nicht anwesend gewesen zu sein. So als ob die veranstaltenden Personen das Ganze nur für sich durchgeführt hätten. Er hätte sich gewünscht, mehr einbezogen zu werden – nur: Wie soll das bei einer Podiumsdiskussion geschehen? Na ja, immerhin hatte er ja den Ausdruck der Präsentation als Skript in die Hand bekommen. Er nahm sich vor, diesen bei Gelegenheit nochmals durchzublättern ...

Tags darauf war Martin im Unternehmen unterwegs, um einige Gespräche zu führen. Als er in das Trainingszentrum zurückkehrte und gerade auf dem Weg in sein Büro war, das sich direkt an die beiden modern ausgestatteten Seminarräume anschloss, hielt er irritiert inne. Er hörte lautes Gelächter und fröhliches Stimmengewirr aus einem der Räume. Eigentlich war er immer der Meinung gewesen, das Seminare zum Thema Gesundheitsschutz und Ergonomie einer eher trockene Sache seien. Er ging verwundert weiter in sein Büro und verbrachte den Rest des Vormittages zwischen Statistiken und Gesprächsprotokollen, die er noch durchzuarbeiten hatte.

Kurz vor Mittag hörte er Geräusche auf dem Flur und beschloss, nachzuschauen. Da standen die Trainingsteilnehmer bei Kaffee und Gebäck in Vierer-Gruppen zusammen und malten kreuz und quer mit großen Stiften auf Flipchartblöcke, während sie dabei wild gestikulierten und diskutierten. Offensichtlich schienen sie enorm viel Spaß bei dieser Aufgabe zu haben. Er war zufrieden mit dem, was er über den Verlauf dieses Trainings mitbekam. Der Trainer, der Biologe Dr. Jonathan Myers, war das erste Mal für das Unternehmen tätig. Der Personalvorstand hatte ihn als Experten für Gesundheitsschutz gefunden und verpflichtet, ohne dass Martin ihn kennen gelernt hatte. Am Abend wollte er sich mit ihm nochmals kurz über das Seminar unterhalten. Aber es kam anders als geplant.

Gegen halb zwei kam Martin von der Mittagspause in das Trainingszentrum zurück, als ihn ein Mann ansprach: Herr Peler, nehme ich an.

Ein dunkelhaariger und ausnehmend gutaussehender Mann trat auf ihn zu. Ja, das bin ich, sagte Martin.

Ich bin Dr. Jonathan Myers. Freut mich, Sie kennen zu lernen.

Ah ja, Herr Myers. Sie leiten diese fröhliche Veranstaltung zum Gesundheitsschutz. Ich bin ja sehr positiv überrascht, wie gut das Thema bei den Teilnehmern ankommt. Ich bin begeistert, Sie endlich kennen zu lernen.

Das ist überaus freundlich. Es ist mir ein Vergnügen, hier in Ihrem Haus mit diesen hervorragend mitarbeitenden Teilnehmern arbeiten zu dürfen.

Das ist nett, Herr Myers, das Sie unsere Mitarbeiter loben, aber mal ehrlich. Wie schaffen Sie es, die Damen und Herren für ein derart staubtrockenes Thema zu begeistern?

Oh, Herr Peler, es ist nicht das Thema, das ein Training zu einer staubtrockenen Veranstaltung werden lässt, lachte Herr Myers vergnügt.

Wir sollten uns mal darüber unterhalten, wie Sie Ihre Themen rüber bringen und dadurch diese Wirkung erzielen. Ich könnte da bestimmt viel dabei lernen.

Ja gerne, Herr Peler. Allerdings bin ich heute Nachmittag im Seminar und kann Ihnen deshalb nicht vor Abend zur Verfügung stehen. Schließlich geht es gleich wieder los und meine Teilnehmer brennen darauf, weiter zu arbeiten.

Sie verabredeten sich auf den Abend und Martin ging zurück ins Büro. Er war sehr gespannt darauf, mit welchen Methoden Myers es wohl schaffte, die Teilnehmenden mitzureißen. Am Abend schließlich saßen die beiden dann zusammen und Martin lauschte gespannt, was Jonathan Myers zu sagen hatte ...

Stopp, stopp, sagte er nach einer Weile zu Jonathan. Ich kann Ihnen nicht mehr folgen. Ich bin davon ausgegangen, dass Sie mir jetzt zwei bis drei praktische Methoden an die Hand geben. Wir reden aber über höhere Biologie, die ich kaum noch verstehe.

Myers: Höhere Biologie, die als Grundverständnis über den Menschen jeglicher methodischen Herangehensweise zugrunde liegt. Deshalb ist die Frage nach den Methoden erst der zweite Schritt. Es ist äußerst relevant, die Charakteristika eines Lebewesens zu durchschauen, um gerade auch Lernprozesse zu verstehen.

Martin: Also gut, Sie behaupten also, dass die Organisation des Lebewesens darüber entscheidet, ob es sich als solches erweist oder nicht. Aber was genau ist die Organisation eines Lebewesens?

Autopoiese – Die Organisation des Lebendigen

„Es sind solche Relationen, die existieren oder gegeben sein müssen, damit ein Etwas etwas ist."[56] Es sind also die Relationen zwischen den einzelnen Teilen, die ein Lebewesen ausmachen. Der Vorschlag der Biologie ist nun, „dass Lebewesen sich dadurch charakterisieren, dass sie sich – buchstäblich – andauernd selbst erzeugen. Darauf beziehen wir uns, wenn wir die sie definierende Organisation autopoietische Organisation nennen (griech. autos = selbst; poien = machen)."[57] Diese Tatsache des Sich-selbst-Erzeugens ist in der Biologie völlig unumstritten: „Irgendwann bildete sich zufällig ein besonders bemerkenswertes Molekül. Wir nennen es Replikator. Es war vielleicht nicht unbedingt das größte oder komplizierteste Molekül ringsumher, aber es besaß die außergewöhnliche Eigenschaft, Kopien seiner selbst herstellen zu können."[58]

Sie wollen mir also sagen, dass wir es mit dynamischen Netzwerken von chemischen Transformationen[59] zu tun haben, die ständig ihre eigenen Bestandteile erzeugen?

Ja genau, nickte Jonathan Myers.

Und unter der Organisation verstehen wir die Relationen, die zwischen den Bestandteilen gegeben sein müssen, damit dieses Netzwerk als Mitglied einer bestimmten Klasse erkannt wird?

Jetzt haben Sie es, freute sich Myers. Aber neben der Organisation ist auch die Struktur des Lebendigen von evidenter Bedeutung. Diese bezeichnet jetzt nämlich die Bestandteile und die Relationen, „die in konkreter Weise eine bestimmte Einheit konstituieren und ihre Organisation verwirklichen."[60]

Aha, das wird ja immer komplizierter, stöhnte Martin, dem langsam schon der Kopf rauchte. Eigentlich dachte ich, wir reden über Lehren und Lernen!

---

56 Maturana/Varela, 1987, S. 49
57 Maturana/Varela, 1987, S. 50
58 Dawkins, Richard, 1978, S. 18
59 Maturana/Varela, 1987, S. 53
60 Maturana/Varela, 1987, S. 54

Der strukturelle Wandel im Lebewesen wird auch bezeichnet als: Lernen!

Tun wir auch – nur langsam, dann wird es gleich klarer, entgegnete Jonathan Myers, der gleich fortfuhr. Das bedeutet, dass ein Lebewesen durch seine Organisation charakterisiert ist als Lebewesen, die Organisation bleibt also immer gleich, nämlich autopoietisch. Andererseits gilt aber: „Verschiedene Lebewesen unterscheiden sich durch verschiedene Strukturen."[61] Die Lebensgeschichte einer Einheit wird als Ontogenese bezeichnet, sie ist die Geschichte des strukturellen Wandels innerhalb der Einheit, der in jedem Augenblick stattfindet: entweder ausgelöst durch aus dem Milieu stammende Interaktionen oder als Ergebnis der inneren Dynamik. Und hier kommen wir nun also zum Lernen! Denn der strukturelle Wandel im Lebewesen ist die biologische Sichtweise auf das, was wir letztlich einen Lernprozess nennen können. Wichtig zu bemerken ist hierbei, „dass die Struktur des Milieus in den autopoietischen Einheiten Strukturveränderungen nur auslöst, diese also weder determiniert noch instruiert (vorschreibt)"[62]. Das heißt wiederum, dass Sie als Lehrender keine Strukturveränderungen im Lebewesen vornehmen können, also keine Veränderungen bei Ihren Teilnehmern vorschreiben können.

Ach, darauf läuft's hinaus! Das ist sozusagen des Pudels Kern, warf Martin ein, dem gerade einige Lichter aufgegangen waren.

Strukturelle Koppelung
Operationale Geschlossenheit

Ja, unter anderem. Aber es geht noch weiter. Interaktionen zwischen einer Einheit und dem es umgebenden Milieu, aber auch zwischen zwei Einheiten können wir als eine strukturelle Koppelung bezeichnen, wenn sie eine Geschichte wechselseitiger Strukturveränderungen darstellt. Das heißt sehr wohl, dass wir Lernprozesse in einer Interaktion anschubsen können, wenn wir es schaffen, unsere eigene subjektive Struktur mit der des Lernenden zu koppeln – aber wir können sie nicht determinieren. Hinzu kommt noch ein weiterer Punkt: Ein weiteres wesentliches Charakteristikum eines lebenden Systems ist die operationale Geschlossenheit der Organisation. Das heißt, dass die Identität des Sys-

---

[61] Maturana/Varela, 1987, S. 55
[62] Maturana/Varela, 1987, S. 85

tems durch ein Netz von dynamischen Prozessen gekennzeichnet ist, deren Wirkungen das Netz jedoch nicht überschreiten[63]. Strukturveränderungen finden also im System statt, und nur durch dieses.

Also haben wir als Lehrende letztlich nur ganz geringen Einfluss auf die Lernenden, außer wir schaffen es, uns strukturell zu koppeln?

So ist es. Und, um es noch biologischer auszudrücken: Wir sind für das geschlossene System zunächst so etwas wie eine (Ver-)Störung. Wir stören das lebendige System, indem wir seine Struktur anregen. Der Fachausdruck dafür ist *Perturbation*. Und Lernen, also Veränderungen finden unter anderem dadurch statt, dass das System durch einen Einfluss von außen perturbiert (verstört) wird. Daraufhin überprüft das System seine Struktur, ob es diese Perturbation an- bzw. aufnehmen soll.

Also der Lernende entscheidet, ob er lernt oder nicht?

Genau so ist es. Diese Überprüfung nennen wir *Rekursivität*, was man mit Rückbezüglichkeit übersetzen könnte oder auch Selbstreferentialität, was soviel wie Auf-sich-selbst-Bezogen-Sein bedeutet. Die eigene Struktur wird daraufhin befragt, ob die Perturbation für das System von Bedeutung ist oder nicht.

Das heißt also, dass ein System grundsätzlich eine Perturbation von außen braucht, um zu lernen?

ständige Strukturveränderung, also kontinuierliches Lernen gehört zum Pulsieren des Lebens

Oh nein, nicht nur. Ein System verändert seine Struktur auch, wenn es von außen nicht perturbiert wird. „Im Fall der lebenden Systeme, deren selbsterzeugendes molekulares Netzwerk die Dynamik der Autopoiese begründet, variiert die Struktur ständig. [...] Der Strukturwandel lebender Systeme ist nicht erklärungsbedürftig, sondern ihr konstitutives Wesensmerkmal – sie verändern sich eben, das ist nun mal ihre Natur!"[64] Oder anders ausgedrückt: „Die ständige Strukturveränderung eines Lebewesens unter Erhaltung seiner Autopoiese geschieht in jedem Augenblick und zugleich auf viele verschiedene Weisen. Das ist das Pulsieren des Lebens."[65]

---

63 Maturana/Varela, 1987, S. 100
64 Maturana Humberto, 1994, S. 79
65 Maturana/Varela, 1987, S. 112

Wenn also eine Veränderung in der Struktur des Lebewesens nicht von der Umwelt instruiert werden kann, sondern bestenfalls perturbiert, so stellt sich doch die Frage, was genau denn letztlich die Veränderungen zulässt?

Die Lebewesen sind durch ihre Struktur determiniert. „Bei den Interaktionen zwischen dem Lebewesen und der Umgebung [...] determinieren die Perturbationen der Umgebung nicht, was dem Lebewesen geschieht; es ist vielmehr die Struktur des Lebewesens, die determiniert, zu welchem Wandel es infolge der Perturbation in ihm kommt."[66]

Die Lebewesen, also wir Menschen, sind im Wesentlichen selbstgesteuert, autonom, und prinzipiell nur der Erhaltung unserer Autopoiese verpflichtet, da wir sonst unsere Organisation, und damit unser Leben aufgeben. „Ein lebendes System ist ein sich selbst organisierendes System, was bedeutet, dass seine Ordnung in Bezug auf Struktur und Funktion nicht von der Umwelt aufgezwungen, sondern vom System selbst hergestellt wird."[67] Dennoch sind wir nicht ganz frei. Wir sind determiniert durch unsere Struktur. Damit kann auch erklärt werden, warum manche Perturbationen einfach nicht angenommen werden: Weil sie einfach nicht in die Struktur des perturbierten Lebewesens passen. Außerdem wird klar, dass eine biologische Einheit keine Veränderungen vollziehen kann, die nicht schon zumindest als Disposition in ihrer Struktur angelegt sind.

Selbstorganisation

Ja, so ist es. Deshalb ist es in Lehr- und Lernsituationen auch völlig indiskutabel, Menschen einfach nur Inhalte um die Ohren zu hauen, in der Hoffnung, dass sie diese einfach in sich aufnehmen. Aus diesem biologischen Denkmuster heraus ergeben sich andere Notwendigkeiten im Umgang mit Lernenden. Wer diese biologischen Grundlagen beherzigt, der muss anders lehren, als es herkömmlich der Fall war, bevor die Biologie diese Erkenntnisse offenbarte.

Jetzt ist mir auch klarer, nickte Martin, was mit dem Begriff der Selbstorganisation letztlich gemeint ist. Es geht nicht nur darum, dass wir die Lernenden einfach mal machen lassen – sie werden sich dann schon

---

[66] Maturana/Varela, 1987, S. 106
[67] Capra, Fritjof, 1998, S. 298

selbst organisieren. Es geht darum, den Lernenden in seiner Struktur zu perturbieren, sich mit ihm strukturell zu koppeln und gegenseitige Strukturveränderungen anzuschubsen – sie werden und müssen sich dann selbst erzeugen, weil sie autopoietisch organisiert sind. Gestern Abend war ich bei einem Vortrag mit Podiumsdiskussion und habe irgendwie nicht viel mitgenommen. Jetzt ist mir klar, warum. Die Referenten haben es beim besten Willen leider nicht geschafft, mich in meiner Struktur zu erreichen, mich zu koppeln! Das Thema ging völlig an mir vorbei.

Schade eigentlich, nickte Myers. Das passiert leider viel zu häufig, das gut gemeinte Vorträge oder ähnliche Anlässe genau so enden, weil nicht bedacht wird, den Zuhörenden in seiner Struktur anzuregen. Idealerweise und zudem recht einfach geht das, wenn man die Teilnehmenden sozusagen von Betroffenen zu Beteiligten macht, sie in das Geschehen miteinbezieht. Das hatte ich heute hauptsächlich mit den Teilnehmenden im Seminar gemacht. Sie nach ihrer Meinung gefragt, sie Themen selbst erarbeiten lassen. Aber das ist grundsätzlich eine methodische Frage, zu der sie vielleicht eher auch einen Pädagogen befragen sollten.

Es war schon sehr spät geworden und Myers musste sich verabschieden, nicht ohne Martin viel Erfolg für den weiteren Fortgang des Projekts „Neue Lernkultur" zu wünschen. Dieser, der gedanklich noch tief ins Thema versunken war, stand auf und ging an die Whiteboard-Tafel, um sich die wesentlichen Aspekte bezüglich der Organisation des Lebendigen nochmals zu skizzieren.

Autopoiese:
Wir Menschen sind autopoietisch organisiert. Wir erzeugen uns buchstäblich immer wieder selbst

Strukturdetermination:
Wir sind determiniert durch unsere Struktur. Wir gleichen sämtliche Einflüsse (Perturbationen), sowohl die von außen als auch unsere inneren Impulse, stets selbstreferentiell auf ihre Tauglichkeit ab.

Operationale Geschlossenheit:
Alle Operationen, also die ständigen Veränderungen unserer Struktur, finden in uns als abgeschlossenem Raum ohne direkten Zugriff von außen statt.

Selbstreferentialität:
Rückbezüglichkeit des Systems auf die eigene Struktur.

Er staunte innerlich nicht schlecht über die Wendung, die das Gespräch aus seiner Sicht genommen hatte. Während er erwartete, von Jonathan Myers etwas über Methoden zu erfahren, waren sie plötzlich bei diesen biologischen Erkenntnissen gelandet. Allerdings hatte ihm Myers ja erklärt, dass das genau die wesentlichen Aspekte seien, die letztlich menschliches Lernen ausmachen. Genau unter diesen Prämissen entstünde erst Erkenntnis!

Martin machte sich, obwohl es bereits halb acht Uhr war, daran, das Projekttagebuch „Neue Lernkultur" hervorzukramen. Er wollte die noch frischen Gedanken nicht verlieren. Denn die Ergebnisse waren eine hervorragende Ergänzung zu dem, was die drei Kollegen bereits besprochen hatten. Dementsprechend notierte er neben den Zeichnungen vom Whiteboard folgende Sätze auf die nächste leere Seite:

Die Organisation des Lebendigen

- Menschen sind in sich geschlossene Systeme.
- Der Einfluss von außen, also zum Beispiel ein Trainer, wird als Perturbation („Verstörung") der Struktur verstanden.
- Ziel muss es sein, über den Weg der strukturellen Koppelung Veränderungen auszulösen.
- Veränderungen finden aber nur dann statt, wenn das System selbst, das heißt autonom entscheidet, sich zu verändern.
- Menschen sind durch ihre Struktur geprägt, ja bestimmt. Sie können nicht aus ihrer Haut.

8 Fragen über Fragen

Im nächsten Jour fixe berichtete Martin Peler über seine Erkenntnisse, die er im Gespräch mit Jonathan Myers gewonnen hatte, ohne sich deren genauer Bedeutung für didaktisches Denken und Handeln so richtig bewusst zu sein. Dementsprechend war es seine Absicht, mit den Kollegen darüber zu diskutieren, was das alles denn nun tatsächlich für ihre konkrete Arbeit heißt bzw. ob und wie diese biologischen Tatsachen denn in Alltagshandlungen übersetzt werden können.

Martin: Wenn Menschen als autonome, autopoietische Systeme zu sehen sind, ergeben sich doch zweifellos Konsequenzen für didaktische Überlegungen. So müssen wir uns zum Beispiel fragen, wie Didaktik damit umgehen kann, dass sie die jeweiligen Lernenden bestenfalls perturbieren kann, nicht aber instruieren oder gar determinieren. Das bedeutet doch, dass wir für jeweils Lernende lediglich als „Störung" in ihrer Struktur wahrgenommen werden? Wie sollen wir da noch Wissen weitergeben?

Strukturdeterminiertheit

Simone: Na ja, das mit dem „Weitergeben" erscheint tatsächlich schwierig zu sein, aber immerhin – wir können wohl Lernprozesse anstoßen, auslösen. Bei der Gelegenheit sollten wir dann auch gleich den Begriff der Erziehung einer kritischen Überprüfung unterziehen, da dieser ja impliziert, dass man Menschen in eine bestimmte Richtung erziehen könnte. Und hat nicht schon Kant gesagt: „Der Mensch kann nur Mensch werden durch Erziehung. Er ist nichts, als was die Erziehung aus ihm macht."[68] Jetzt müssen wir uns umorientieren und fragen, wie wir unsere Lernenden dazu verleiten können, aus sich selbst das zu machen, wozu sie bereit sind. Wir können als Didaktiker lediglich Auslöser für Veränderungen innerhalb des geschlossenen Systems Mensch sein, aber keine Lehrenden mehr im herkömmlichen Sinne, weil eine bloße Reproduktion der Struktur des Lehrenden durch die Lernenden angesichts der erörterten Eigenschaften lebender Systeme unmöglich erscheint. Ein System, das determiniert ist durch seine eigene Struktur, kann, ob es nun will oder nicht, die Struktur des Lehrenden nicht einfach als die eigene übernehmen. Denn „die Erfahrungen, die ein Mensch

---
68 Kant, Immanuel, 1982, S. 11

im Lauf seines Lebens gemacht hat, sind fest in seinem Gehirn verankert, sie bestimmen seine Erwartungen, sie lenken seine Aufmerksamkeit in eine ganz bestimmte Richtung, sie legen fest, wie er das, was er erlebt, bewertet, und wie er auf das reagiert, was ihn umgibt und auf ihn einstürmt."[69] Das ist wohl mit dem Begriff der Strukturdeterminiertheit gemeint.

Frank: Ja, so ist es wohl. Das bedeutet für uns als Lehrende, das unsere Aufgabe in dieser gesellschaftlichen Situation mit ihrer radikalen Pluralität, die nun auch noch für die unterschiedlichen Strukturen der jeweils Lernenden gilt, vor allem eine ist: eine Lernkultur zu schaffen, in der sich der Lernende selbstorganisiert, gemäß seiner individuellen und ihn determinierenden Struktur, Lernanreize holen kann. Wir können gar nicht mehr anders denken, weil wir die Selbstreferentialität eines lebenden Systems nicht aus den Augen verlieren dürfen. Martin hatte sie ja definiert als „die Eigenschaft eines Systems, das rekursiv oder zirkulär mit den eigenen Zuständen interagiert, so dass jeder Zustand aus den Aktionen früherer Zustände resultiert."[70] Das bedeutet letztlich, dass jeder Versuch, einen Menschen von außen zu verändern, zum Scheitern verurteilt ist, da dieser Mensch vor allem zunächst einmal innere zirkuläre Interaktionen durchführt.

Martin: Das klingt alles ein bisschen so, als ob wir eigentlich gar nicht mehr zu lehren bräuchten. Andererseits ist unser Gehirn doch auch darauf ausgerichtet, zeitlebens zu lernen, sich weiter zu entwickeln. Schließlich ist das die Grundbedingung und auch der Anfang der kulturellen Evolution gewesen, dass „die Weitergabe einmal erworbener Fähigkeiten und Leistungen von einer Generation zur nächsten"[71] möglich wurde.

Der Lernbegleiter

Frank: Es geht in diesem Denken ja auch nicht darum, Lehren zu negieren oder Lernen als völlig beliebig darzustellen. Die Frage ist eine andere, nämlich: Wie müssen Inhalte dargeboten werden, um beim Lernenden etwas anzustoßen? Es geht beim Lernen darum, die richtigen Erfah-

---

69 Hüther, Gerald, 2001, S. 12
70 Portele, Gerhard, 1989, S. 59
71 Hüther, Gerald, 2001, S. 53

rungen zu machen, die dann freilich zu rascherem Lernen führen als die falschen. „Ein guter Lehrer weiß dies und unterrichtet, was die Kinder gerade lernen können und wollen."[72] Hier zeigt sich die strukturelle Koppelung. Wenn ein Lehrender ohne Rücksicht auf Verluste seinen Stoff durchzieht, weil es genau so im Lehrplan steht, trägt er der jeweiligen Struktur der Lernenden keine Rechnung. Insofern sollten wir vielleicht zukünftig lieber nicht mehr vom Lehrer, sondern eher von einem Lernbegleiter sprechen, der über den Weg einer strukturellen Koppelung den Versuch startet, als Auslöser von Lernprozessen zu fungieren. „Lebewesen und Milieu [hier der Lernbegleiter – GK] wirken füreinander als gegenseitige Quelle von Perturbationen, ‚Störfaktoren', die beim jeweils anderen Zustandsveränderungen auslösen können"[73], also letztlich wechselseitige Strukturveränderungen mit sich bringen. Damit ist Lernen nicht mehr ausgeschlossen – im Gegenteil. Allerdings wird klar, dass Lehren keine Einbahnstraße ist, in der es ein vermeintlich Wissender mit Unwissenden zu tun hat, denen er nun sein Wissen überstülpen muss. Wir sprechen also eher von gegenseitiger Strukturveränderung, von Angleichung der Strukturen, von Austausch und Wechselseitigkeit, von gleichberechtigter und offener Kommunikation.

Hieraus ergeben sich dann logischerweise auch die Forderungen nach einer neuen Lernlandschaft, ergänzte Simone. Wir sollten die alten Muster zum Beispiel des Frontalunterrichts der Azubis schleunigst über Bord werfen, um den lebenden Systemen in ihrer Selbstorganisation gerecht zu werden. „Der naive Glaube an die Veränderbarkeit menschlichen Verhaltens [durch Unterricht/Seminare – GK] muss aufgegeben werden."[74] Wir sollten als Lernbegleiter den Raum schaffen, in dem es dem Individuum gelingt, die für sich relevanten Perturbationen zu erhalten, die Anstöße, die es braucht, um seine Struktur selbst zu verändern. Wir müssen unser bisheriges Bild von Lernenden revidieren, in die wir wie in einen Trichter Wissen hineinschütten, um es dann später wieder abzurufen.

Martin: Dennoch sollte doch diese pädagogische Herangehensweise nicht beliebig sein. Da bleibe ich jetzt stur. Denn schließlich haben wir hier ja auch Ziele. So wollen wir zum Beispiel die Auszubildenden in ihrer Berufsausbildung unterstützen, und zwar so, das sie auch die Ab-

---

72 Spitzer, Manfred, 2000, S. 331
73 Kösel, Edmund, 1995, S. 44
74 Kösel, Edmund, 1995, S. 67

schlussprüfung schaffen. Auch in unseren firmeninternen Trainings wollen wir bestimmte Ziele erreichen. Wir machen das ja nicht nur zum Spaß. Es kann doch nicht sein, dass wir nur das lehren, was die Lernenden gerade hören wollen oder können. „Didaktik setzt generelle Zielentscheidungen bzw. einen Begriff von Bildung voraus oder schließt ihn ein."[75] Das muss allerdings, dem stimme ich gerne zu, Spontaneität und Kreativität im Umgang mit den Lernenden nicht automatisch ausschließen, wie wir in der letzten Woche bei Jonathan Myers gesehen haben.

Frank: Nun ja, wir müssen eben darauf schauen, dass ein an Zielvorgaben ausgerichtetes Training eben nicht linear und stringent an einem vorgegebenen Weg entlang geht und dabei jede abweichende Denkbewegung übersieht, jede Störung übergeht bzw. alles als Störung betrachtet, was von dem geplanten Kurs abweicht.

Frank stand auf und ging hinüber zur Whiteboard-Tafel. Er skizzierte zwei Möglichkeiten, wie Lehrveranstaltungen ablaufen könnten:

Skizze 1 *Skizze 2*

Schulungen und Trainings können zwar wie Skizze 1 aussehen, begann er, die erste Grafik zu erläutern, nehmen dann aber kaum Rücksicht auf die einzelnen Lerner. Denn dieser gerade Lernweg in ganz engen Grenzen (dabei zeigte er auf die breiten Linien) ist, wie wir gesehen haben, eher untypisch. Viel mehr in unserem Sinne ist doch eigentlich die Skizze 2, die zwar einen groben Rahmen, eine Struktur vorgibt, in der letztlich gelernt wird (dabei zeigte er in der zweiten Grafik auf die beiden fett gemalten Linien außen), die aber den Weg des Lernens nicht

---
75 Klafki, Wolfgang, 1996, S. 87

linear vorgeben, sondern auch Freiheiten lassen. Dennoch ist freilich auch ein Ziel geplant.

Während in Skizze 1 ein ganz gerader Weg direkt zum Ziel genommen wird, wobei keinerlei Beweglichkeit und Freiraum bleibt, können in Skizze 2 auch Kurven, unterschiedliche Wege und vielleicht sogar mal Rückschritte vorkommen. Das heißt, der Lernende bestimmt innerhalb eines Rahmens seinen eigenen Lernweg – das wäre doch die idealste Lösung, wenn ich alles bisher Besprochene richtig gedeutet habe.

Das hat freilich vor allem gerade deswegen einen gewissen Charme, ergänzt Simone, weil in Skizze 2 Freiheiten gewährt werden. Denn bisher gingen wir ja oft eher den umgekehrten Weg. Wir haben die Ziele und den Weg zu den Zielen definiert! Wir haben zum Beispiel festgelegt, dass wir unsere Auszubildenden zu selbstständigen und selbstverantwortlichen Mitarbeitenden ausbilden wollen, haben aber gleichzeitig mit unserer Herangehensweise dafür gesorgt, dass es den Azubis eben gerade nicht leicht fällt, dieses Ziel zu erreichen. Denn: Wenn Schule, Ausbildung oder Weiterbildung, also wir, für die Lernenden die Entscheidungen treffen, wie sollen diese dann lernen, sich selbstständig zu entscheiden? Wir nehmen also vorneweg, was eigentlich Lernziel sein soll. Wir entscheiden für diejenigen, die lernen sollen zu entscheiden!

Für kurze Zeit entstand nachdenkliches Schweigen im Raum, bis Simone mit ihren ganz grundsätzlichen Gedanken fortfuhr.

Das grundlegende Dilemma der Pädagogik

Und ist das nicht ein generelles Problem in der Pädagogik? Meistens werden Ziele gesetzt, Lehrpläne erstellt und die Dinge genau festgelegt, die die Lernenden lernen sollen – und das alles, um sie letztendlich selbstständig und mündig zu machen? Das ist wohl ein pädagogisches Dilemma, auf das wir hier stoßen. Wenn wir vorgeben, was Lernziele sind, was anhand des zu lernenden Stoffes an Erkenntnis, Verhalten und konkreten Handlungen für den Arbeitsalltag herauskommen soll, dann üben wir gehörig Zwang aus bzw. nehmen keinerlei Rücksicht auf die Selbstorganisation, auf die bisherigen Erfahrungen, auf die Vielheit und Unterschiedlichkeit der Ansichten und Lebenswirklichkeiten, mit denen wir es zu tun haben. Oder anders ausgedrückt: „Eines der größten Probleme der Erziehung ist, wie man die Unterwerfung unter den gesetzlichen Zwang mit der Fähigkeit, sich seiner Freiheit zu bedienen, vereinigen könnte. [...] Wie kultiviere ich die Freiheit bei dem Zwange?"[76]

Martin: Also dass Erziehung Zwang sei, habe ich ja bei manchen Antipädagogen schon gelesen, aber wir wollen doch schließlich nur das Beste für unsere Lernenden!

Freiheit durch Zwang?

Frank: Ja, das meinen wir mit unseren hehren Zielen – ob das unsere Lerner allerdings auch so wahrnehmen, sei mal dahingestellt. Es scheint ein Wesensmerkmal der Pädagogik bzw. von Unterricht schlechthin zu sein, dass Zwang ausgeübt wird. Wir müssen, und das tun wir ja gerade mit unserem Projekt „Neue Lernkultur", aus diesem pädagogischen Dilemma rauskommen, indem wir über andere Methoden nachdenken, die den Zwang durch Freude und Spaß am Lernen ersetzen, und die gleichzeitig das Prinzip der Selbstorganisation der Lernenden beachten – siehe das Training von Jonathan Myers, von dem Du erzählt hast.

Denn dass wir momentan in diesem Dilemma drinstecken, ist ja augenscheinlich: Wir definieren zum Beispiel in unserem Katalog von Schlüsselqualifikationen, also in unseren Lernzielen, immer wieder Eigenschaften wie Selbstständigkeit, freies Denken und Handeln, Kreativität, betriebliches Denken und Orientierung an Kundeninteressen und so fort. Gleichzeitig definieren wir speziell in der Ausbildung, aber auch in den Seminaren der Weiterbildung, was genau jetzt im Moment zu lernen ist, was die Lernenden tun sollen, was sie lassen sollen und wie sie etwas tun sollen. Das erscheint mir durchaus als ein Widerspruch: Wie soll Selbstständigkeit entstehen, wenn wir alles vorgeben? Wie sollen Lernende lernen, frei zu denken und zu handeln, wenn wir ihnen klare Regeln vorgeben? Wie sollen sie lernen, sich an Kundeninteressen zu orientieren, wenn wir uns selbst nicht an den Interessen unserer Kunden, nämlich den Lernenden orientieren? Wir sozialisieren also bestimmte Verhaltensweisen, die wir haben wollen und unterdrücken andere, die wir nicht wollen – und das alles unter dem großen Ziel, zum Beispiel die Selbstständigkeit der Lernenden zu fördern. Insofern kön-

---

[76] Kant, Immanuel, 1982, S. 20

nen wir schon von Zwang reden. Und die weiterführende Frage dabei ist schon berechtigt, ob wir über diesen Zwang Freiheit überhaupt erreichen, bzw. wie und mit welchen Methoden wir zukünftig arbeiten sollten, um aus diesem Dilemma weitest gehend rauszukommen?

Simone: Ja, dennoch sollten wir unsere Arbeit generell jetzt auch mal nicht zu negativ sehen. Wir arbeiten uns hier tief in ein theoretisches Thema hinein – das ist nicht gleichbedeutend damit, dass wir in der Praxis alles falsch machen oder gar Lehren jetzt komplett sein lassen sollten. Deine Azubis mögen dich zum Beispiel sehr, Frank, und deshalb denke ich, dass sie deine Bemühungen, ihnen etwas beizubringen, weder als Zwang wahrnehmen, noch dass sie das Lernen einstellen, nur weil sie sich gegängelt fühlen. Dennoch bleibt freilich die Theorie in diesem Punkt klar: Sobald wir jemandem ein Thema beibringen wollen, sobald wir ein bestimmtes Verhalten bei einem anderen Menschen beeinflussen wollen, sobald wir überhaupt in irgendeiner Form auf andere Menschen wirken, „stören" wir sie in ihrer Struktur. Und wenn wir gleichzeitig womöglich auch noch mit Sanktionen wie Schulnoten oder Ähnlichem agieren, so können wir sehr schnell von Zwang sprechen, den wir da ausüben.

Martin: Ich glaube aber nicht, dass wir gänzlich aus dieser Bredouille herauskommen – mir erscheint es wichtig, zu wissen, dass es so ist. Aber vielleicht können wir ja mit methodischen Veränderungen einiges bewirken, das sollten wir unbedingt versuchen.

Ja und darüber hinaus, ergänzte Frank, geht mir noch der Begriff des „Lernbegleiters" durch den Kopf, der vorhin gefallen ist. Ich denke, das hier auch ein ganz wesentlicher Schlüssel zum Erfolg liegt: nämlich in der Rolle bzw. in der Person desjenigen, der lehrt. Wenn der Lernbegleiter es schafft, eine strukturelle Koppelung zu den Lernenden aufzubauen, dann werden diese die Bemühungen des Lernbegleiters auch nicht mehr als Zwang erleben, sondern eher als Förderung, oder nicht?

Simone: Das klingt einleuchtend. Wir haben also zwei Aufgaben: Einerseits gilt es, über die Persönlichkeit des Lernbegleiters nachzudenken und seine Rolle klar zu definieren. Auf der anderen Seite müssen wir auch fragen, was Selbstorganisation denn nun konkret im Training oder in der Ausbildung bedeuten kann und mit welchen Methoden wir arbeiten können, die dann also selbstorganisiertes Lernen ermöglichen oder zumindest befördern?

Martin: Gut, dann lasst uns doch bis zum nächsten Treffen das Thema Lernbegleiter genauer anschauen. Jeder sieht und hört sich um, was er aufschnappen kann.

Er griff sich das Projekttagebuch und schrieb:

Es gibt noch viele offene Fragen ...

- Wir müssen irgendwie damit umgehen, dass wir unsere Lernenden bestenfalls perturbieren können, sie aber nicht instruieren oder gar determinieren.
- Unsere Hauptaufgabe ist es, eine Lernkultur zu schaffen, in der sich der Lernende selbst organisiert und gemäß seiner individuellen Struktur Lernanreize holen kann.
- Wir sollten nicht Lehren negieren, aber uns fragen, wie Lerninhalte dargeboten werden sollten, um beim Lernenden etwas anzustoßen.
- Der Lernbegleiter könnte ein Schlüssel zum Erfolg sein.
- Ein an Zielvorgaben ausgerichtetes Training muss eben nicht linear und stringent an den Zielen entlang gehen – auch abweichende Denkbewegung sollten erlaubt sein, auch wenn sie vordergründig vom geplanten Kurs abweichen.
- Das pädagogische Dilemma: Wie kultiviere ich Freiheit durch Zwang? Oder: Wie kann Selbstständigkeit entstehen, indem ich Vorgaben mache? Oder: Wie können junge Menschen lernen, sich zu entscheiden, wenn alle Entscheidungen vorgegeben werden?

9   In Vino Veritas

Frank war auf dem Weg nach Hause, als ihm die Worte von Simone nochmals durch den Kopf gingen, dass die Auszubildenden ihn und seine Kollegen mögen würden und sie deshalb gerne bei ihm lernen. Wahrscheinlich war das ja ein entscheidendes Argument, beliebt zu sein, aber damit allein konnte es ja eigentlich nicht getan sein. Ein guter Trainer, ein guter Ausbilder oder ein guter Lehrender ganz allgemein musste doch bestimmt noch mehr beachten als nur, gemocht zu werden. Und was genau war es denn eigentlich, was einen Lehrenden in den Augen seiner Teilnehmenden überhaupt beliebt macht?

Derart in Gedanken versunken fuhr Frank mit seinem Wagen beinahe an dem Umleitungsschild vorbei, dass ihn wegen Bauarbeiten weg von der Hauptstraße durch ein Wohngebiet führte. Nach weiteren zweihundert Metern passierte, was passieren musste. Er übersah ein Auto, das, von rechts kommend, an dieser Kreuzung Vorfahrt hatte. Frank hatte nicht registriert, dass in diesem Wohngebiet, durch das er üblicherweise nicht fuhr, an allen Kreuzungen „rechts vor links" galt!

Nach einem kurzen, aber doch blechern klingenden Aufprall standen die zwei Autos an der Kreuzung. Beide Fahrer stiegen aus und waren sich schnell darüber im Klaren, dass Frank geschlafen hatte ... Sie tauschten ihre Namen und Adresse aus und fanden erstaunlich gelassen in ein Gespräch. Schließlich gab es ja auch keine Ungereimtheiten oder Diskussionen über die Schuldfrage. Abgesehen davon war der Schaden an den Wagen nicht groß. Der Unfallgegner gab Frank für die Schadensmeldung eine Visitenkarte. Darauf stand geschrieben:

Gerhard Lachkamb
Personalentwicklung – Training

Frank empfand es fast als einen Wink mit dem Zaunpfahl, dass er, durchaus unsanft aber zielgerichtet, während er über die Persönlichkeit eines Trainers nachdachte, mit genau so einem Zeitgenossen zusammenstieß. Es ist richtig, ein solches Treffen wäre wohl auch billiger zu haben gewesen, dachte er sich, aber was soll's. Es nutzte ja nichts, jetzt noch darüber zu klagen. Dafür war es zu spät. Er wollte die Gelegenheit eher beim Schopfe packen, um die Situation auch für sich zu nutzen.

Also lud Frank Herrn Lachkamb sofort zu einem kleinen „Entschädigungswein" auf seine Terrasse ein. Die Wohnhäuser der beiden lagen nicht wirklich weit entfernt voneinander und sie konnten sich sogar relativ leicht mit dem Fahrrad gegenseitig besuchen. Frank wollte mit ihm das Thema Persönlichkeit und Beliebtheit genauer besprechen, was auch für Lachkamb ein spannendes Thema zu sein schien, da er sofort auf den Vorschlag einging. Sie verabredeten sich auf später und fuhren dann ihre leicht beschädigten Vehikel nach Hause.

Gegen acht Uhr trafen sie sich wieder bei Frank im Garten. Nachdem sich die beiden beim ersten Glas Wein nochmals gegenseitig erläutert hatten, was genau sie eigentlich beruflich denn so tun, bekam das Gespräch gleich die Wendung, die Frank haben wollte. Er berichtete, was sie in dem Projekt „Neue Lernkultur" bereits alles entdeckt hatten, was so ihre Gedanken waren und dann überfiel er Gerhard Lachkamb mit der für ihn so relevanten Frage, wie wichtig es eigentlich sei, das Lernende den Lehrenden mögen? Er musste das jetzt klären – immerhin hatte er dafür sein Auto beschädigt ...

Nun, sagte Herr Lachkamb, das ist zweifellos ein wesentliches Kriterium beim Lernen. Sie erinnern sich bestimmt an Ihre eigene Schulzeit oder Ausbildung zurück und daran, dass Sie den ein oder anderen Lehrer absolut nicht leiden konnten. Haben Sie da viel und gerne gelernt?
    Nein, nicht wirklich, erwiderte Frank. Aber woran liegt das denn? Es geht doch hauptsächlich um ein Thema, also um Inhalte, die transportiert werden sollen.

Pädagogischer Bezug

Nein, eben nicht nur. Gerade wenn Sie im Unternehmen über die Idee eines Lernbegleiters nachdenken, dann ist es äußerst wichtig, dass die handelnden Personen miteinander lernen, im Dialog aufeinander eingehen und dabei ist ein vertrautes Verhältnis in dem möglichen Rahmen absolut hilfreich. Dieses Verhältnis wird seit der Mitte des letzten Jahrhunderts als pädagogischer Bezug[77] zwischen Lerner und Lehrendem bezeichnet und als eine der entscheidenden Größen, die über Erfolg oder Misserfolg im Unterricht bestimmen. Wenn Sie an Ihre eigenen

---

77 Siehe dazu: Nohl, Hermann, 1949

Lehrer denken, wissen Sie, wovon ich spreche. „Der Bauch lernt mit, das heißt kein nachhaltiges Lernen ist möglich, wenn Teilnehmer eine negative oder allzu distanzierte Einstellung zur Person des Dozenten haben."[78] Dies gilt selbstverständlich auch für die gesamte Atmosphäre in der Unterrichtssituation. Wenn diese angstfrei, kommunikativ und in einer offenen, gelösten Art vonstatten geht, dann erhöht sich auch der Lernerfolg. Und dann, und nur dann ist auch gegenseitiges Lernen möglich. In einer durch Frontalunterricht und negativen Stress geprägten Lernatmosphäre entsteht kein Lernen im Dialog – da entsteht überhaupt kein Lernen – und wenn dann sehr mühsam und durch Druck, also zum Beispiel das kontinuierliche Androhen von Prüfungen.

Ja, das liegt auf der Hand. Aber es gibt doch immer auch Menschen, mit denen man nicht so gut kann. Ich hatte da mal einen Auszubildenden, an den erinnere ich mich noch sehr gut. Er war eigentlich ein ganz netter und ruhiger Zeitgenosse, hat allerdings derart viel Ruhe ausgestrahlt, dass ich mir oft gar nicht darüber im Klaren war, ob er mich überhaupt wahrnimmt, ob er mir zuhört, ob ihn das interessiert, was ich ihm erzähle. Das hat mich damals sehr verunsichert und ich glaube, ihm deutlich gezeigt zu haben, dass mich das ziemlich ärgert. Irgendwie hat da die Chemie zwischen uns beiden nicht gestimmt. Also, um es ehrlich zu sagen, der hat mich schier zur Weißglut gebracht, weil er einfach nicht reagiert hat, egal was ich auch gemacht habe.

Nun ja, es gibt Menschen, die einfach nicht zueinander passen. Dennoch sollten wir in unserer Rolle als Lernbegleiter allen Menschen gegenüber die gleiche Offenheit, Toleranz und Wertschätzung entgegenbringen.
  Ja, theoretisch klingt das gut, ist aber in der Praxis nicht so einfach. Aber es gibt ja auch Beispiele aus der eigenen Lernbiographie, in denen es anders war. Ich erinnere mich da an einen meiner Lehrer in der Schule, den ich als sehr positiv im Gedächtnis habe, obwohl mich sein Fach eigentlich überhaupt nicht interessierte.
  Was genau hat diesen Lehrer ausgezeichnet? fragte Gerhard Lachkamp, der sich inzwischen ein Blatt Papier gegriffen hatte und begann, die wesentlichen Gedanken des Gesprächs zu notieren.

---

78 Meyerhoff/Brühl, 2004, S. 38

Humor

Nun ja, er hatte einen ansprechenden Humor, also er ging recht sympathisch an den Unterricht heran und mit uns Schülern um, er konnte auch mal über sich selbst lachen. Er hat uns immer als gleichberechtigte Partner in der Unterrichtssituation behandelt und uns immer auch nach unserer Meinung gefragt. Er war sehr wohl streng, hat auch etwas gefordert, war aber immer auch fair.

Also er hat es geschafft, eine Beziehung zu euch herzustellen, also den so genannten pädagogischen Bezug. Das ist ein wesentliches Kriterium für den erfolgreichen Umgang mit anderen Menschen. Nämlich dass es gelingt, eine positive Beziehung herzustellen. Und dabei scheint dann Ihrer Erzählung nach auch plötzlich das Thema, also der Inhalt, der eigentlich gelehrt wird, in der Hintergrund zu rücken.

Damit steigen aber auch gleichzeitig die Erwartungen an den Lernbegleiter, was eben den Aufbau dieses pädagogischen Bezuges angeht. Er sollte dann ja auch ganz gezielt dafür sorgen, dass sich die Gruppe in der Lernsituation mit ihm auch wohl fühlt.

Edutainment/Infotainment

Ja genau. Hier entstehen neue Erwartungen in die Herangehensweise. Und zwar sowohl, was die Person des Lernbegleiters angeht, als auch die von ihm eingesetzten Mittel. Mit alten Overhead-Folien von vor zwanzig Jahren kann man weder Erwachsene in Weiterbildungsseminaren noch Azubis in einer Schulung begeistern. „Die Ansprüche an die Erlebnisqualität sind gestiegen. Die Teilnehmenden wollen Neues erleben, neue Erfahrungen machen, interessante Menschen kennen lernen, in einer angenehmen (nicht-schulischen) Umgebung lernen [...] Erlebnis kann auch ein Bildungserlebnis sein"[79]. Und das bedeutet für den Lernbegleiter, dass er sich schon in der Vorbereitung gründlich darüber Gedanken machen sollte, wie er auch diesen Erlebnischarakter schaffen kann. Edutainment oder Infotainment sind hierfür die Begriffe, die deutlich machen, dass es eben nicht nur um das Referieren von irgendwelchen Themen gehen kann. Das hat auch etwas mit der Persönlichkeit

---

[79] Siebert, Horst, 2004, S. 91

der Lehrenden zu tun, denn diese „wirken nicht nur durch ihr Fachwissen, sondern durch ihre Persönlichkeit, ihr Engagement und ihre Zuwendung."[80]

Das heißt, dass ein guter Lernbegleiter sich letztlich dadurch Vertrauen, Gehör und die Aufmerksamkeit der Teilnehmenden verdient, indem er diese auch als erwachsene Partner anerkennt, sie als Personen mit Vorerfahrungen respektiert, seine eigene Persönlichkeit voll mit einbringt und echtes Interesse an den Teilnehmern an den Tag legt.[81] Soweit so gut. Die Frage ist aber dennoch: Lässt sich die ideale Trainerpersönlichkeit allgemein beschreiben? Was macht denn nun einen guten Lernbegleiter aus? Kann man das so überhaupt auf den Punkt bringen?

Empathie

Ich glaube, dass in unserer bisherigen Aufzählung noch einige wesentliche Aspekte fehlen. Einer hängt direkt mit dem Interesse an anderen Menschen zusammen. Ein guter Lernbegleiter, ein guter Pädagoge kann seine Teilnehmer sehr gut beobachten, einschätzen und ihre Wünsche und Bedürfnisse wahrnehmen, gerade weil er an ihnen und ihrer Entwicklung interessiert ist. Er hört genau zu und erkennt, wo die Teilnehmer sich befinden – und zwar sowohl inhaltlich, als auch auf ihrer Gefühlsebene. Er kann ihren momentanen Standpunkt erkennen und dann individuell das anbieten, was die jeweiligen Teilnehmenden brauchen. Oder um es klassisch auszudrücken: Er kann die Teilnehmenden jeweils da abholen, wo sie stehen. Und wenn er erkannt hat, wo sie stehen, dann kann er auf die einzelnen Bedürfnisse eingehen, genau das anbieten, was der jeweils individuelle Lerner gerade braucht, weil der Lernbegleiter empathisch ist, sich also in den anderen Menschen hineinversetzen kann. Und ich denke, dass die Lernenden genau das spüren, das der Lernbegleiter sie auf ihrem subjektiven Weg begleitet, weil er ein Interesse an ihnen hat, weil ihm ihre Entwicklung nicht gleichgültig ist. Im Gegenteil: Er nimmt sie ernst und hilft ihnen, sich weiterzuentwickeln. „Der Negativ-Fokus des Trainierens, der ursprünglich aus der defizitausgleichenden Arbeitsweise entstand, nach dem Motto ‚Ich zeige denen schon, was die alles nicht können!', muss sich in eine positive Einstel-

---

80 Siebert, Horst, 2004, S. 91
81 Nach Meyerhoff/Brühl, 2004, S. 38

lung den Teilnehmern gegenüber wandeln, muss entwicklungsorientiert sein, den Teilnehmern zeigen, wie sie etwas schaffen können und wo ihre Stärken liegen. Also weg vom ‚Reparaturbetrieb' hin zur Evolution."[82]

Und dann entsteht einen gegenseitige Beziehung, ein gemeinsames Lernen – eben eine strukturelle Koppelung zwischen Lernendem und Lernbegleiter, die gegenseitiges Lernen ermöglicht.

So ist es. Dabei ist aber dann auch wieder wichtig, dass der Lernbegleiter für dieses gegenseitige Lernen, für diese Wechselwirkung zwischen ihm und den Teilnehmenden auch offen ist – das hat wieder mit dem Respekt und der Akzeptanz den Teilnehmenden gegenüber zu tun. Aber eines ist klar: Unser Verhalten hat immer eine Wirkung auf die Gruppe. Das Verhalten der Gruppe hat immer eine Wirkung auf uns.[83]

Offenheit

Na ja, ich denke Offenheit ist ganz allgemein ein Aspekt in der Persönlichkeit eines Lernbegleiters, der nicht unterschätzt werden sollte. Dazu gehört bestimmt, wie schon gesagt, das Interesse an den Lernenden, aber eben auch die Neugier auf andere Sichtweisen, andere Standpunkte und Meinungen und die Fähigkeit, diese anderen Meinungen auch zu akzeptieren, ohne die eigene Sichtweise unbedingt durchsetzen zu müssen. Zu dieser Offenheit gehört auch, dass sich ein Lernbegleiter gerne austauschen möchte, kommunikativ ist und ein offenes Ohr für andere Menschen hat. Er mag Abwechslung, lernt gerne auch neue Menschen kennen und ist dementsprechend lernwillig und aufgeschlossen. Das sind doch bestimmt die idealen Wesensmerkmale eines Lernbegleiters, finden Sie nicht?

Authentizität

Ja unbedingt, aber wenn wir schon dabei sind, den idealen Lernbegleiter zu skizzieren, dann sollte neben dieser Offenheit auch das Thema Authentizität nicht fehlen. Denn in einem Seminar ist „die Authentizität,

---

82 Hamann, Angelika, 2002, S. 56
83 Nach Meyerhoff/Brühl, 2004, S. 39

die Echtheit, vielleicht eine der wichtigsten Persönlichkeitseigenschaften. Hier geht es darum, den Teilnehmern nichts vorzuspielen, ihnen keine Fassade zu zeigen, sondern in ihrer Gegenwart man selbst zu sein. Dazu ist jeder Moderator und jeder Teilnehmer aufgefordert."[84] Denn auch hier kann sich der Lernbegleiter bei seinen Lernenden durchaus unbeliebt machen. Stellen Sie sich vor, ich stünde vor meinen Seminarteilnehmern und würde da die Rolle des Allwissenden spielen, der ohne Fehler, also absolut perfekt ist. Das würde eventuell eine Zeit lang imponieren, aber im Endeffekt eher das Gegenteil provozieren, nämlich dass die Teilnehmer sich eher abgestoßen fühlen. Das bedeutet, je mehr man als Trainer in seiner Rolle man selbst ist, also je weniger man überhaupt eine Rolle spielt, desto eher wird man von den Teilnehmern akzeptiert. Der Trainer ist als Mensch erkennbar, er ist nicht der Allwissende, sondern er macht selbst auch mal Fehler und wenn er dann sogar noch über sich selbst lachen kann, dann wirkt das sehr authentisch.

Frank: Oh ja, ich habe mal eine Präsentation in einem Autohaus gesehen. Die war äußerst perfekt – und das meine ich auch wirklich so. Der Präsentierende hatte einen Maßanzug, perfekt gebügeltes Hemd und stand sehr professionell, souverän und gekonnt auf der Bühne. Hinter ihm lief eine Präsentation ab, während er neben einem neuen Wagen stand und demonstrierte, was hinter ihm präsentiert wurde. Bis dahin war alles in Ordnung. Dann passierte aber etwas, was mir zunächst einmal gar nicht auffiel. Der Mann war sehr gut, seine Aussagen passten perfekt zu der Präsentation hinter ihm, seine Bewegungen und Handlungen, wie zum Beispiel das Öffnen der Autotür, kamen immer genau im richtigen Moment. Das heißt, die ganze „Show" war perfekt choreographiert, alles passte und der Mann machte nicht den kleinsten Fehler. Und doch war es irgendwie seltsam. Das Publikum konzentrierte sich nicht mehr auf das neue Automodell, sondern nur noch darauf, ob dem Kerl jetzt nicht doch noch etwas passierte: zum Beispiel ein Versprecher, ein kleiner Fehler im zeitlichen Ablauf oder irgend etwas Ähnliches. Leider passierte nichts und es blieb so ein fader Beigeschmack, dass der Mann eher eine Präsentationsmaschine und kein Mensch war. Aber jetzt mal im Ernst: Eigentlich war das hochgradig professionell! Allerdings wurde diese Professionalität zum Bumerang, weil das Publikum geradezu aggressiv wurde bei dieser kunstvollen Perfektion. Also, authentisch war das sicher nicht.

---

84 Etringer, Bianca, 2004, S. 34

Ja, ab und zu ein Versprecher hätte dem Mann wohl geholfen, wobei ich jetzt nicht darauf bestehen würde, dass man als Lernbegleiter unbedingt Fehler machen muss, um authentisch zu wirken. Auch gilt es zu bedenken, dass eine Präsentation, wie Sie sie eben beschrieben haben, eine komplett andere Situation ist als ein Seminar oder eine Schulung, die hoffentlich nicht durch eine One-way-Kommunikation geprägt sind. Aber ich denke auch, dass es wichtig ist, keine Rolle zu spielen, sondern so zu sein, wie man wirklich ist, durchaus als Mensch erkennbar zu sein. Das ist bestimmt eine wesentliche Eigenschaft, die wir in unserem Geschäft brauchen.

Ja, das ist wohl so. Und darüber hinaus haben wir ja noch gar nicht über so ganz banale Dinge wie gute Umgangsformen gesprochen, die bestimmt auch zu der Persönlichkeit des Lernbegleiters gehören sollten. Er sollte schon auch freundlich und höflich mit seinen Lernenden umgehen, zuvorkommend, tolerant und umgänglich sein.

Das sollte er wohl, gab Gerhard Lachkamb lachend zu. Ebenso selbstverständlich ist wahrscheinlich auch, dass er eine gute Allgemeinbildung haben sollte. Es kommt ja nicht oft vor, aber manchmal fragen mich meine Seminarteilnehmer schon nach meiner Meinung zu ganz aktuellen Dingen, die gerade in der Welt passiert sind, die über das fachliche Thema des Trainings hinausgehen. Es ist zwar nicht meine Aufgabe, auf politische Fragen unbedingt eine Antwort zu geben, aber eine fundierte Meinung zu haben, und die auch an der einen oder anderen Stelle zu vertreten, schadet bestimmt nicht. Schließlich müssen wir uns auch immer darüber im Klaren sein, dass wir in gewissem Maße auch eine Vorbildfunktion innehaben.

Das gilt vor allem auch für mich als Ausbildungsmeister, ergänzte Frank. Gerade die jungen Leute fragen mich häufig, wie ich dies oder jenes einschätze, was ich von dieser oder jener auch durchaus politischen Fragestellung halte. Sie sind in ihrer eigenen Meinung noch nicht so sehr gefestigt und lassen sich deshalb auch gerne in ihrem Meinungsbildungsprozess beeinflussen. Das muss uns Ausbildern schon auch klar sein, dass wir hier eine starke Wirkung auf die Azubis haben.

Na ja, aber dieses Interesse an Themen wie Politik, Gesellschaften, andere Kulturen etc., also was man eben so als Allgemeinbildung versteht, ist ja fast schon automatisch vorhanden bei Personen, die, wie wir vorhin beschrieben haben, eh von Natur aus neugierig sind, gerne dazu lernen, über den eigenen Tellerrand hinausblicken wollen. Das sind ja grundlegende Eigenschaften eines Lernbegleiters.

Was wir auch noch nicht angesprochen haben, ist die Selbstsicherheit als Persönlichkeitsmerkmal. Ich denke schon, dass man als Lernbegleiter, der vor, mit und in Gruppen bestehen will, auch eine durchaus gefestigte, in sich stabile Person sein sollte.

Oh ja, da stimme ich Ihnen unbedingt zu. Ein Lernbegleiter ist zunächst einmal, solange er vor seiner Gruppe agiert, in einer Art Frontsituation[85]. Alle Augen sind auf ihn gerichtet, die Teilnehmenden hören ihm zu, beobachten ihn und versuchen, ihn als Person und seine Kompetenz einzuschätzen. Dies geht wahrscheinlich bis zur ersten Mittagspause so. In dieser Zeit muss der Lernbegleiter oder Trainer vor der Gruppe „bestehen", sich als der richtige Dozent erweisen. Dies gilt bei mir in der Erwachsenenbildung wie auch bei Ihnen in der Ausbildung, wenn Sie mit Ihren Azubis zum ersten Mal zusammen treffen. Das bedeutet, dass der Trainer grundsätzlich eine stabile und sichere Persönlichkeit sein sollte. Denn Unsicherheit wird von den Teilnehmenden bemerkt und womöglich als fachliche Unkenntnis interpretiert, was die Glaubwürdigkeit erheblich schwächen könnte. Es gibt darüber hinaus auch ab und an Seminargruppen, die nicht freiwillig in dem Training sind und keine Notwendigkeit sehen, sich an dem Thema, an den Übungen oder überhaupt an dem ganzen Geschehen zu beteiligen. Und manchmal kommt es dann schon auch vor, dass ein Teilnehmer durchaus aggressiv gegen den Lernbegleiter zu schießen beginnt, der recht stabil sein muss, um hier zu bestehen. Gerade in so einem Fall ist der Begriff „Frontsituation" durchaus angebracht.

Ruhige, ausgeglichene Persönlichkeit

Ja und dies gelingt nur, wenn er eine in sich ruhende, harmonische, auf inneres Wachstum ausgerichtete und daher überzeugende Persönlichkeit ist. Nebenbei arbeitet er idealerweise ständig an seiner Fortbildung, um jene Sicherheit zu haben, die er braucht, um vor intelligenten Lernenden im Seminar selbstbewusst bestehen zu können. Freilich darf auch ein hohes Maß an Einfühlungsvermögen in die Denkweisen und

---
85 Birkenbihl, Michael, 2001, S. 476

Gefühle der Teilnehmer nicht fehlen – hier gehört detailliertes und konzentriertes Zuhören zu den grundlegenden Fähigkeiten. Auch wichtig ist zudem, dass ein Trainer seinen Beruf liebt, eine positive Einstellung zu sich selbst und zu den Teilnehmern hat, also tolerant und akzeptierend anderen Menschen gegenüber tritt. Daneben soll nicht unerwähnt bleiben, dass Sicherheit auch dadurch entsteht, dass man sich in seinem Fach auskennt und gut auf das Training vorbereitet ist – aber das ist ja eigentlich selbstverständlich.

Frank und sein Gast lehnten sich beide erschöpft in ihren Stühlen zurück und atmeten erst mal tief durch. Frank schenkte noch einmal nach.

Emotionale Intelligenz

Wow, da haben wir ja ganz schön viele Aspekte einer idealen Trainerpersönlichkeit gesammelt, seufzte Frank. Wir haben einen sehr hohen Anspruch definiert. Letztlich sind es zwar nur ganz allgemeine Formulierungen, die da so zusammen kommen. Ich denke aber, das muss so sein bzw. das wundert mich nicht, denn: So unterschiedlich unsere Teilnehmer sind, so unterschiedlich sind auch die Trainer, jeder wirkt letztlich auf seine Weise und mit seiner je eigenen Persönlichkeit auf die Teilnehmenden. Dennoch haben wir einige Persönlichkeitsmerkmale gesammelt, die, wenn sie konsequent umgesetzt werden, durchaus zum Erfolg führen. Und zwar dahingehend, dass sowohl unsere Auszubildenden in unseren Schulungen als auch die Seminarteilnehmer in ihren Trainings zufrieden sind mit dem Trainer, mit der Beziehung zum Trainer, das heißt, dass sie sich letztlich wohl gefühlt haben und die Lernatmosphäre zumindest zwischenmenschlich gepasst hat – denn das war ja unser Ausgangspunkt, der pädagogische Bezug zum Lerner. Und all diese Anforderungen zusammen ergeben das, was man gemeinhin als „Emotionale Intelligenz" bezeichnet.[86] Wir müssen vor allem darauf achten, dass unsere Ausbilder und unsere internen Trainer im Unternehmen sich diese Eigenschaften auch zu eigen machen und das alles in die Tat umsetzen.

Voraussetzung dafür ist aber, lachte Gerhard Lachkamb, dass Sie all die Punkte irgendwie dokumentieren und in Ihren Jour fixe reinbringen.

---

[86] Goleman, Daniel, 1997

Ich habe parallel eine Mind Map sozusagen als Protokoll erstellt. Ich gebe es Ihnen gerne mit, wenn Sie möchten.

Herr Meister freute sich über die schöne Visualisierung, nickte zustimmend und nahm sich vor, das Map und die dazugehörenden Notizen gleich am darauf folgenden Tag in das Projekttagebuch „Neue Lernkultur" zu schreiben und die Kollegen zu informieren. Er war sehr zufrieden mit den im Gespräch erarbeiteten Punkten – wohlwissend, das sie für ihn und seine Kollegen in der Firma viel Arbeit bedeuteten und gleichzeitig keinerlei Anspruch auf Vollständigkeit hatten.

Während der ganzen Diskussion hatten die beiden Herren die Zeit vergessen und stellten fest, dass es bereits sehr spät war und sie die Flasche Wein komplett getrunken hatten. Vielleicht hatte ja auch der Wein dafür gesorgt, unkten sie noch, während sie sich verabschiedeten, dass so weise Ergebnisse in dem Gespräch entstanden waren. Es war also doch was dran an diesem Spruch mit dem Wein und der Wahrheit ... Auch wenn sie sich über einen kleinen Unfall kennen gelernt hatten, so waren sie sich doch darüber einig, die Zusammenarbeit zu intensivieren und diesem Abend weitere folgen zu lassen.

Gleich am nächsten Morgen holte sich Frank das Projekttagebuch „Neue Lernkultur" an seinen Schreibtisch und notierte seine Gedanken, die er nach dem Gespräch mit Gerhard Lachkamb unbedingt festhalten wollte. Neben einer Kopie der Mind Map, die er einheftete, schrieb er folgende Notizen:

Aspekte der Persönlichkeit eines idealen Lernbegleiters – ohne Anspruch auf Vollständigkeit:

- Ein idealer Lernbegleiter ist emotional intelligent.
- Es geht nicht in erster Linie darum, ein Thema „rüberzubringen", sondern um den Aufbau einer positiven Beziehung zu den Lernenden.
- Auch engagiertes Edutainment gehört dazu, um eine überzeugende Wirkung bei den Teilnehmern zu hinterlassen.
- Gibt es eigentlich den idealen Lernbegleiter?
- Menschen sind unterschiedlich – Trainer/Lernbegleiter auch! Also bleiben nur allgemeine Attribute, siehe Mind Map, die einen hohen Anspruch an die Persönlichkeit des Lernbegleiters erheben.

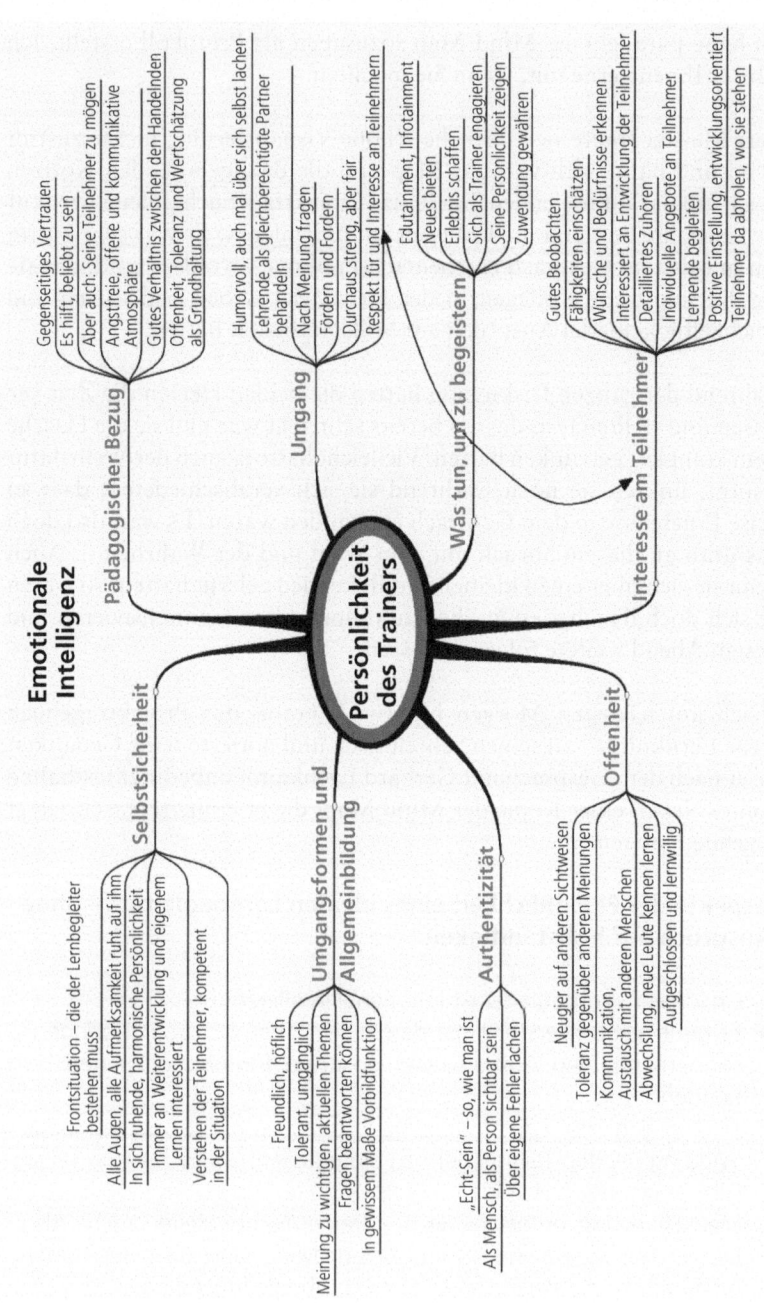

10 Vom Lehrenden zum Lernbegleiter

Simone Kaufmann und Frank Meister trafen sich just an diesem Tag zum gemeinsamen Mittagessen, ein schönes Ritual, das die beiden regelmäßig einmal die Woche so begingen. Frank war heute sehr daran gelegen, sich mit seiner Kollegin über die neuesten Erkenntnisse vom Vorabend auszutauschen und vor allem auch zu erfahren, wie sie die Ergebnisse des Gesprächs mit Herrn Lachkamb einschätzte.

Simone war nicht überrascht, als sie die gesammelten Punkte zur Persönlichkeit eines Lernbegleiters auf der mitgebrachten Original Mind Map sah. Sie war mit Frank und dessen neuen Bekannten einer Meinung, dass Trainerpersönlichkeiten selbstverständlich nicht unbedingt pauschalisierbar sind, aber dass es so etwas wie einen „Wunsch-Trainer" durchaus gab. Dass die dann für alle geltenden Punkte zwangsläufig etwas allgemein sein würden, war nicht verwunderlich, sondern lag in der Natur der Sache. Die Sammlung, so waren sich die beiden einig, bildete so etwas wie die Liste ab, an der sich alle Weiterbildner orientieren sollten, wenn Sie dem Thema „Emotionale Intelligenz" näher kommen wollten.

Allerdings wussten die beiden Kollegen auch, dass die Typisierung einer Persönlichkeit „Lernbegleiter" letztlich nicht ausreichte, wenn es darum ging, womöglich einen Rollenwechsel in der Praxis zu vollziehen. Auch würde es ihrer Meinung nach nie *den* idealen Lernbegleiter geben. Außerdem war vermutlich der Lernbegleiter in Unternehmen A nicht gleichzusetzen mit dem Lernbegleiter aus Unternehmen B. Der Lernbegleiter und damit auch der Rollenwechsel vom Lehrer zum Lernbegleiter stand immer im Zusammenhang mit der jeweiligen pädagogischen Konzeption des Unternehmens, mit den leitenden Zielen, dem Selbstverständnis und nicht zuletzt mit der Bereitschaft zu einer neuen Lernkultur. Dennoch hielten sie es für angebracht, die Sammlung eventuell als Ziel zu betrachten – vielleicht sogar als Auftrag an Martin Peler, über Qualifizierungsmaßnahmen in diesem Sinne nachzudenken.

Was ihre Lernkultur im Unternehmen anging, waren sie ja schon auf einem guten Weg. Zwar hielt ihre Definition der Persönlichkeit eines Lernbegleiters bestimmt für den einen oder anderen Kollegen, der diese Aufgabe bislang mehr schlecht als recht erfüllte, durchaus Überraschungen bereit. Doch wenn auf der anderen Seite dann auch die Bereitschaft vorhanden war, an dem ein oder anderen Thema noch ein bisschen in Form von Weiterbildungen zu arbeiten, dann sah es doch gut aus.

Und außerdem, so war es Simones Ansicht, war es ja zunächst auch nur der erste Schritt, nach der Persönlichkeit des Lernbegleiters zu fragen. Viel entscheidender in ihrem Projekt „Neue Lernkultur" war ja schließlich die Frage nach der zukünftigen Rolle ganz konkret im Lehrprozess. Denn wenn ab jetzt, wie ja schon öfters postuliert wurde, Lernen als ein selbstorganisierter Prozess angesehen wurde, so war plötzlich gar nicht mehr klar, was denn eigentlich dann noch die Rolle des Lernbegleiters sein konnte? Oder um es anders auszudrücken: Wozu man überhaupt noch einen Lernbegleiter brauchte, wenn Lernen doch sowieso selbst organisiert wurde? Also musste doch die entscheidende Frage lauten, ob es überhaupt noch so etwas wie einen Lehrprozess gab?

Denn dass die Rolle des Lehrers als purer und manchmal auch ziemlich sturer Vermittler von Wissen nach dem Prinzip des Nürnberger Trichters obsolet war, das war den beiden nach allem, was sie bislang zusammengetragen hatten, längst klar. Es konnte also nicht mehr das Ziel sein, zum Beispiel verschiedene Programm-Codes für eine CNC-Maschine einfach auszudrucken und sie den zukünftigen Facharbeitern vorzulegen mit dem Hinweis, dass sie diese zu lernen haben.

Nein, es musste jetzt im Fortgang des Projektes nach dem Rollenwechsel gefragt werden und darüber hinaus sollte nicht der Fehler gemacht werden, die Person des Lernbegleiters insgesamt oder seine Notwendigkeit in Frage zu stellen. Sie waren sich schon ziemlich sicher, das er auch weiterhin irgendwie gebraucht würde ... Schließlich hatten sie schon seit Beginn ihrer Recherchen immer wieder gezweifelt, ob die Pädagogik denn nun eigentlich am Ende war, diese Gedanken aber immer wieder verworfen.

Mit diesen verwirrenden, teilweise auch etwas frustrierenden Gedanken verabschiedeten sich die beiden erst mal. Simone ging allerdings ein Gedanke nicht aus dem Kopf: Sie hatte schon öfters gehört, dass es ein grundsätzliches Wesensmerkmal jeglicher Pädagogik sei, sich selbst überflüssig zu machen.

Das war ihrer Meinung nach auch richtig: Sie half anderen Menschen, sich so weit zu entwickeln, dass diese sie dann letztlich als Begleiterin nicht mehr brauchten. Das war soweit in Ordnung. Pädagogik als Disziplin also, die sich selbst für den Lernenden unnötig macht – und zwar gerade dadurch, dass sie pädagogisch interveniert.

Die Grundfrage war eben nur, ob im Denken ihres Projektes „Neue Lernkultur" unter dem Paradigma der Selbstorganisation überhaupt noch Platz für pädagogisches Arbeiten war, oder ob jetzt alles von den Lernern selbst organisiert wurde. Irgendwie drehten sie sich immer wieder im Kreis mit ihrer Argumentation. Sie musste da jetzt Klarheit schaffen.

Neugierig klickte sie die Internetseite von Gerhard Lachkamb an und fand tatsächlich auf einer Seite Termine für offene Seminare. Eines interessierte Simone sofort, war es doch genau das, was sie gerade dringend brauchte. Anfang kommender Woche gab es einen Workshop für interne Trainer, den Lachkamb bei einem Bildungsträger durchführte. Das Thema war „Vom Trainer zum Lernbegleiter". Kurz vor Feierabend rief Simone bei dem Trainer an und meldete sich für den halbtägigen Schnupper-Workshop an. Sie war sich sicher, da einiges für ihr firmeninternes Projekt mitnehmen zu können. Sie musste dafür zwar auf das allwöchentliche Jour fixe verzichten, wusste aber auch, dass dieser Workshop bestimmt für das Projekt einiges an Klarheit brachte. Dementsprechend waren Martin und Frank damit einverstanden, diese Woche auszusetzen und sich dann am nächsten Montag wieder zu treffen.

Montag Morgen, acht Uhr. Simone war etwas gespannt, als sie den Seminarraum betrat. Sie kannte niemanden und fragte sich, ob sie den anderen wohl sympathisch wäre und andersrum, sie wusste nicht, was sie heute in dem Seminar erwartete und ebenso war ihr ja auch noch nicht klar, was denn der Trainer von ihr erwartete.

Doch dieses Gefühl der Nervosität hielt sich nicht lange. Im Hintergrund lief leise Musik, ein freundlicher Mann kam sofort auf Simone zu, um sie sehr höflich zu begrüßen. Es handelte sich um Gerhard Lachkamb, der sich ihr vorstellte und auch gleich einen Kaffee anbot. Der Raum war großzügig ausgelegt, mit Pinnwänden und Flipcharts reichlich bestückt und für die Teilnehmerinnen und Teilnehmer war ein

Stuhlkreis aufgebaut. In der Mitte des Kreises lagen Moderationskärtchen und Marker – eigentlich sah alles nach einem Workshop aus, an dem sich die Teilnehmenden beteiligen konnten. Außerdem erblickte Simone gleich eine Gruppe von Teilnehmenden, die allesamt an einer Pinnwand standen und etwas auf Moderationskarten schrieben ... Irgendwie fühlte sich Simone in der angenehmen Atmosphäre gleich wohl und kam auch direkt mit verschiedenen Teilnehmerinnen und Teilnehmern ins Gespräch. Sie gesellte sich zu den Kollegen bei der Pinnwand und bemerkte, dass es da gleich zu Beginn um die Fragestellung der Rolle eines Lehrenden ging.

Positiver Start

Sie spürte, dass der Anfang gleich sehr viel mit der Stimmung im anstehenden Training zu tun hat, und sie begann, Gerhard Lachkamb genau zu beobachten, wie er die neu ankommenden Teilnehmenden empfing und sie sofort auch herzlich in ein Gespräch verwickelte. Das ist der Beginn eines pädagogischen Bezugs, schoss es ihr durch den Kopf. Er holte die Teilnehmenden sofort ab! Aha, so ist das also ...

Sie erinnerte sich an ihre letzte Schulung im Unternehmen. Die Tische standen in Reihe wie in der Schule – der Dozent saß an seinem Pult und begann einfach mit dem Thema. Das war eine der Schulungen, von denen sie im Unternehmen unbedingt wegkommen müssen – aber, so dachte sich Simone – sie arbeiten ja dran in ihrem Projekt.

Hier war das glücklicherweise ganz anders – hier verlor sie sehr schnell ihre anfänglichen Sorgen. Die Stimmung war gut, Neugier breitete sich aus und alle waren guter Dinge. Darum suchte sich Simone auch einen Platz ganz nahe beim Stuhl von Herrn Lachkamb, was eigentlich eher untypisch für sie war. Aber sie wollte ja auch alles gut verstehen und gleich mit ihm ins Gespräch kommen, wenn sich eine Gelegenheit ergab.

Nach einem lebendigen Eröffnungsspiel, in dem die Teilnehmer Gelegenheit hatten, sich gegenseitig vorzustellen, begann Lachkamb nicht sofort mit dem Einstieg in irgendein Referat, sondern er startete direkt eine Diskussion über die Rolle eines Lehrenden, wie sie die Teilnehmenden bislang wahrgenommen hatten. Dies geschah anhand der vor

Beginn bereits auf Moderationskarten geschriebenen Begriffe. In der Diskussion, die der Trainer stets mit Nachfragen am Laufen hielt, kam noch der eine oder andere Begriff dazu, was dann im Endeffekt eine große Sammlung an Schlagworten ergab, die die Rolle eines Lehrenden skizzierten.

Ermöglicher

Erstaunlich war für Simone, dass die Teilnehmenden, sicherlich auch bereits geprägt von dem Titel des Seminars, kaum Begriffe wie Vermittler oder Lehrer benutzten. Irgendwie schien innerhalb der Gruppe Konsens darüber zu herrschen, dass mit den althergebrachten Verfahren der Wissensvermittlung kaum noch etwas zu gewinnen war. Denn plötzlich tauchte da auch so etwas wie „Ermöglicher" auf. Simone meldete sich zu Wort und fragte nach, was denn damit gemeint sei.

Ein anderer Teilnehmer, der die Karte ursprünglich beschrieben hatte, begann zu erläutern: Ich möchte damit aussagen, dass wir als Lehrende letztlich auch dafür verantwortlich sind, dass Lernende überhaupt gemäß ihrer Struktur lernen können – also sprich die Möglichkeiten dazu haben. Das wiederum bedeutet, dass wir den Raum, den zu lernenden Inhalt, die Atmosphäre und den Ablauf so gestalten müssen, dass die Lernenden lernen können. Also wir ermöglichen Lernprozesse.

Diese Sicht der Dinge gefiel Simone sehr gut, da sie auch in das neue Bild von Lehren und Lernen passte, das Simone und ihre Kollegen in ihrem Firmenprojekt erarbeitet hatten. Die Sammlung aus dem Seminar wollte sie unbedingt mitnehmen. Sie enthielt nämlich so ziemlich alles, was Simone für wichtig und richtig erachtete. Allerdings war sie auch gespannt, ob das im Verlauf des Tages so bleiben würde, denn schließlich wollten sie hier ja noch etwas zum Thema „Lernbegleiter" erfahren und lernen, oder wie es den Anschein machte, erarbeiten. Denn eines war ihr jetzt schon klar geworden: Gerhard Lachkamb war nicht der Trainer, der den Teilnehmenden sagte, wo es langgeht. Im Gegenteil. Sie mussten hier alles selbst erarbeiten und ausdiskutieren. Doch sie fand nicht nur, dass die Diskussion Spaß machte, sondern dass auch äußerst interessante Punkte herauskamen:

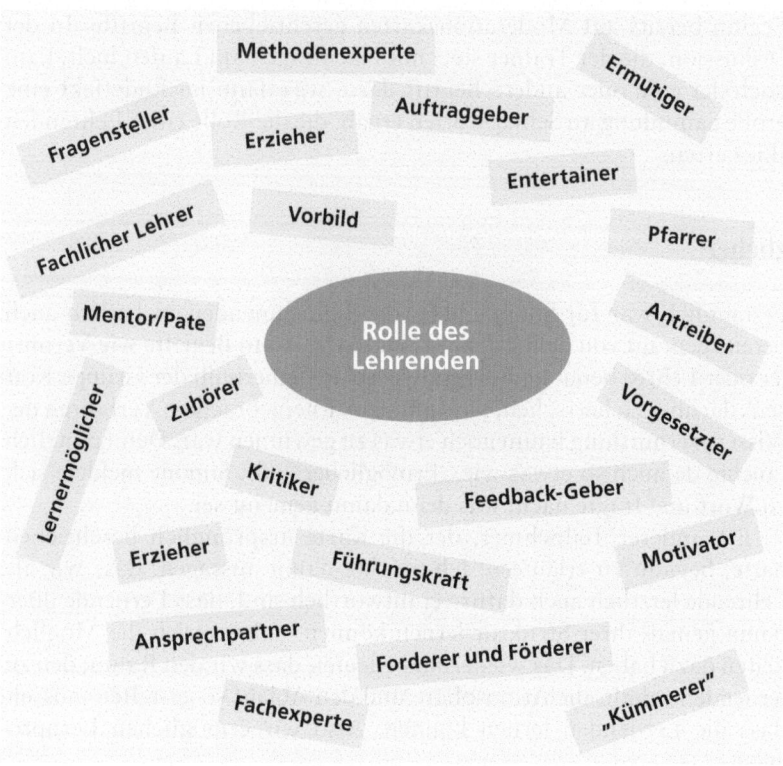

Als Simone nach der äußerst kurzweiligen Kaffeepause wieder Platz genommen hatte, begann Gerhard Lachkamb in den zweiten Teil des Vormittags einzusteigen.

Aktualisierungstendenz

Gehen wir mal von der Sichtweise der Humanistischen Psychologie aus, so stieg er ins Thema ein, dann können wir allen Menschen eine Tendenz unterstellen, sich selbst bestmöglich zu entwickeln. Carl Rogers, ein Vertreter dieser humanistischen Psychologie, spricht in diesem Zusammenhang von der Aktualisierungstendenz des Menschen. „Rogers trägt die tiefe Überzeugung in sich, dass jeder lebende Organismus, also auch der Mensch, mit einer Aktualisierungstendenz ausgestattet ist [...]

Diese Aktualisierungstendenz ist gekennzeichnet durch ein Streben in Richtung auf Ziele wie Gesundheit, Bedürfnisbefriedigung [...], körperliches und seelisches Wachstum."[87] Man könnte also sagen, dass der Mensch grundsätzlich darauf ausgerichtet ist, oder zumindest die Tendenz dazu hat, sich selbst zu entwickeln, sein seelisches und körperliches Wachstum voranzutreiben. Pädagogische Arbeit kann es dann also nur sein, genau diesen Prozess zu unterstützen. Oder um es mit Carl Rogers zu sagen, Hilfe zur Selbsthilfe[88] zu leisten. Unsere Aufgabe als Lernbegleiter sollte also darin bestehen, den Lernenden zu helfen, ihre Tendenz, sich selbst zu entwickeln, zu unterstützen.

Hier meldete sich jetzt Simone zu Wort: Das klingt ja ganz nett, ist aber leider hochgradig theoretisch. Was genau kann denn das bedeuten? Und ist es nicht so, dass, wenn wir den Menschen eine Aktualisierungstendenz unterstellen, sie also selbst lernen, es uns als Begleiter gar nicht mehr braucht? Diesen Gedanken habe ich bereits seit längerem, da wir bei uns im Unternehmen über selbstorganisiertes Lernen sprechen. Brauchen wir überhaupt noch pädagogisch versierte Menschen, die das Lernen unterstützen?

Herr Lachkamb bedankte sich für den Einwurf. Ja genau, das ist letztlich die Frage, um die es gehen muss, wenn wir hier die Rolle des Lernbegleiters definieren wollen. Wenn Lernen ein selbstorganisierter Prozess ist und durch die Aktualisierungstendenz mit angetrieben wird – was ja übrigens eine sehr starke intrinsische Motivation ist – ist das dann gleichbedeutend mit der Überflüssigkeit unserer Bemühungen?

Genau das möchte ich gerne widerlegen. Ich bin da nämlich ganz anderer Meinung. Denn die Frage ist ja auch, ob Sie alle, so wie Sie hier im Seminar sitzen, sich heute mit diesem Thema befassen würden, wenn Sie nicht hier säßen? Und würden Sie es auf genau diese Weise tun? Würden Sie diese Materialien benutzen und würden Sie diesen Fragestellungen nachgehen? Vermutlich eher nicht. Sie würden Ihrem Tagesgeschäft nachgehen.

Das heißt, eine gewisse Art von Steuerung bzw. Strukturierung ist freilich gegeben. Unsere Denkweise muss dahin gehen, dass wir nicht die Lehrsituation insgesamt negieren, sondern nur die althergebrachte

---

87 Quitmann, Helmut, 1996, S. 143
88 Nach Rogers, der bereits 1939 das Konzept einer Beziehungstherapie entwickelt, die den Gedanken der Hilfe zur Selbsthilfe bereits enthält; siehe auch Quitmann, Helmut, 1996, S. 23

Art, dies zu tun. Selbstorganisation im Lernprozess heißt also nicht, dass wir die Lernenden einfach machen lassen sollen. „Das erklärte Ziel einer innovativen Erwachsenen- und Weiterbildung ist nicht die Abwesenheit professioneller Strukturierung und die Überantwortung des Lernprozesses in die individuelle Verfügung des Lernenden, sondern eine völlig veränderte Form der Strukturierung von individualisierten und selbstgesteuerten Lernprozessen".[89] Denn dass eine gewisse Art von Strukturierung auch weiterhin gegeben sein muss, liegt auf der Hand. Wenn wir es zum Beispiel mit Auszubildenden zu tun haben und keine Struktur vorgeben, dann werden diese nicht automatisch zum Lehrbuch greifen und sich in Themen einarbeiten! Das heißt, die bloße Reduktion oder gar das Weglassen von externer Steuerung führt nicht automatisch zu selbstorganisiertem Lernen. Es sei denn, und das ist hier wieder unser Thema, die Auszubildenden haben gelernt, dass sie erstens ohne Fremdsteuerung lernen dürfen und sie zweitens auch motiviert sind, es zu tun.

Und wenn wir jetzt den Begriff des Ermöglichers nochmals heranziehen, den wir vorhin schon einmal kurz diskutiert haben, so ist es gerade das, was zum Beispiel erforderlich ist, die besagten Azubis dazu zu bringen, selbstständig ans Lernen zu gehen, sich Themen selbst zu erarbeiten und sich zunächst einmal ohne Fremdsteuerung aktiv zu verhalten.

Aber Vorsicht, wir dürfen den Begriff auch nicht auf die reine Selbstständigkeit reduzieren. Selbstorganisiert heißt immer auch, dass Lernen nicht mehr das passive Aufnehmen von Informationen ist, sondern das aktive „Selbst-Erarbeiten", das angeleitet durch die eigene Motivation durchgeführte Lernen, das aktive Konstruieren von Wissen auf Basis der subjektiven Struktur des jeweiligen Lerners. „Lernen heißt dann nicht mehr, einen Stoff aufzunehmen, sondern selbstständig und in der Auseinandersetzung mit gesellschaftlich verteiltem Wissen neue Wissensstrukturen aufzubauen."[90] Für uns muss dann hier in diesem Workshop die Frage lauten: Wie kann ich das als Lehrender unterstützen? Wie muss ich agieren, um dieses selbstorganisierte Lernen zu befördern? Und eine zweite wesentliche Frage, die dann aber über diesen Kurzworkshop hinausgeht, ist: Wie kann ich das eventuell sogar methodisch fördern?

---

89 Forneck, H. J., 2002, S. 28
90 Forneck, H. J., 2002, S. 30

Simone nahm diesen Faden gleich auf und wendete sich gedanklich wieder den gesammelten Begriffen zu.

Wir hatten da ja auch den Hinweis, dass der Trainer auch ein Methodenexperte sein sollte, was ja dann gleichbedeutend ist damit, dass er das Lernen der Gruppe eben auch methodisch steuert.

Ja genau, erwiderte Herr Lachkamb grinsend. Und das werde ich jetzt auch tun! Also genug der Diskussion, lasst uns etwas arbeiten!

Er bat die Teilnehmer, sich in den hinteren Teil des Raumes zu begeben, in dem einige Bistrotische bereit standen. Als Simone näher kam, sah sie, dass auf den Tischen bereits Flipchart-Papier festgemacht war und große Moderationsstifte bereit lagen. Herr Lachkamb hatte in der Kaffeepause die Arbeitsstätte vorbereitet. Er stellte die Pinnwand mit den Begriffen so hin, das sie von allen Stehtischen aus gesehen werden konnte und bat die Teilnehmer, sich in etwa gleich großen Gruppen im Seminar-Bistro an den Tischen zu verteilen. Außerdem wurden sie aufgefordert, sich einen Kaffee oder ein anderes Getränk mit zu nehmen. Da standen sie nun also, hatten ein Getränk dabei und begannen schon, in dieser entspannten Café-Atmosphäre locker zu plaudern, als sie nochmals kurz vom Trainer unterbrochen wurden. Er bat sie, in ihren jeweils kleinen Gruppen anhand der Begriffe, die sie bereits früh am Morgen gesammelt hatten, sich erneut Gedanken zu machen. Allerdings unter der Prämisse des bereits Diskutierten:

Also wenn Lernen ein selbstorganisierter, vom jeweils Lernenden gesteuerter Prozess ist, lautet die konkrete Frage für dieses Seminar-Café, was denn nun eine Begleitung des Lernprozesses tatsächlich sein kann? Oder um es anders zu formulieren: Was ist unter der Prämisse des selbstorganisierten Lernens letztlich die Rolle des Lernbegleiters?

Methodenexperte

Simone stand mit zwei weiteren Teilnehmenden am Tisch und begann mit diesen gemeinsam, ihre Gedanken zu formulieren und sie sofort auf der „Tischdecke", nämlich dem festgemachten Flipchart Papier, zu skizzieren. Sie nahmen sich den Begriff des Methodenexperten nochmals vor. Das bedeutete ihrer Meinung nach, dass der Lernbegleiter

- die Gruppe in ihren Denk- und Arbeitsprozessen leiten sollte;
- die Lernenden in Übungen bzw. Spiele oder ähnliches schicken sollte, in denen sie sich dem Thema nähern können;
- die Lernenden dazu bringen sollte, anhand bestimmter Materialien ein Thema zu erarbeiten;
- aber auch flexibel reagieren sollte, wenn in der Gruppe Widerstand oder Konflikte entstehen. Dazu gehört freilich auch, diese dann mit Hilfe der angemessenen Mittel und Methoden aufzulösen;
- kurz: Der Lernbegleiter leitet, reflektiert und moderiert den Lernprozess der Teilnehmenden, er steuert Gruppen mit den jeweils passenden Methoden und die Prozesse in der Gruppe.

Vor allem dieser letzte Satz gefiel Simone und ihren Kollegen, da er so etwas wie eine Zusammenfassung des Vorherigen darstellte.

Nach genau fünfzehn Minuten trat Gerhard Lachkamb wieder vor das Plenum und bat die Gruppen, sich untereinander auszutauschen, sodass Simone nun an einen anderen Tisch mit anderen Gesprächspartnern gelangte. Hier waren bereits Notizen auf der Tischdecke, die von einem Gastgeber[91] erläutert wurden. In dieser Gruppe ging es um das Thema „Entertainer". Irgendwie fühlte sich Simone allerdings bei dem Gedanken nicht wohl, dass sie ihre Lernenden im Unternehmen unterhalten sollte, denn schließlich ging es ja darum, etwas zu lernen und nicht darum, jede Menge Spaß zu haben.

---

91 Der „Gastgeber" ist fester Bestandteil der Methode World Café. Während die anderen Teilnehmer jeweils die Tische wechseln, um überall ihre Ideen mit einbringen zu können, bleibt der Gastgeber an seinem Tisch, „empfängt" die Neuankömmlinge und hilft ihnen, sich in die Gedanken hinein zu denken, die in dieser Gruppe bisher erarbeitet und auf den „Tischdecken" skizziert wurden. Mehr dazu unter www.aktivierendes-lehren.de

Edutainment

Andererseits, so mischte sich Lachkamb ein, der gerade an diesem Tisch vorbeischaute: Muss Lernen immer etwas Negatives sein? Sind wir nicht viel erfolgreicher, wenn wir dem Spaß beim Lernen wieder Platz einräumen, wenn wir von dem Denken wegkommen, Lernen sei etwas Anstrengendes, das weh tun müsse? „Besseres Lernen hängt mit Freude zusammen [...]"[92] Wenn wir Spaß an einem Thema haben, wenn wir uns mit anderen Menschen austauschen können, Meinungen abgleichen und Thesen revidieren können, wenn wir aktiv an einem Thema arbeiten dürfen, das uns bislang fremd war und dabei Freude empfinden, dann findet garantiert ein sehr erfolgreiches Lernen statt. Das könnte doch letztlich auch mit dem Begriff Entertainment gemeint sein und damit, dass der Lernbegleiter ja auch in gewisser Weise ein Entertainer ist, weil er dafür Sorge trägt, das Spaß am Lernen und Freude im Seminar entsteht.

Ja genau, musste Simone letztlich zustimmen. Und wenn wir uns zum Beispiel hier umschauen, was wir bislang an diesem Tag erlebt haben, so hatten wir auch schon oft gelacht und dennoch auch viel Neues erlebt. Inklusive dessen, dass wir jetzt momentan an diesen Bistro-Tischen stehen und während einer gemütlichen Tasse Kaffee auch noch gut gelaunt inhaltliche Arbeit verrichten. Also einverstanden. Es kann auch um Entertainment gehen, das aber letztlich vom Lernbegleiter wieder gesteuert werden muss.

Lachkamb: Ja freilich, das liegt in seiner Hand, die Lernsituation so zu gestalten, dass die Lernenden sich wohl fühlen und unterhalten werden. In der modernen Bildungsarbeit können wir sogar sagen, dass die Teilnehmenden zunehmend Edutainment erwarten, also Abwechslung in den Methoden, eigenaktive Anteile, Variation der Präsentationsformen – also kurz Abwechslung und Freude. In der Sprache der Weiterbildner gesprochen: Die Teilnehmer erwarten zunehmend von uns die Dienstleistung, unterhalten zu werden. Kurze Präsentationen des Trainers sollten nicht einschläfern, sondern anregen. Das hebt auch gleichzeitig die Motivation der Lernenden, die die angebotenen Themen dann mit Spaß und Neugier bearbeiten. Also kurz, wenn es interaktiv zugeht und ein reger Austausch auf unterschiedlichen Ebenen erfolgt.

---

92   Meier, Dave, 2004, S. 42

Simone ergänzte: Wobei schon auch wichtig ist, klar zu sagen, dass es nicht darum gehen kann, reine Spaß-Veranstaltungen durchzuführen. Wir wollen ja schließlich immer auch etwas erreichen in Seminaren. Es geht nicht darum, nur eine schöne Zeit zu verbringen, sondern methodische Kniffe, Spiele im Seminar, Spaß und Kreativität sollten schon einem Lernziel untergeordnet sein!

Ja genau, das sind die wichtigen Punkte, sagte Gerhard Lachkamb. Dann wendete er sich einer anderen Gruppe zu.

Fragen stellen

Simone beobachtete, wie er auch bei den anderen Gruppen mit einzelnen punktgenauen Fragen immer wieder dazu beitrug, das die Diskussionen an den Bistrotischen nicht stoppten. Auf diese Art gab er zwar keinen inhaltlichen Input, was die einzelnen Gespräche anging, aber er fragte sehr geschickt nach, so dass die einzelnen Gruppenmitglieder doch von selbst auf die jeweiligen Gedanken kamen. So füllten sich mit seiner Hilfe nach und nach die „Tischdecken" mit Skizzen und Ideen, ohne dass er selbst sagte, was da drauf zu stehen hat.

Bei diesen Gedanken fiel Simone sein Satz von vorhin mit der „Hilfe zur Selbsthilfe" wieder ein. Genau das war damit gemeint. Er half den Teilnehmenden mit Fragen und Anregungen, Lösungen für ihre Fragestellung, für das jeweils anstehende Thema zu entwickeln. Also brachte er sie dazu, sich selbst zu helfen, eine eigene Lösung zu entwickeln, selbstständig eine Frage zu beantworten. Er brachte sie dazu, selbstorganisiert eine Themenstellung zu bearbeiten. Das war eine sehr spannende Beobachtung. Sie nahm sich vor, irgendwann mit Gerhard Lachkamb genauer darüber zu sprechen.

Nach der dritten Runde des Seminar-Cafés hatten die Teilnehmer also an drei unterschiedlichen Bistrotischen gestanden und sich mit jeweils unterschiedlichen Gruppenmitgliedern über verschiedene Rollen des Lernbegleiters unterhalten. Jetzt musste grundsätzlich noch ein weiterer Schritt gemacht werden, nämlich die vielen verschiedenen Inspirationen und Ideen auf eine kurze und prägnante Form zusammenzufügen mit dem Ziel, so etwas wie ein individuelles Anforderungsprofil eines Lernbegleiters zu entwickeln.

Der Trainer wollte gleich die nächste Kleingruppenrunde einläuten, als sich ein Teilnehmer nochmals zu Wort meldete und ihn fragte, ob es denn nicht möglich wäre, ein klares Rezept von ihm zu bekommen. Also eine klare Ansage, was denn nun der ideale Lernbegleiter sei. Denn schließlich seien sie ja auch hier im Seminar, um von ihm genau das zu hören. Der Kollege hatte wohl keine Lust mehr, nochmals in einer Kleingruppe an einem Thema zu arbeiten.

Lachkamb war allerdings ganz froh, das ihm dieser Teilnehmer diese Steilvorlage gegeben hatte und bedankte sich freundlich für die Wortmeldung. Denn sie machte genau klar, worum es im Endeffekt geht.

Lachkamb: Wenn Lernen, wie wir gesehen haben, ein selbstorganisierter, aktiver Akt des Konstruierens von Wissen ist, dann macht es wenig Sinn, eine fertige Definition vorzustellen und zu sagen, dass es so ist. Außerdem ist eine solche Frage wie die nach der Rolle eines Lernbegleiters äußerst individuell von der jeweiligen Person des Lernbegleiters abhängig. Also doppelt subjektiv. Wenn ich nun also als Trainer eine Definition vorschlagen würde und sagen würde, so und so ist es genau richtig, dann könnte es sein, dass diese Definition für den einen oder anderen von uns passt, für die anderen aber nicht. Insofern erscheint es doch auch in Hinsicht auf alles, was wir bisher besprochen haben, als der einzig gangbare Weg, dass jeder der Anwesenden sich sein eigenes Bild des Lernbegleiters konstruiert. Ich habe die Möglichkeit geschaffen, ich habe das Know-how zur Verfügung gestellt, ich habe die Methoden ausgewählt und die Fragen gestellt, die letztlich zu dem Erkenntnisprozess geführt haben. Jetzt sind Sie dran, Ihre eigenen individuelle Lernergebnisse zu definieren. Genau das ist der Punkt. Rezepte funktionieren nicht, Lernen ist individuell. Ich kann es nur befördern, anregen und eventuell in bestimmte Bahnen lenken. Das Lernen steuern tun Sie alle selbst.

Das ist wie bei Ihnen in den Betrieben. Die Mitarbeitenden kommen gerne zu ihnen und fragen nach Lösungen für ihre Probleme. Ist ja auch viel einfacher und weniger anstrengend. Wenn Sie ihnen die Lösungen vorgeben, nehmen Sie ihnen auch die Entscheidungsmöglichkeit. „Aber wer ein Problem hat, der hat auch immer eine Lösung. Es ist unmöglich, ein Problem ohne eine Lösung zu haben. Wenn jemand mit einem Problem zu ihnen kommt, dann hat er immer auch die helfenden Ressourcen. Oft ist sein Blick verengt […] er will nicht in die Verantwortung für die Konsequenzen einer Lösung eintreten, will sich absichern."[93] Aber er hat die Lösung in sich, und mit Ihrer Hilfe wird er sie auch finden. Das ist auch gemeint mit der Aktualisierungstendenz und der Hilfe zur Selbsthilfe. Insofern: Geben Sie Ihren Lernern nicht einfach nur die Lösungen vor, lassen Sie sie ruhig auch suchen – meistens wird die Suche erfolgreich enden, weil wir die Ressourcen in uns haben. Die Aufgabe des Lernbegleiters ist es dann, dabei zu helfen, die Lösungen zu finden und zu artikulieren. Das schult übrigens auch die Fähigkeit, sich zu entscheiden und Verantwortung für die eigenen Entscheidungen zu übernehmen.

Simone war begeistert, denn schließlich war das genau die Herangehensweise, die sie sich in ihrem Projekt „Neue Lernkultur" auf die Fahnen geschrieben hatten. Und dass es dabei ja auch um Schlüsselqualifikationen wie Selbstverantwortung oder selbstständiges Arbeiten geht, wurde hier ja auch gleich deutlich. Und Fördern kann man diese Eigenschaften nicht, in dem man den Lernenden alles nur vorsetzt. „Je mehr ein Manager [oder Lehrender – GK] Probleme für seine Mitarbeiter löst, desto weniger tun sie es selbst [...] das ist weder falsch noch unmoralisch. Aber von Selbstverantwortung sollten Sie dann nicht mehr sprechen."[94]

Es war ja außerdem gar nicht möglich, nach allem was sie bereits gelernt hatten, einfach nur eine Folie aufzulegen mit dem Hinweis, dass das jetzt gelernt werden muss. Freilich, es war anstrengender für sie als Teilnehmer, sich die Themen hier mehr oder weniger alle selbst zu erarbeiten. Aber erstens war es wie besprochen lerntheoretisch sinnvoller, weil Lernen eben kein passives Empfangen ist, und zweitens würde sie sich alle auch in einigen Monaten noch an das Seminar erinnern, also die Behaltensfrequenz der Themen war ja auch viel höher.

Der Kollege aus dem Seminar, der die Rezepte eingefordert hatte, nickte auch, als sei er zufrieden mit der Antwort. Er war wohl überzeugt, das die Herangehensweise zwar mit mehr Aufwand verbunden, aber bedeutend sinnvoller war.

Schließlich gingen sie also nochmals los, jeweils zu zweit, um ihre Sicht der Rolle des Lernbegleiters auf einem Flipchart zu skizzieren. Simone und ihre Partnerin einigten sich darauf, es als Mind Map zu gestalten.

---

93 Sprenger, Reinhard K., 2000, S. 178
94 Sprenger, Reinhard K., 2000, S. 179

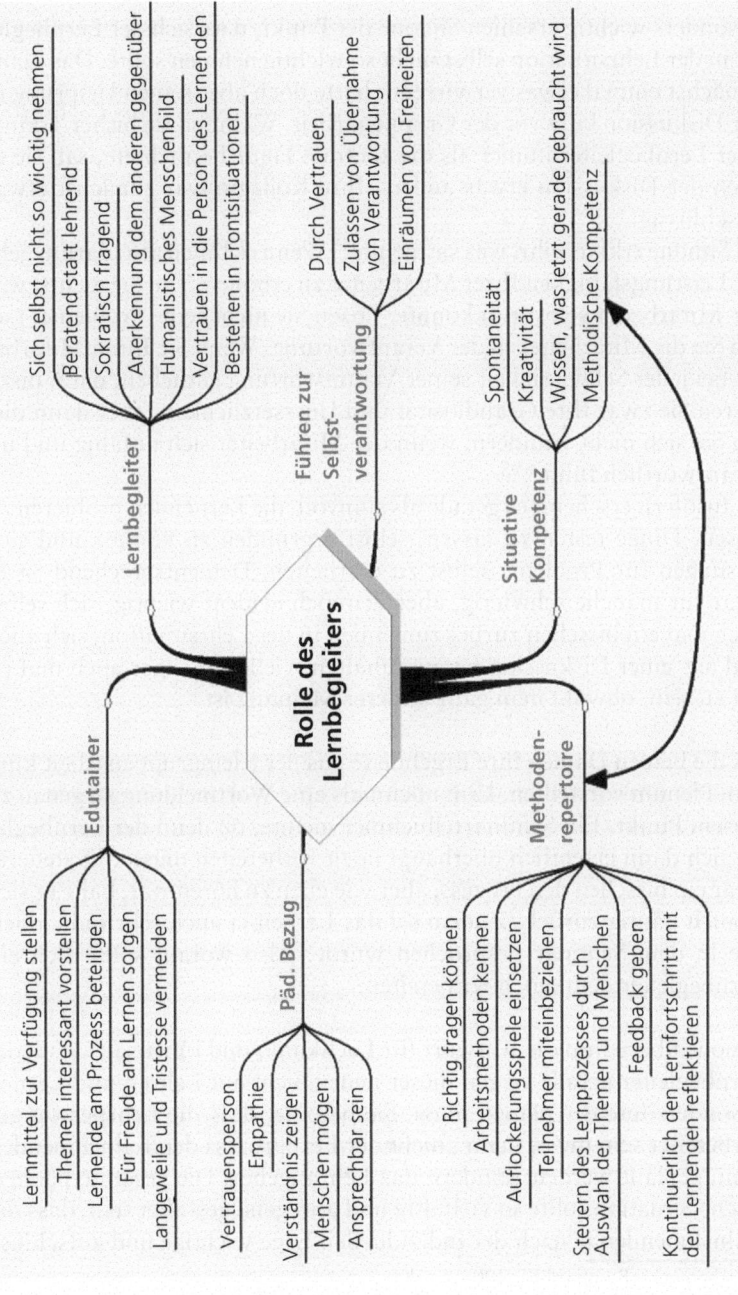

Besonders wichtig erschien Simone der Punkt, dass sich der Lernbegleiter in der Lehrsituation selbst nicht so wichtig nehmen sollte. Das klang zunächst einmal etwas verwirrend, hatte doch aber seinen Ursprung in der Diskussion kurz vor der Gruppenarbeit. Während sie bisher Trainer oder Lernbegleiter immer als die zentrale Figur betrachtete, sah sie es nach der Diskussion etwas anders. Ihre Kollegin war zunächst etwas unschlüssig.

Simone erklärte ihr, was sie meinte: „Wenn es Ihnen also darum geht, die Leistungsfähigkeit Ihrer Mitarbeiter zu erhöhen: Tun Sie nichts, was der Mitarbeiter selbst tun könnte. Lösen Sie nicht seine Probleme. Lassen Sie die Mitarbeiter in der Verantwortung. Wenn Sie Ihren Mitarbeiter bei jeder Schwierigkeit seiner Verantwortung entheben, dann inszenieren Sie zwar Ihre Grandiosität und Unersetzlichkeit, aber dann dürfen Sie sich nicht wundern, wenn der Mitarbeiter sich unfähig und unverantwortlich fühlt."[95]

Insofern erscheint es gerade als sinnvoll, die Lernenden probieren zu lassen, Dinge testen zu lassen, selbst ergründen zu können und sich Lösungen für Probleme selbst zu erarbeiten. Dementsprechend ist es zwar für manche schwierig, aber dennoch evident wichtig, sich selbst auch mal ein bisschen zurückzunehmen in der Lehrsituation, sich auch mal aus einer Diskussion herauszuhalten, vielleicht sogar auch mal ruhig zu sein, obwohl man ganz anderer Meinung ist.

Als die beiden Damen ihre Ergebnisse aus der Kleingruppenarbeit kurz dem Plenum vorstellten, kam nochmals eine Wortmeldung zu genau zu diesem Punkt. Ein Seminarteilnehmer meinte, ob denn der Lernbegleiter sich dann eigentlich überhaupt noch vorbereiten müsse. Er steuerte zwar ein bisschen den Prozess, aber wie eben zu hören war, halte er sich ja auch häufig zurück. Zudem sei das Lernen ja auch sehr individuell, wie in dem Seminar besprochen wurde. Also worauf sollte sich ein Lernbegleiter denn noch vorbereiten?

Simone übernahm die Antwort für Lachkamb und führte aus, dass der Lernbegleiter gerade wegen dieser neuen Sicht auf Lehren und Lernen besonders intensiv planen muss. Sie betonte, dass die Lehrperson gut vorbereitet sein muss, denn „nicht der Lernprozess der Teilnehmenden kann geplant werden, sondern das Lehrangebot. Die gesamte pädagogische Situation sollte so vielfältig und anregend gestaltet sein, dass die Teilnehmenden je nach der individuellen Lage wichtige und aufschluss-

---
95 Sprenger, Reinhard K., 2000, S. 182

reiche Lernerfahrungen machen können."[96] Was also mit situativer Kompetenz, mit Edutainment und Methodenrepertoire auf der Map verzeichnet ist oder auch ganz zu Beginn mit dem Begriff des Ermöglichers diskutiert wurde, beinhaltet eine sehr gute und konsequente Vorbereitung auf die Lehrsituation. Die Vorbereitung muss deshalb so intensiv sein, weil der Lehrende ja nicht voraussagen kann, wie genau der Ablauf sein wird. Aber er muss den Lernenden sehr vielfältige Angebote machen können, um ihnen auch eine Lernmöglichkeit zu bieten ...

Jetzt war es Lachkamb, der begeistert war und Simone kurz lächelnd zuzwinkerte. Es war ihm schon klar, dass sie und ihre Kollegen aus der Firma sich bereits intensiv mit diesem Themenspektrum auseinander gesetzt haben und dass sie schon sehr gute Erkenntnisse gewonnen hatten.

Gegen Mittag, also am Ende der Veranstaltung, hatten alle Kleingruppen ihre Ergebnisse kurz vorgestellt und die Teilnehmer des Workshops waren sich darin einig, dass der halbe Tag zwar sehr anstrengend und intensiv war, aber einiges an wertvollen neuen Erkenntnissen gebracht hatte. Vor allem war die Art der Erarbeitens für die Teilnehmenden völlig ungewohnt gewesen. Sie hatten erwartet, dass ein Dozent sich vorne hinstellt und mit den üblichen methodischen und medialen Mitteln konsequent Vorträge hält. Herr Lachkamb war jedoch so gar nicht dieser Typ Dozent, was allen aber sehr gut getan hatte. Sie mussten vieles aus ihren eigenen Gedanken und Erfahrungen beitragen, sich selbst sehr stark einbringen, unterschiedliche Gruppenarbeiten durchführen und stets gedanklich bei der Sache sein.

Logischerweise wurde das Thema in diesem halben Tag nur sehr unscharf beleuchtet. Herr Lachkamb verwies noch darauf, dass er auch eine Internetseite zu diesem Thema eingerichtet habe, auf der weitere Gedanken und Ideen zu finden seien für diejenigen, die an diesen Themen weiter arbeiten wollten. Unter *www.aktivierendes-lehren.de* gebe es noch viel mehr Informationen und auch Praxistipps.

Simone war von dem Workshop, den Themen und dem gesamten Ablauf so angetan, dass sie Lachkamb bat, doch auch mal zu ihnen ins Unternehmen zu kommen, um über eine Vertiefung des Themas zu sprechen, was er selbstverständlich gerne zusagte. Er war ja bereits seit dem kleinen Autounfall mit Frank Meister und jetzt auch mit Simone Kaufmann

---
96 Arnold/Siebert, 1997, S. 127ff

in Kontakt und hatte sich auf diese Art und Weise ja gewissermaßen schon mit ihrem Projekt „Neue Lernkultur" beschäftigt.

Simone, nachmittags zurück im Unternehmen, besorgte sich sofort das Projekttagebuch „Neue Lernkultur", das noch bei Frank lag, um ihre neuesten Erkenntnisse zu notieren.

Die Rolle des Lernbegleiters

- Eine moderne und innovative Erwachsenen- und Weiterbildung bedeutet nicht die Abwesenheit einer professionellen Strukturierung, sondern eine neue Form der Strukturierung.
- Daraus resultiert, dass pädagogische Intervention notwendig und vielschichtig zugleich ist.
- Die Hauptverantwortung des Lernbegleiters ist es, Lernprozesse zu ermöglichen, Lernen anzuregen, das Lernumfeld angenehm, ansprechend und attraktiv zu gestalten und selbstorganisiertes Lernen zu zu lassen.
- „Zum Selbstverständnis solcher Lehrerinnen und Lehrer [Lehrender – GK] gehört, sich selbst als Lernende wiederzuentdecken und für ihre Schülerinnen und Schüler [Lernende – GK] Lernarrangements zu gestalten, die ihnen ein Höchstmaß an Aktivität, Selbst- und Mitverantwortung, Motivation, Wissens- und Kompetenzzuwachs ermöglichen."[97]
- Vertrauen in die Lernenden und die Fähigkeit, sich selbst im Geschehen zurückzunehmen, sind Pflicht.
- Selbstorganisation konsequent gedacht heißt auch: Es gibt keine Rezepte!
- Und: Der ideale Lernbegleiter ist ohnehin eine individuelle Konstruktion auf der Basis der je individuellen Struktur desjenigen, der über den idealen Lernbegleiter nachdenkt ...

---

97 Green, Norm & Kathy, 2007, S. 97

11 Ein unheilvoller Anruf

Es war ein sehr schöner und warmer Samstagmorgen im Frühsommer, an dem Martin Peler entspannt am Strand spazieren ging. Er hatte sich am Freitagnachmittag kurzentschlossen in seinen Wagen gesetzt und war an die Ostsee gefahren, um das Wochenende in einer kleinen Ferienwohnung zu verbringen, in der er schon öfters Urlaub gemacht hatte. Da es noch Nebensaison war, hatte ein Anruf beim Vermieter genügt, um die Sache klar zu machen.

Nach knapp einer halben Stunde Fußmarsch hatte er die Hafenanlagen und den Trubel der Ortschaft hinter sich gelassen und stieg einen kleinen Pfad die Steilküste hinauf, um den Weg entlang des Ufers ins Nachbardorf zu nehmen. Er war hier schon früher sehr gerne gegangen. Hier konnte er die Ruhe eines ausgedehnten Spazierganges und gleichzeitig die schöne Aussicht auf die Küste an der See genießen – und abgesehen davon gab es auf halber Strecke ein Gartenrestaurant mit einem sensationellen Blick aufs Meer ...

Martin war ein Freund der frühen Stunden, in denen wenig Menschen auf seinem Weg unterwegs waren. Er konnte also die Einsamkeit, den frischen Tag und die Luft an der See in aller Ruhe genießen. So einen Weg hätte er gerne bei sich von zu Hause zu seinem Arbeitsplatz. Auf der einen Seite schöne grüne und weite Felder mit Kühen und Windrädern, auf der anderen Seite das Wasser, das bläulich schimmerte und leise rauschte. Dann würde er wohl öfters mal morgens zu Fuß zur Arbeit gehen. Wenn man so etwas doch transportieren könnte, dachte er und schmunzelte über seine Idee.

Nach einer Weile setzte er sich auf eine Bank und blickte aufs Meer, wo gerade ein großes Schiff auf seinem Weg nach Skandinavien vorbeizog. Martin genoss den Augenblick und sog, erfüllt von einem Gefühl des Wohlbehagens, die frische Luft in tiefen Zügen in sich ein.

Er war jetzt seit drei Jahren für die Personalentwicklung und die Aus- und Weiterbildung verantwortlich und dachte darüber nach, dass ihm dieser Job wirklich sehr viel Freude bereitete. Genau betrachtet ging es ihm sogar ziemlich gut. Die PE lief äußerst zufrieden stellend, die Teilnehmerrückmeldungen bei seinen Veranstaltungen waren immer gut.

Neue Themen konnte er schnell und sauber umsetzen, da er auch konzeptionell freie Hand hatte und man ihn eigentlich das machen ließ, was er für richtig hielt. Alles in allem hatte er in drei Jahren auch einige spannende Programme und Herausforderungen gemeistert, die ihn durchaus auch mit Stolz erfüllten. Er dachte dabei an die Assessment Center, die er durchgeführt hatte und die Einführung des E-Learning-Programms für den Vertriebsaußendienst. Außerdem war die Zusammenarbeit mit Frank Meister und Simone Kaufmann überaus konstruktiv und sie verstanden sich prächtig. Im Grunde genoss er auch das uneingeschränkte Vertrauen von seinem direkten Vorgesetzten, dem Vorstand Personal, dem er direkt berichtete. Das zeigte sich daran, dass er nur ab und an bezüglich des Budgets verhandeln musste. Freilich war das dann immer auch ein bisschen eine Feilscherei, musste er doch immer wieder den Versuch starten, den Wert der Aus- und Weiterbildung und der Personalentwicklung zu berechnen. Dabei war er eigentlich davon überzeugt, dass sich Bildung kaum messen ließ. Aber im Großen und Ganzen ließ ihn der Vorstand in Ruhe seine Arbeit machen in dem Vertrauen, dass er das schon richtig und erfolgreich macht. Und dem war ja schließlich auch so. Aber selbstverständlich wollte er diesen Erfolg nicht für sich ganz alleine beanspruchen. Er war sich durchaus dessen bewusst, dass er mit den beiden Kollegen aus der Ausbildung ein Team um sich hatte, mit dem er sich jederzeit und vor allem auch themenübergreifend schnell, kompetent und zuverlässig austauschen konnte. Ihre Ideen, Gedanken und Ratschläge waren ihm immer sehr wichtig und äußerst gewinnbringend für ihre gemeinsamen Aufgaben. Das beste Beispiel dafür war ja momentan das Projekt „Neue Lernkultur", dass die drei gemeinsam voran brachten und in dem alle einen großen Ehrgeiz und viel Engagement auch über das normale Maß hinaus einbrachten.

Was konnte er sich mehr wünschen? Martin packte bei diesen Gedanken schwungvoll seine Sachen und ging zufrieden den weiteren Weg über die Steilküste zu seinem Restaurant, um einen Morgenkaffee mit Weitblick über die Ostsee zu genießen ...

Er schaffte es auch, den Schwung aus dem Wochenende an der See in die Woche mit rüberzunehmen, was sich gleich montags darin äußerte, dass er mit dem Fahrrad zur Arbeit fuhr. Er nahm den Waldweg, der ihn von über einen kleinen Umweg zu seinem Arbeitsplatz brachte. Normalerweise waren hier immer viel Jogger und Fitnesshungrige unterwegs – am Montagmorgen schien Herr Peler jedoch der einzige zu sein, der sich bewegen wollte. Er pfiff vergnügt vor sich hin und freute sich darauf, heute wieder mit Frank Meister und Simone Kaufmann im Jour fixe zusammen zu treffen. Als er in der Firma eintraf, war er mehr als zufrieden, er fühlte sich geradezu euphorisch und hoch motiviert, die Aufgaben der neuen Woche mit viel Elan und Ehrgeiz anzugehen.

Es war kurz nach neun, Martin hatte gerade seine Mails und seine Post durchgesehen, als das Telefon klingelte. Er erkannte die Nummer auf dem Display, es war die Zentrale der Firmengruppe, zu der sein Unternehmen seit zwei Jahren gehörte. Eigentlich hatte sich durch die Integration in die Gruppe für ihn und seine Firma nichts verändert. Insgesamt war man stärker aufgestellt, was den Einkauf von Materialien, aber auch was Dienstleistungen anging. Einige Dienste, wie eben zum Beispiel der Einkauf, waren zentralisiert worden, um Kosten zu sparen, aber ansonsten hatte diese Entwicklung kaum Auswirkungen auf Martin und seine Arbeit gehabt. Was also wohl nun dieser Anruf zu bedeuten hatte? Martin kannte zwar die Zentralnummer, aber die Durchwahl war ihm gänzlich unbekannt. Neugierig ging er an den Apparat.

Guten Morgen, Herr Peler, sagte eine ätzende Stimme am anderen Ende der Leitung. Mein Name ist Finster, Klaus Finster. Ich bin ab heute Ihr direkter Vorgesetzter. Ihr bisheriger Vorstand Personal hat das Thema Personalentwicklung und Aus- und Weiterbildung abgegeben. Ich bin jetzt zentral und gruppenweit für dieses Thema zuständig. Ich möchte Sie gerne kennen lernen und bitte Sie, heute Nachmittag um 14 Uhr bei mir zu sein.

Martin erschrak und versuchte zunächst einmal, die Bitte abzublocken. Herr Finster, nicht dass Sie mich falsch verstehen, es sind knapp 250 Kilometer bis zu der Deutschlandzentrale der Gruppe. Ich habe bereits Termine für den heutigen Tag. Ich bin mir nicht sicher ...

Ich schon Herr Peler, unterbrach ihn sein Gesprächspartner. Ich habe mir erlaubt, mir Ihre Termine für heute geben zu lassen und bin mir sicher, dass Sie den Jour fixe auch verschieben können. Kann ich mich darauf verlassen, Sie heute Nachmittag zu sehen?

Äh ja, selbstverständlich, stammelte Martin, während er sich innerlich ärgerte.

Martin hatte ja gerüchteweise schon wahrgenommen, dass sich in der Organisationsstruktur eventuell etwas ändern würde, aber dass es so schnell und vor allem über alle Köpfe hinweg vonstatten gehen würde, damit hatte er nicht gerechnet. Um den Termin mit seinem neuen Chef nicht zu verpassen, musste er schnellstmöglich in einen Firmenwagen springen und losfahren, ohne noch Gelegenheit zu haben, sich in irgendeiner Form auf das Treffen vorzubereiten. Eine passende Zugverbindung gab es so kurzfristig nicht, so dass er in den sauren Apfel beißen musste und sich mit einem unguten Gefühl auf die Autobahn begab. Dementsprechend kam er etwas abgehetzt und angespannt in der Zentrale an.

Er war nicht wirklich verwundert, dass ihn die Leute am Empfang fast schon mitleidig ansahen, als er bei ihnen vorsprach, um sich bei Herrn Finster anzumelden. Dieser hatte nämlich durchaus einen schlimmen Ruf. Martin hatte sich während der Fahrt telefonisch ein bisschen umgehört. Herr Finster war noch recht neu im Unternehmen, er war vor knapp einem halben Jahr aus einer anderen Firma gekommen, dort hatte er den Bereich Personalwesen komplett umstrukturiert. Er war wohl sehr auf die Reduktion von Kosten fixiert und das Maß aller Dinge war für ihn, so sagten es die Informanten von Martin, dass sein eigener Ruf immer im besten Licht stand. Dementsprechend war die bisherige Karriere von Herrn Finster steil nach oben gegangen. Er hatte sich, ohne Rücksicht auf Verluste, den Ruf eines harten und mit spitzem Bleistift rechnenden Managers erarbeitet. Mit diesen Informationen ausgestattet klopfte Martin an der Tür, auf deren Schild der Name Klaus Finster geschrieben stand.

Hinter einem Schreibtisch saß ein kleiner, blass wirkender Mann, dessen Blick starr auf den Bildschirm gerichtet war. Martin sah neben dem Schreibtisch an der Wand eine weiße Tafel mit einer Notiz, die den Namen der Firma trug, in der Martin arbeitete und einer großen, doppelt unterstrichenen Zahl, die das Budget für das Ressort von Human Resources für das kommende Geschäftsjahr darstellen sollte.

Oh shit, entfuhr es Martin, als er die Notiz las und verstand, dass es hier um sein Budget gehen sollte. Auf der Visitenkarte, die Herr Finster Martin zur Begrüßung kommentarlos reichte, standen lediglich die Worte:

Dr. Klaus Finster
Zentrale Personal – Einsparer

Damit ist ja glaube ich alles klar, sagte Herr Finster. Wir werden uns doch bestimmt gut verstehen, oder?

Was genau soll denn klar sein, erwiderte Martin, ich berichte doch direkt an den Vorstand Personal?

Den es in dieser Form nicht mehr gibt, erwiderte Herr Finster mit selbstzufriedener Miene. Er fuhr sich grinsend durch das nicht eben frisch und gepflegt aussehende Haar und wischte seine Hand geistesabwesend an seinem Jackett ab. Den es so nicht mehr gibt. Aber keine Sorge, mein lieber Herr Peler, wir werden uns auch gut verstehen. Davon bin ich überzeugt.

Mit einer Geste des Appells an die Vernunft seines Gegenübers fuhr Herr Finster fort: Ich sehe keinen Grund, warum wir nicht gut miteinander auskommen sollten. Sie machen eine gute Arbeit, wie ich von meinem Vorgänger gehört habe, Sie haben da einige spannende Projekte am Laufen und ich bin mir sicher, dass wir dabei sehr gut kooperieren können. Ich habe vor, nicht viel, aber doch manches zu verändern, vor allem auch die Zügel wieder ein bisschen anzuziehen, die mein Vorgänger hat schleifen lassen. Dazu erwarte ich freilich Ihre volle Kooperation und Mitarbeit, verstehen Sie?

Ich verstehe, knurrte Martin, fahren Sie doch bitte fort.

Der erste Ansatz wird sein, dass wir beide die Kosten für die Aus- und Weiterbildung in Ihrem Unternehmen senken werden.

Die Investitionen, unterbrach Martin, die Investitionen.

Ach ja, erwiderte Herr Finster mit einem breiten Lächeln. Ihr Personaler tut ja immer so, als ob Aus-, Fort- und Weiterbildung dem Unternehmen einen großen Nutzen brächten. Sehen Sie, meine Aufgabe ist es nicht, mit Ihnen gemeinsam an solchen philosophischen Grundthemen zu arbeiten. Meine Intention ist es, das Budget um dreißig Prozent zu reduzieren, ohne dabei auf Qualität verzichten zu müssen, ist das klar?

Bei seinen letzten Worten bohrte sich sein scharfer Blick direkt in Pelers Augen. Herr Finster sah plötzlich äußerst gefährlich und kantig aus. Nun war Martin klar, wie die Gerüchte über ihn zustande kamen.

Dreißig Prozent bei gleicher Qualität? Und wie soll ich das Ihrer Meinung nach machen?

Aber aber, lieber Kollege Peler, das ist doch nicht mein Problem, erwiderte Herr Finster, dessen Stimme wieder zurückgefallen war in diese ätzende Tonlage, die Herr Peler gar nicht hören konnte. Üben Sie Druck auf Ihre Mitarbeiter aus. Reduzieren Sie die Honorare der Trainer und Dienstleister, lassen Sie die Teilnehmer am Wochenenden an Seminaren teilnehmen und reduzieren Sie die Ausbildungsquote ... Soll ich Ihren Job machen, oder wie? Seien Sie einfallsreich, tun Sie, was Sie wollen, aber sparen Sie mir dreißig Prozent.

Ich werde sehen, was ich tun kann, erwiderte Martin völlig ermattet. Bis wann erwarten Sie meine Vorschläge?

Bis zum Ende des Geschäftsjahres, also in drei Monaten, sagte Herr Finster, der sich schon wieder seinem Bildschirm zuwendete. Ach ja, da ist noch was.

Noch was?, fragte Martin ungläubig nach.

Ja, Sie werden das diesjährige PE-Treffen ausrichten. Eine kleine Neuerung, die ich mir ausgedacht habe. Einmal im Jahr treffen sich alle aus der Unternehmens-Gruppe, die sich mit Personalentwicklung im weitesten Sinne umtreiben und tauschen ihre gegenseitigen Projekte und Erfahrungen aus. Ich denke, dass Sie vor allem mit Ihrem Projekt „Neue Lernkultur" auf dem besten Wege sind, hier ein starkes Konzept vorzulegen. Dementsprechend möchte ich Sie auch als Gastgeber des Treffens haben. Mit diesem Konzept wird es uns gelingen, die Kosten zu senken und gleichzeitig die Effizienz unserer Maßnahmen zu erhöhen. Ich glaube fest an Sie und Ihre Mannschaft, Herr Peler.

Aha, entfuhr es Martin. Daher weht der Wind. Sie haben von unserem Projekt gehört und wollen dies nun für die ganze Gruppe nutzen, um Einsparungen vorzunehmen.

Ich hatte Ihnen ja gesagt, dass wir uns verstehen werden, grinste Herr Finster. Das klappt sogar besser, als ich erwartet hatte. Also: Zu Beginn des neuen Geschäftsjahres will ich in Ihrem Hause eine große Veranstaltung, an der Sie uns Ihre Konzeption einer Neuen Lernkultur vorstellen, wie sie auch für die gesamte Gruppe genutzt werden kann. Selbstverständlich mit dabei ein Projektplan, was zu tun ist, um das umzusetzen, welche personellen sowie finanziellen Ressourcen vonnöten sind und und und, sie wissen schon, einen Projektplan eben, sagte er und winkte gelangweilt ab.

Und wie soll ich das alles bewerkstelligen, wenn Sie mir gleichzeitig das Budget kürzen? Martin war genervt und ihm stieg langsam aber sicher die Wut ins Gesicht.

Ein Schulterzucken war die Antwort. Sollten Sie die Vorgaben verpassen, schlug Herr Finster zurück, müssen wir uns ernsthaft fragen, wie das zustande kam. Denn dass Sie Einsparungen haben werden, davon gehen wir aus. Sie sind mit Ihrem Projekt „Neue Lernkultur" auf genau diesem Wege. Mehr Effizienz bei gleichem Einsatz. Oder wie ich es lieber habe: Gleiche Effizienz bei weniger Einsatz. Und da haben Sie Ihre Einsparungen. Also halten Sie sich an Ihre eigenen Projektvorgaben und Sie werden die Einsparungen bekommen. Richtig?

Zugegeben, erwiderte Martin kleinlaut, das ist unser Ziel. Durch besseres Lehren und Lernen einen höheren Lernerfolg zu erreichen.

Sehen Sie, wir sind doch beide vernünftige Menschen. Ich wusste doch, dass wir uns einig werden. Ich freue mich darauf, in einem Monat Ihren ersten Zwischenbericht zu hören.

Mit diesen Worten stand Herr Finster auf und reichte Martin die Hand, um ihn auch gleich zu verabschieden. Martin war klar, dass hier jeder Widerstand zwecklos war. Herr Finster hatte mit dem letzten Argument einen Trumpf gespielt, den sie in ihrem Projektteam selbst immer wieder benutzten. Es ging ja schließlich darum, Lehren und Lernen erfolgreicher zu machen. Allerdings fand er die Aussicht, jetzt tatsächlich auch daran gemessen zu werden, zu früh. Schließlich war ja noch gar nicht klar, ob das denn alles so funktioniert, wie sie sich das so vorgestellt hatten.

Dementsprechend nachdenklich und auch fast bedrückt war Martin, als er die Heimreise antrat. Kurz nach sieben war er wieder in seiner Firma, stellte noch schnell den Wagen ab und machte sich auf den Heimweg mit seinem Fahrrad. So vergnügt er am Morgen noch gewesen war, so schlecht war seine Laune jetzt am Abend.

Tags darauf bat Martin die beiden Kollegen Simone und Frank zu sich ins Büro zu einem außerordentlichen Jour fixe. Er wollte gleich verkünden, was er am Vortag mit Herrn Finster erlebt hatte und sich austauschen darüber, was das denn nun alles für sie und das weitere Vorgehen auch im Zusammenhang mit dem Projekt „Neue Lernkultur" zu tun hatte. Dass die drei zusätzlich das Projekt mit der gruppenweiten Veranstaltung an der Backe hatten, kam ja noch erschwerend hinzu. Auch wie diese Aufgabe bewerkstelligt werden konnte, sollte in dem Gespräch zur Diskussion kommen.

Entsprechend betreten war die Stimmung, als Martin seinen Kurzbericht gegeben hatte. Er machte den beiden anderen außerdem auch klar, dass mit Herrn Finster seiner Meinung nach wohl nicht zu spaßen war und bei einem Scheitern womöglich auch mit disziplinarischen Konsequenzen zu rechnen war – und zwar für alle drei. Selbstverständlich wollten sie diese neue Situation gemeinsam im Team angehen, das war sofort klar. Aber was denn nun konkret zu tun sei, darüber waren sie sich nicht so recht einig.

Wie wäre es denn mit weniger Trainings und Schulungen, um Kosten zu sparen? Gleichzeitig führen wir am Ende aller Seminarveranstaltungen Leistungstests ein wie früher in der Schule mit den Klausuren. Dadurch erhöhen wir den Druck für die Lernenden, den Stoff auch wirklich aufzunehmen, schlug Frank vor, der immer gerne sofort an Problemlösungen dachte, ohne sich mit allzu viel Jammern aufzuhalten.

Ja, eine weitere Möglichkeit wäre, ergänzte Martin, dass die Vorgesetzten unserer Seminarteilnehmer den Seminarerfolg ein oder zwei Monate nach der Veranstaltung beurteilen sollten. Also der Vorgesetzte beobachtet den Teilnehmenden, ob er das Gelernte in der Alltagspraxis auch anwendet. Auch das wäre ein Weg, um die Schulungsteilnehmer dazu zu bringen, das Gelernte auf jeden Fall umzusetzen.

Oder wir geben so etwas wie Hausaufgaben auf. Vor den Seminaren sollen die Teilnehmer bereits Aufgaben erledigen und im Anschluss bekommen Sie nochmals einige Aufgaben mit nach Hause.

Wie sollen wir das denn überprüfen, fragte Simone, die sich bislang aus der Diskussion seltsam nachdenklich herausgehalten hatte. Nein, Hausaufgaben sind unmöglich. Wir haben es mit erwachsenen Menschen zu tun, die wir nicht dazu zwingen können, zu Hause in ihrer Freizeit Dinge zu lernen, die wir für das Unternehmen brauchen.

Bei den Auszubildenden ginge das aber, bemerkte Frank trotzig. Die können wir mit der drohenden Abschlussprüfung unter Druck setzen und sie dazu bringen, zu Hause zu lernen.

Menschen unter Druck denken nicht schneller

Aber Jungs, warf Simone ein. Wie war das denn in unserer eigenen Schulzeit? Lasst uns doch mal zurückdenken. Haben wir durch die Androhung von Strafen besser gelernt? Menschen unter Druck und Prüfungsstress denken doch deswegen nicht schneller ... Und schaut, was der Termin von Martin bei Herrn Finster in unserem Team sofort ausgelöst hat: Ratlosigkeit, Unbehagen und Demotivation. Also kann das nicht der Weisheit letzter Schluss sein, diesen Druck einfach an die Lernenden weiterzugeben. Im Gegenteil: Hatten wir nicht inzwischen festgestellt, dass Lernen in einer entspannten und angstfreien Atmosphäre besser gelingt?

Motivation entsteht nicht, in dem man die Daumenschrauben anlegt, fuhr sie fort. Menschen sind von Natur aus motiviert. Man muss nicht mühselig nach Motivationskonzepten suchen, sondern dafür sorgen, „die Bedingungen so zu gestalten, dass ohnehin bestehende Aktivierung nicht gebremst, unterdrückt oder gar abgetötet wird."[98] Das ist es, worauf wir in unseren Trainings achten sollten.

Simone blickte zum Fenster hinaus, während die Männer weiter jammerten und sich über Möglichkeiten den Kopf zerbrachen, wie denn nun aus dieser misslichen Lage herauszukommen sei.

Plötzlich drehte sich Simone um und sagte: Ist das nicht ohnehin das, was wir erreichen wollten? Und bringt uns dieser unheilvolle Wechsel zu Klaus Finster als Vorgesetztem nicht genau zwangsläufig zu unserem erklärten Ziel? Effizientere Seminare, mehr und besseres Lernen durch interessantere und wirkungsvollere Workshops und Schulungen? War es nicht genau das, was wir uns zu Beginn auf unsere Fahnen geschrieben haben? Also entspricht das doch genau dem, was wir eh tun wollten. Herr Finster schubst uns dahin, wohin wir eh wollten ...

So habe ich das bei dem Termin in der Zentrale aber nicht gesehen! Doch vielleicht hast du recht, erwiderte Martin nachdenklich. Nur dass dieser Herr mit Druck und Drohungen arbeitet. Und was passiert, wenn wir es nicht schaffen?

---

98 Rosenstiel, Lutz von, 2001, S. 122

Wer droht, läuft Gefahr,
die Drohung auch wahr machen zu müssen

Dann muss er uns erstmal in irgendeiner Form dafür bestrafen, mischte sich Frank mit einem breiten Lächeln ein. Denn das ist ja ein mir als Ausbilder durchaus bekanntes Problem bei diesen unsäglichen Drohungen: Wenn man sie als Mittel zur Erziehung oder Ertüchtigung, oder wie auch immer man das dann nennen will, benutzt, läuft man Gefahr, die Drohung auch wahr machen zu müssen. Also eine Drohung auszusprechen, ohne sie konsequent zu verfolgen, macht unglaubwürdig. Insofern kann eine Drohung für den, der sie ausspricht, genauso zum Problem werden wie für den, der sie ausgesprochen bekommt. Oder anders gefragt: Was würde denn passieren, wenn wir es nicht schaffen, diese Veranstaltung auf die Beine zu stellen? Zu allererst würde doch auch der Herr Finster sein Gesicht verlieren, oder etwa nicht? Siegessicher lächelte er Simone und Martin an.

Naja, wir aber schon auch, murmelte Martin. Allerdings wäre das bei dem ehrgeizigen Zeitplan auch nicht weiter verwunderlich.

Wir sollten jetzt nicht den Kopf in der Sand stecken, sondern uns auf unser bisher erarbeitetes Wissen stützen und genau so diszipliniert und motiviert zum Nutzen unserer Lernenden weiter arbeiten, gab Simone zu bedenken. Denn was die Veranstaltung in drei Monaten angeht: Da können wir unsere „Neue Lernkultur" gleich ausprobieren – wir machen einen großen gruppenübergreifenden „Train the Trainer"-Workshop, in dem alle lernen können, was wir in unserem Projekt erarbeitet haben. Wir arbeiten mit aktivierenden Methoden, lassen die Teilnehmenden den ganzen Tag selbstorganisiert lernen und arbeiten und werden gleich am konkreten Beispiel sehen, was es uns nutzt, zukünftig die Workshops und Trainings anders aufzubauen als bisher ... Und im Gegensatz zu den üblichen Veranstaltungen in der Gruppe, bei denen ständig wechselnde Redner langweilige Vorträge vor einem mehr oder weniger interessierten Auditorium halten, können wir ja nur gewinnen, wenn wir es anders machen. Das kann dann auf jeden Fall ein neuer Impuls sein, wie solche Großveranstaltungen auch laufen können. So betrachtet ist das eigentlich ein Glücksfall, das uns Herr Finster so stark unter Druck setzt – können wir doch gleich mal am eigenen Beispiel testen, ob unsere Ziele realistisch sind.

Voller Euphorie über diese gedankliche Wende blickte Simone die beiden Herren fragend an, die sich langsam aber sicher mit dem Gedanken anfreundeten, dass diese Sichtweise im Gegensatz zu den bisherigen Katastrophenszenarien die konstruktivere wäre. Abgesehen davon hatte Simone einfach Recht. Sie könnten sowohl den gesamten Kollegen aus der Gruppe als auch dem sinistren Herrn Finster zeigen, wie man erfolgreiche Veranstaltung durchführt und gleichzeitig mehr Effizienz und Lernerfolg erreicht und dadurch freilich Kosten senkt beziehungsweise, wie es Martin viel lieber ausdrückte, den Return on Invest erhöht ... Und das genau war das erklärte Ziel ihres Projektes. Sie waren also direkt auf dem Weg.

Interessant dabei war, dass Martins Besuch in der Zentrale beinahe die gesamten Ideen und alle bisherigen Gedanken zerschlagen hätte. Welche Macht doch von Vorgesetzten ausgeht, die bestimmte Linien und Richtungen vorgeben, entfuhr es ihm unwillkürlich. Sie können mit einem Schlag vieles zerstören.

Druck und Disziplinierung zerstören Selbstorganisation

Das ist wie bei Lehrenden auch, schloss sich Simone an. Durch unsere letzten Überlegungen zur Persönlichkeit und zur Rolle des Lehrenden ist ja auch klar geworden, dass die Beziehung zu den Lernenden der entscheidende Erfolgsfaktor ist. Führungskräfte aber auch Lehrende, die mit Druck arbeiten, wissen sich nicht anders zu helfen. Ihnen fehlen die Mittel, es anders zu machen. Eigentlich ist das ein Armutszeugnis, dass sie den Eindruck haben, zur Disziplinierung der Mitarbeitenden oder der Lernenden den Druck zu benötigen.

Na ja, das klingt ja gut, aber wann folgen einem denn die Lernenden oder in deinem Beispiel die Mitarbeitenden?

Nun, erläuterte Simone weiter, wenn wir Druck ausüben und dadurch die Menschen unsere Abneigung und Zweifel an ihrer Leistung spüren lassen, dann werden sie wahrscheinlich nicht tun, was wir von ihnen wollen. Richtig?

Frank und Martin nickten einverstanden. Simone fuhr fort.

Also keine Zweifel und keine Abneigung zeigen, sondern eher das Gegenteil. Wann folgen die Menschen ihren Führungskräften? Das ist doch die ganze Frage.

Du meinst, wir sollen die Menschen einfach nur mögen?, fragte Martin ungläubig.

Na klar, ergänzte Simone. Aus welchem Grund, glaubst du denn, arbeiten Frank und ich gerne mit dir zusammen und folgen dir als Führungskraft? Glaubst du, das liegt daran, dass du Autorität über uns hast und uns im Zweifelsfall bestrafen oder irgendwie anders schaden kannst?

Du glaubst, es liegt daran, dass Ihr mich mögt?

Vertrauen führt

Nein, ergänzte jetzt Frank, der selbst ungeduldig wurde, weil sein Chef so auf dem Schlauch stand. Das liegt daran, dass Du uns und die anderen Mitarbeiter magst. Du magst und respektierst die Leute, die für Dich arbeiten. Du nimmst Anteil an ihren Sorgen, an ihren Problemen und Du schenkst ihnen Vertrauen, noch bevor sie sich als vertrauenswürdig erwiesen haben. Du vermittelst uns allen das Gefühl, zu Deinem großen Team zu gehören. Darin liegt Deine Stärke. Und das ist es letztlich, was Führungskräfte und Lehrende gemein haben. Das Gegenteil hast Du gestern selbst bei Herrn Finster erlebt. Ihm Gefolgschaft zu leisten ist schier unmöglich. Er vertraut nicht, er baut nicht auf, er ermuntert nicht und leitet nicht an. Er zerstört, übt Druck aus und glaubt sich qua Position im Recht. Und dann wundert er sich, wenn die Leute nicht das tun, was er von ihnen erwartet.

Martin wusste nicht so recht, was er sagen sollte und guckte etwas verlegen zur Seite. Das heißt, wir müssen die Leute mögen, mit denen wir es zu tun haben. Nur dann können wir sie von etwas überzeugen.

So ist es, ergänzte Simone jetzt. Das heißt, dass wir in unserem Team, solange wir uns den Herrn Finster vom Hals halten können, die Projekte und Termine umgesetzt bekommen, weil alle an einem Strang ziehen und uns einbringen. Unter Deiner Leitung werden wir die Aufgaben locker erfüllen. Deine Aufgabe ist es dann nur, Herrn Finster zu beschäftigen. Also hat Dein Besuch gestern in der Zentrale doch eigentlich viel Gutes bewirkt: Wir wissen jetzt noch viel besser, dass wir mit unserem Projekt auf dem richtigen Weg sind und haben sogar nicht nur ein klares Ziel, nämlich die Veranstaltung mit den gesamten Kollegen, sondern auch noch einen ehrgeizigen Termin vor Augen, an dem wir uns orientieren können. In drei Monaten ist es soweit – dann werden wir sehen, wie unser Denken bei den anderen Spezialisten aus der Gruppe ankommt.

Martin hatte sich etwas beschämt durch das unerwartete Kompliment bei den Kollegen bedankt und versicherte, dass er sich auch weiterhin um Herr Finster kümmern werde. Er beteuerte sogar, dass es ihm jetzt viel leichter fiele, mit ihm umzugehen, weil er die Rückendeckung aus seinem Team erhalten habe.

Sie waren alle drei erleichtert, dass diese zunächst einmal traurig begonnene Besprechung diese Wendung genommen hatte und schrieben ihre Erkenntnisse aus den Vorfällen gemeinsam in das Projekttagebuch.

Druck aufbauen ist ein Zeichen von Schwäche

- Menschen unter Druck denken nicht schneller aufgrund des Drucks – im Gegenteil.
- Drohungen motivieren nur bedingt zu höheren Leistungen.
- Wenn das Ziel nicht erreicht wird, muss man seine Drohungen womöglich wahr machen.
- Vielleicht setzen Lehrende Druck deshalb so oft ein, weil sie nicht wissen, was sie sonst tun sollen oder weil sie die schwierigeren Alternativen scheuen.
- Man kann Menschen ohne Fürsorge und Zuneigung nicht dazu bringen, zu lernen oder sich anders als bisher zu verhalten. Nur wer Menschen mag, kann sie auch mitziehen und überzeugen.[99]

---

99   Nach De Marco, Tom, 1998, S. 145

12 Leittexte und Selbstorganisation?

Frank Meister saß in seiner kleinen „Glashütte" – so nannten die Azubis sein Meisterbüro in der Ausbildungsabteilung. Es stand inmitten der Werkstatt und war rundherum halb verglast, sodass sowohl Regale unter die Glasfront passten als auch der Blick zu den Azubis gewährleistet war.

Er schlürfte genüsslich an seinem Kaffee, während er beobachten konnte, dass die Auszubildenden intensiv am Arbeiten waren. Sie alle hatten sich mit Leittexten ausgestattet und waren nun dabei, an den Texten zu arbeiten und fleißig zu lernen. Eben noch waren seine Ausbilderkollegen bei ihm gewesen, sie hatten sich alle sehr zufrieden gezeigt mit der derzeitigen Arbeitsmoral der Azubis. Klar, das war nur eine Momentaufnahme, aber er war dennoch zufrieden.

Vielleicht, so überlegte Frank, hatte das ja mit den Leittexten zu tun. Denn schließlich ermöglichen sie selbstständiges Lernen. Das ist ja eigentlich die Kernidee der Leittextmethode: Sie ist letztlich ein Ausbildungsverfahren, bei dem Auszubildende zur Bewältigung von praktischen Aufgaben durch schriftliche Unterlagen – Texte – angeleitet werden.

Selbstverständlich arbeiteten er und seine Kollegen auch noch nach der 4-Stufen-Methode, nach der die Auszubildenden direkt unter der Anleitung des Ausbilders lernen. Er kramte eine kleine laminierte rote Hinweistafel aus seiner Schreibtischschublade, die er früher mal für sich und seine Kollegen als Aushang in seinem Meisterbüro hängen hatte. Darauf stand geschrieben:

Die vier Stufen der Unterweisung

1. Vorbereitung

    - des Arbeitsplatzes: Habe ich alle Materialien? Ist der Arbeitsplatz geordnet?
    - des Lehrinhalts: Setze ich etwas voraus, was der Azubi noch nicht wissen kann?
    - des Azubis: Hat er womöglich Hemmungen, die ich erst einmal abbauen muss?

2. Vorzeigen, Vorführen durch uns Ausbilder

- begründen, was, wann, wie, warum
- schrittweise erläutern und vorgehen
- auf eventuelle Fragen eingehen

3. Den Azubi selbst machen lassen

- nachmachen lassen, was ich vorgeführt habe
- Azubis selbst erklären lassen, wie es funktioniert
- bei Fehlern eingreifen, und durch gezieltes Fragen verbessern

4. Üben

- Azubi alleine üben lassen
- Integration des Gelernten in den normalen Arbeitsablauf

Frank musste schmunzeln darüber, dass sie diese vier Stufen früher, also bevor sie die Leittexte kannten, als die einzige mögliche Herangehensweise betrachtet hatten. Klar, damals in ihrer Ausbildung zum Ausbilder wurden diese Herangehensweise als *die* Methode bezeichnet. Und mal ehrlich, so dachte er bei sich, das ist ja auch eine sehr häufig benutzte Methode.

Auch Kinder lernen eigentlich nicht anders. Sie beobachten, wie zum Beispiel ihre Eltern etwas tun, „modellieren" das Verhalten der Eltern in ihrem Kopf, machen es nach und holen sich anhand des Erfolgs des Verhaltens ihr Feedback. Wenn es nicht geklappt hat, so versuchen sie es anders wieder. Das ist „try and error" – nur, dass die Ausbilder darauf achten, dass weniger „errors" entstehen, schränkte er seinen Gedanken innerlich grinsend wieder ein ...

Dennoch war er sehr froh, dass zu dieser früher alleinigen Herangehensweise noch eine andere, nämlich die Leittextmethode, hinzugekommen war. Denn schließlich waren ja auch die Anforderungen an Ausbildung inzwischen ganz andere – der Ausbildungsauftrag hatte sich enorm verändert. Auszubildende sollten heute ja zu selbstständigen, teamfähigen, kommunikativen und entscheidungsfreudigen Mitarbeitern ausgebildet werden! Dass es nicht funktioniert, wenn man sie nur das nachmachen lässt, was die Ausbilder ihnen vorgemacht haben, war ihm nicht zuletzt auch durch das Projekt „Neue Lernkultur" inzwischen klar geworden. Sie mussten ja auch selbstständig arbeiten können, um Selbstständigkeit zu lernen. Sie sollten irgendwie im Team arbeiten, um teamfähig zu werden. Und um das alles zu erreichen, bot die Leittextmethode seiner Meinung nach durchaus einen großen Nutzen.

Aber entspricht die Methode mit den Leittexten eigentlich dem neu erdachten Prinzip der Selbstorganisation? Frank schaute nachdenklich wieder nach draußen und beobachtete die Auszubildenden. Kann die Methode das leisten, was wir in unseren Jour fixe immer wieder als das Idealbild von Lernen definieren? Immerhin, sie bearbeiteten ihre jeweilige Aufgabe selbstständig, gestützt auf einen Text, der mit einem kleinen Test abschließt. Die Testergebnisse zeigen uns Ausbildern dann, was die Auszubildenden selbst gelernt hatten und wo noch Lücken zu schließen sind.

Also besteht das Grundprinzip der Leittextmethode darin, unsere Auszubildenden so anzuleiten, dass sie möglichst viel möglichst eigenständig lernen. Dementsprechend bestehen unsere Leittexte in der Regel aus

- Leitfragen, die die Azubis beantworten sollen,
- einem Arbeitsplan, den sie, falls nötig, gemeinsam mit den Ausbildern erarbeiten,
- einem Kontrollbogen, der abschließend ein Feedback ermöglicht, und
- dem allgemeinen Leitsatz.

Die Grundlage eines solchen Leittextes ist ja außerdem die vollständige Handlung, die ein ausgelernter Mitarbeiter idealtypisch in sechs Schritten durchführt, um sein Ziel zu erreichen bzw. seinen Arbeitsauftrag zu erfüllen. Diese sechs Schritte finden sich wieder in den Leittexten, also können die Azubis schon direkt anhand der Texte den Ablauf verinnerlichen, den sie als Mitarbeiter später immer wieder anwenden werden. Damit bildet diese Methode den Arbeitsalltag ab, den ein Auszubildender nach seiner Ausbildung erleben wird. Das ist Praxis pur und sollte doch zumindest mal die Motivation fördern!

Frank hatte nebenbei auf seinem Block eine Tabelle gekritzelt, in der er die sechs Schritte einer vollständigen Handlung eines ausgelernten Mitarbeiters mit denen eines Auszubildenden verglich:

Der ausgelernte Mitarbeiter	**Der Auszubildende**
besorgt sich zunächst Informationen	bearbeitet die Leitfragen
plant seine Arbeitsschritte	erstellt schriftliche Arbeitspläne
entscheidet, wie er denn nun letztlich den Auftrag erfüllt	erarbeitet den Weg im Fachgespräch mit dem Ausbilder
schreitet zur Ausführung seines Auftrags	führt seine praktische Aufgabe aus
kontrolliert sein Ergebnis	führt Selbstkontrolle durch, lässt aber auch Fremdkontrolle anhand des Bogens zu
wertet sein Ergebnis aus	führt ein weiteres Fachgespräch über das Ergebnis

Insofern, so war sich Frank sicher, war diese Methode absolut „up to date" und die Erfolge sprachen ja auch irgendwie für sich. Die Azubis waren durchaus motiviert, sie lernten auch einiges und wenn Fragen waren, dann kamen sie ja immer zu den Ausbildern. Aber, so begann er innerlich etwas zu zögern: Ist das wirklich selbstorganisiertes Lernen? O.k., es ist vielleicht selbstständig insofern, als dass die Azubis das zunächst einmal jeder für sich angehen. Doch ist es wirklich so, das man bei der Methode davon sprechen kann, dass die Azubis selbstorganisiert lernen?

Frank resümierte für sich noch mal kurz, worüber sie in ihren Jour fixe eigentlich bisher gesprochen hatten: Da war ja zunächst einmal das Thema mit der Pluralität und Vielheit der Wissen- und Lernarten, deren sie in Lehrsituationen gerecht werden sollten. Auf unterschiedliche Azubis mit unterschiedlichen Mitteln einzugehen war in der Leittextmethode nicht vorgesehen. Es gab nur einen Text pro Thema! Abgesehen davon, dass das Bearbeiten von Texten nicht unbedingt unterschiedlichen Lerntypen Rechnung trug. Und sie hatten ja gesagt, dass eine moderne Didaktik vielschichtig sein sollte, der Heterogenität der Gruppe von Azubis gerecht werden soll und den Lernenden auch Entscheidungen abfordern soll. All das leistete die Leittextmethode nur bedingt.

Als nächstes hatten sie sich gefragt, wie Erkenntnis überhaupt entsteht und Simone hatte berichtet, dass Wissen vom jeweiligen Individuum konstruiert wird, dass der Prozess der Konstruktion völlig subjektiv ist und von außen überhaupt nicht gesteuert werden kann. Das Resultat dieser Überlegungen war ja, dass herkömmlicher Unterricht keinen Sinn macht, da er versucht, Wahrheiten und Wirklichkeiten über die Lernenden zu stülpen. Machen das unsere Leittexte nicht auch? Und die Subjektivität der Lernenden können sie auch nur bedingt erfassen, nämlich dann, wenn die Azubis sehr gerne mit Texten arbeiten. Das gleiche gilt für die Forderung, Anreize zu schaffen und Neugier zu wecken. Auch hier versagen die Leittexte, grübelte Frank weiter. Denn so spannend sind sie jetzt auch wieder nicht ...

Und dann war da ja noch die Geschichte mit den autopoietischen Systemen. Unsere Azubis, und freilich alle anderen Lernenden auch, sind ja schließlich in sich geschlossene Systeme, von außen nicht steuerbar, die absolut selbstorganisiert operieren. Wir hatten gesagt, dass es unsere Hauptaufgabe sei, eine Lernkultur zu schaffen, in der sich der Lernende selbstorganisiert, gemäß seiner individuellen und ihn determinierenden Struktur Lernanreize holen kann. Auch das ist nicht wirklich der Anspruch der Leittexte!!! Außerdem hatten wir auch die Idealforderung aufgestellt, dass die Lerninhalte so dargeboten werden müssen, dass sie beim Lernenden etwas anstoßen ... Beim Leittext müssen wir eher aufpassen, so kam es Frank vor, dass wir die Azubis nicht abstoßen mit dem vielen Papier ...

Also insgesamt, resümierte er, scheinen Leittexte vielleicht zweckmäßig, um sich inhaltlich in ein Thema reinzuarbeiten, aber aus der von uns erarbeiteten lerntheoretischen Sicht macht es nicht so viel Sinn, nur mit dieser Methode zu arbeiten.

Zudem frage ich mich, dachte Frank weiter und ließ seinen Blick wieder nach draußen in die Ausbildungswerkstatt schweifen, wie selbstständig die Azubis mit den Leittexten überhaupt lernen? Guckt man da nämlich etwas genauer hin, dann ähnelt diese Methode letztlich doch sehr der 4-Stufen-Unterweisung, nur dass diesmal das Medium ein Text ist und nicht der Ausbilder! Das heißt, es geht um programmierte Unterweisung, um das sture Ablesen und Nachmachen von etwas, was vorgegeben ist. Der Auszubildende arbeitet am Leitfaden des Leittextes entlang, der wenig bis gar keine Freiheiten lässt, dessen Richtung klar vorgegeben ist und dessen Ergebnis dann noch mit Hilfe von einem kleinen Test abgefragt wird. Das ist doch stures Auswendiglernen wie damals in der Schule. Und dabei ist es doch inzwischen unbestritten, „dass aktives Lernen, bei dem neuen Wissen durch die Lernenden konstruiert wird, wirksamer ist als ausschließliches Aufnehmen von dargebotenem Wissen."[100] Alles in allem ist der Leittext wohl eher eine Entlastung für den Ausbilder, weil die Azubis allein arbeiten können, als dass er eine methodische Hilfe für die Auszubildenden darstellt, um das Lernen für ihn leichter zu machen.

Frank war etwas schockiert über diese Erkenntnis. Schließlich waren er und sein Ausbilderteam über Jahre der Überzeugung gewesen, nach den neuesten und modernsten Erkenntnissen auszubilden. Und jetzt das! Wenn zukünftige Facharbeiter zu selbstverantwortlichem Handeln und zur kritischen Reflexion fähig sein sollen, dann durfte also kein Ausbilder nur auf die Leittextmethode bauen.

Denn um diese Ziele zu erreichen, so war sich Frank sicher, benötigte es eher anderer Elemente. Der Lernende musste zum Beispiel als ein aktiv Handelnder und nicht als passiver Empfänger von Wirklichkeiten betrachtet werden. Er sollte sich einbringen können und zwar mit seiner gesamten Persönlichkeit, so dass er, wie es der berühmte Schweizer Pädagoge Johann Heinrich Pestalozzi schon gesagt hatte, mit Kopf, Herz und Hand lernen kann und nicht nur nach dem Verstand. Außerdem sollte sich die Ausbildung an den Erfahrungen und Interessen der

---

100 Dubs, Rolf, 1999, S. 59

Azubis orientieren. Die Motivation der Azubis könnte eher durch sinnvolle Aufgaben gefördert werden als durch das Abarbeiten von langen Texten.

Diese Forderungen waren zum Glück ja auch in ihrem Projekt „Neue Lernkultur" enthalten. Sie arbeiteten daran, kontinuierlich besser zu werden. Aber das war auch notwendig. Denn je mehr Frank nachdachte, desto eher zog es ihm nämlich den Boden unter den Füßen weg. Alles, was sie in der Lehrwerkstatt, aber auch in anderen Lehr- und Lernsituationen bisher so nach bestem Wissen und Gewissen getan hatten, erwies sich als nicht mehr brauchbar! Das musste er erstmal verarbeiten.

Frank war sich sicher, das da noch einige weitere Erkenntnisse nötig waren, um ihren Projektzielen insgesamt näher zu kommen. Und dieses Suchen nach neuen Wegen wird auch wohl nie abgeschlossen sein, denn Lernen, so war er sich sicher, ist ja schließlich ein nie endender Prozess. Das galt ja auch für ihn und seine Kollegen in der Ausbildung, aber auch für Simone und Martin. Sie hatten mit dem Projekt „Neue Lernkultur" etwas angestoßen, das vermutlich nie einen Schlusspunkt finden würde. Allein das Entwickeln und Umsetzen von wirksameren Methoden, die den bisher erarbeiteten Ansprüchen genügen, würde wohl nie endgültig und final erledigt sein – es wird immer wieder etwas Neues zu entdecken sein ...

Im Moment war er auf jeden Fall überrascht, irritiert und vielleicht sogar ein bisschen in seinem Berufsethos erschüttert – hatten er und seine Ausbilderkollegen doch bisher stark auf die falschen Methoden gebaut. Vielleicht sah er das Ganze im Moment ja auch ein bisschen zu schwarz, doch gerade jetzt fühlte er sich elend.

Er musste die Gedanken aufschreiben, um sie für sich klarer zu kriegen, nahm sich ein Blatt Papier vor und begann zu notieren:

- „Selbstständiges Lernen" ist nicht gleichzusetzen mit „Allein Lernen" (zum Beispiel anhand eines Textes).
- Eigenmotivation, Lust und Neugier gehören ebenso dazu.
- Das Abarbeiten mit vorgefertigten und durchstrukturierten Werkzeugen, sei es Leittexte, Lernprogramme für den Computer oder ähnliches ist programmiertes Lernen wie eine klassische Unterweisung auch, nur mit anderen Mitteln oder Medien.

- Es bedarf also Lehrmethoden, mit deren Hilfe die Lernenden zu aktiv Handelnden werden, die mit Kopf, Herz und Hand lernen und womöglich sogar ihre eigenen Erfahrungen mit einbringen können.

Er war sich sehr unschlüssig, wie er diese Gedanken alle beurteilen sollte. Hatten sie bis jetzt alles falsch gemacht? Waren sie womöglich alle miteinander schlechte Ausbilder? Er beruhigte sich damit, dass die Ergebnisse der Azubis ja so schlecht nicht waren. Also war ja auch die Arbeit der Ausbilder soweit in Ordnung. Dennoch war er durch seine eigenen Ideen verunsichert. Mit diesen gemischten Gefühlen im Bauch stand er auf, trat aus seinem Glaskasten und wendete sich in Richtung Ausgang der Lehrwerkstatt.

13 Der Weg des geringsten Widerstandes

Simone Kaufmann war gerade damit beschäftigt, die Bewerbungsunterlagen für das neue Ausbildungsjahr zu sortieren. Sie mochte diese Arbeit nicht so gerne, bedeutete es doch immer wieder erstens 'ne Menge Papierkram und zweitens musste sie ja auch einigen jungen Menschen absagen. Denn es war schon so, dass ihr Unternehmen bei den Schulabgängern durchaus beliebt war, und sie hatten das Glück, sich ihre Auszubildenden aussuchen zu können, weil sich immer mehr bewarben, als sie tatsächlich nehmen konnten. Dementsprechend ging es auch darum, die Besten aus dem Stapel herauszufiltern. Simone hatte da so ihre Systematik entwickelt, die aber auch bedeutete, die ganzen Bewerbungen zweimal durchzuschauen. Simone war sehr gewissenhaft, ja fast kleinlich genau und äußerst gründlich bei dieser wichtigen Arbeit. Dementsprechend langwierig war auch das gesamte Auswahlverfahren. Und genau das war auch der Grund, weshalb sie diese Aufgabe gerne vor sich herschob.

Als ihre Azubine Martina reinkam, die sie momentan in ihrer Abteilung hatte, war dies deshalb ein willkommener Anlass, diese schwierige Arbeit zu unterbrechen. Martina fragte Simone, ob diese ihr mit dem komplizierten Faxgerät helfen könne, da sie noch nichts damit gefaxt hatte und sich deshalb nicht auskannte. Simone stand fast erfreut auf, ging mit der Azubine zum Fax und erläuterte, wie der Apparat funktionierte.
Ich hatte zu Beginn auch so meine Schwierigkeiten, sagte sie lächelnd und mit verständnisvoller Stimme. Diese modernen Wunderkisten, die immer gleich alles können: Faxen, Kopieren, Scannen und Drucken, da weiß man gar nicht, wie man die bedienen soll!
Martina bedankte sich freundlich und schickte ihr Fax weg. Danach, so schloss Simone gleich noch eine Bitte an, sollte die Azubine doch bitte den Schulungsraum für die Veranstaltung in zwei Tagen vorrichten, da Herr Meister mit seinen Auszubildenden eine Sicherheitsunterweisung zum Thema Schutzschuhe plante.

Das Management der Tagungsräume lag zusätzlich zu der kaufmännischen Ausbildung in Simones Verantwortungsbereich. Erstens war ihr Büro räumlich nahe am Schulungszentrum gelegen und zweitens hatte Martin sie darum gebeten, das zu übernehmen. Er wusste genau, dass sie das sehr ordentlich und gewissenhaft erledigen würde und er sich darauf verlassen konnte, die Tagungsräume in einem perfekten Zustand vorzufinden. Im Gegenzug für diese zusätzliche Aufgabe bekam sie kontinuierlich eine Azubine und einen Praktikanten zur Unterstützung, was ihr sehr recht war. Sie bot Martina noch an, im Notfall gleich noch Ralf, den Praktikanten mitzunehmen, um den Auftrag zu erfüllen.

Dann ging Simone in ihr Büro zurück und nahm sich wieder der Bewerbungen an. Sie kam bis zur fünften Mappe, als Martina wieder in der Tür stand. Sie wüsste nicht, wie die Stühle in dem Raum anzuordnen wären, sagte sie, und ob ihr Simone das kurz zeigen könnte? Diesmal ging Simone nicht gleich mit, sondern machte Martina darauf aufmerksam, dass sie diese Information auch in der Mail finden würde, die Herr Meister mit der Reservierung des Raumes gesandt hatte und die dann im System abgespeichert wurde.

Als Martina wieder weg war, dachte Simone noch kurz nach: Hatte ich ihr das nicht schon direkt bei der Ankunft hier in der Abteilung erklärt? Und dann noch mal bei der Einführung in das Tagungsraum-Management? Martina war schon zweieinhalb Monate in der Abteilung. Eigentlich musste sie das doch wissen?

Bei der Gelegenheit wunderte sich Simone auch darüber, dass Martina noch nie gefaxt haben möchte in der langen Zeit. Aber na ja, so etwas gibt es halt.

Sie unterbrach ihre Gedanken und ging wieder an die Bewerbungen. Kaum waren zehn Minuten vergangen, klingelte das Telefon. Es war Ralf, der Praktikant. Er war mit Martina im Seminarraum und sie wussten nicht, was sie als Arbeitsmaterialien hinlegen sollten, da in der Mail von Herrn Meister nichts dazu aufgeführt war. Simone legte den Hörer auf, seufzte tief und machte sich auf den Weg zu den beiden, die völlig ratlos und in erwartungsfroher Haltung im Seminarraum standen.

Flipchart mit genügend Papier, zwei bespannte Pinnwände und ein Moderationskoffer sind Standardmaterial, war Simones klare Ansage. Das muss auf jeden Fall vorhanden sein. Außerdem der Overhead-Projektor und genügend Whiteboard-Marker, damit für alle Eventualitäten gesorgt ist.

Aber das Flipchart-Papier und die Pinnwände standen nach den letzten Workshops immer völlig unberührt da, meinte Martina etwas

schnippisch. Warum müssen wir das jedes Mal wieder richten, wenn es doch niemand benutzt?
    Das mag schon sein, erwiderte Simone leicht verschnupft. Aber es geht ja darum, alles parat zu haben, ob es nun jemand benutzt oder nicht. Ich weiß ja selbst, dass diese Dinge in unserem Haus nicht so oft gebraucht werden, aber was wäre wenn? Dann wäre es nicht da.
    Außerdem bitte ich euch noch, Namensschilder anzufertigen. Die Anwesenheitsliste hing an der Mail von Herrn Meister dran, oder?
    Ja, die hing dran, meinte Ralf. Aber ist das denn nötig, die Azubis kennen sich doch gut?

Simone hatte keine Lust mehr, weiter mit den beiden zu diskutieren und beschloss kurzerhand, die Namensschilder selbst auszudrucken. Klar kannten sich die Azubis, aber eben nicht alle, da Frank immer alle drei Lehrjahre zur Sicherheitsunterweisung zusammenfasste. Außerdem war ja da auch noch die Fachkraft für Arbeitssicherheit, die die Azubis zum Beispiel nicht kannte. Doch hauptsächlich ging es ihr um ihren eigenen Anspruch, dass die Seminarräume immer perfekt ausgestattet waren. Sie wollte, dass sich jeder Teilnehmer sofort wohl fühlte. Gerade nach der Erfahrung mit dem Workshop bei Herrn Lachkamb legte sie da besonders großen Wert drauf. Aber offensichtlich teilte niemand ihren Enthusiasmus – also musste sie es halt selbst tun.

Kaum war sie wieder in ihrem Büro angekommen, die fertigen Namensschilder hatte sie auf ihrem Schreibtisch liegen, stand Martina nochmals bei ihr in der Tür und wollte wissen, bei wem sie jetzt eigentlich die Kaffeepause für das Seminar bestellen sollte. Simone, die langsam die Geduld verlor, erläuterte ihr, dass für gewöhnlich die Cafeteria für das Catering zuständig sei, es aber in diesem Fall, da es sich lediglich um eine halbtägige Veranstaltung handelte, nicht nötig wäre, weil keine Kaffeepause gewünscht sei ...

Simone war davon überzeugt, dass Martina und Ralf all diese Fragen ganz locker selbst beantworten hätten können. Dennoch waren sie immer zu ihr gekommen und hatten gefragt. Woran lag das nur? Bin ich eine gefürchtete Vorgesetzte, mit der alles im Detail besprochen und abgestimmt sein muss, bevor man etwas tut? Trauen sich die beiden nicht, selbst etwas zu entscheiden, weil sie womöglich meine Strafe fürchten? Dabei ist doch all das dokumentiert, was sie mich gefragt

haben. All diese Dinge sind klar geregelt und aufgeschrieben. Sie müssten nur nachschauen! Und ich? Anstatt mich um meine Bewerbungen zu kümmern, drucke ich die Namensschilder für diese Schulung aus, die mich inzwischen schon mindestens eine Stunde beschäftigt hat!
Sie begann, sich über ihre Azubine und den Praktikanten zu ärgern. Doch dann kam ihr noch ein anderer Gedanke. Aus welchem Grund habe ich denn eigentlich die Namensschilder gedruckt? Das ist doch nicht Martinas Schuld. Da muss ich mich doch über mich selbst ärgern. So langsam dämmerte es ihr, dass sie sehr wohl einen Eigenanteil an der Situation hatte.
Die beiden kamen zu ihr und fragten irgend etwas, was sie eigentlich schon wissen müssten oder zumindest die Stelle kennen sollten, wo es dokumentiert ist. Und was passiert: Simone erklärt es ihnen nochmals oder noch besser, sie kümmert sich gleich selbst drum. Jetzt wurde Simone richtig ärgerlich, aber hauptsächlich über sich selbst. Denn als sie sich fragte, warum sie das tat, beziehungsweise was da wohl dahinter stand, kam sie nur auf drei Ideen – aber die hatten es in sich:

Erstens behielt sie die Kontrolle, wenn sie sich um die Dinge immer selbst kümmerte. Sie war sich bisher gar nicht bewusst, dass ihr Kontrolle so wichtig zu sein schien. Zweitens war das ja auch so eine Art Fürsorge, sie übernahm die Verantwortung für die Azubis, so als ob die keine Verantwortung für sich selbst übernehmen könnten. Und drittens war das von ihrer Seite bestimmt auch ein Suchen nach Zuneigung von den Auszubildenden: Wenn ich für die Azubis etwas mache, dann mögen sie mich eher.

Bei diesen Gedanken schnappte Simone erst mal nach Luft. Konnte es wirklich sein, dass sie sich dermaßen fürsorglich und behütend um ihre Azubis kümmerte??? Und wenn das tatsächlich so war, dann war es auch selbstverständlich, dass die Auszubildenden auf dieses Spiel eingingen. Das leuchtete ihr auch sofort ein. Für die jungen Leute war das freilich komfortabel: Sie fragen und bekommen sofort die Antwort, ohne sich selbst bemühen zu müssen. Sie tun so, also ob sie etwas nicht können und kriegen es direkt erläutert oder können es gemeinsam mit Simone erledigen. Was für die Azubis noch besser ist: Manches wird sogar einfach von Simone übernommen, so dass sie sich gar nicht mehr darum kümmern müssen.
Sie lehnte sich in ihrem Bürostuhl ganz weit nach hinten und sagte sich: Na klar, die gehen den Weg des geringsten Widerstandes! Und bei

genauer Betrachtung tue ich das doch eigentlich auch. Bevor ich den Azubis lange etwas erkläre, mache ich es lieber selbst. Bevor ich sie überfordere und womöglich hinterher „Scherben" aufräumen muss, erkläre ich es lieber hundertmal.

Für die Azubis ist dieses Verhalten nur oberflächlich betrachtet von Vorteil, fiel es ihr jetzt auf. Denn Lernen tun sie dadurch nicht wirklich etwas. Außer, dass es immer jemanden gibt, der für sie Dinge erledigt. Für die Auszubildenden ist es bequem, aber sie machen durch diese Verhalten keine Fortschritte. Sie entwickeln sich nicht weiter. Simone begann, innerlich abzuhaken:

- Sie übernehmen keine Verantwortung – wozu auch, wenn ich es für sie tue?
- Sie treffen keine Entscheidungen – wie auch, die sind schon längst getroffen!
- Sie arbeiten nicht selbstständig – klar, weil ich dauernd da bin und ihnen sage, wie etwas geht!
- Sie strengen sich nicht an, sie denken nicht nach und suchen nicht nach Problemlösungen – weil ich ihnen die Lösungen gebe, wenn sie mich fragen ...

Simone fiel es jetzt wie Schuppen von den Augen: Sie musste die Auszubildenden aktivieren, sie fordern und dadurch letztlich auch fördern, da diese von ihr schlicht verwöhnt waren. Das ist ein bisschen, dachte sie weiter, wie früher bei mir in der Schule. Alles war vorgedacht, alles war geplant und strukturiert, bei Unklarheiten konnte man jederzeit den Lehrer fragen, der einem Antwort gab. Jetzt war ihr auch klar, wo sie dieses Verhaltensmuster gelernt hatte, das sie hier an den Tag legte. Aber Lernen wurde dadurch nur viel schwieriger.

Freilich wäre es für Simone einfach gewesen zu sagen, dass Martina und Ralf schlicht keine guten Mitarbeiter waren. Aber so einfach wollte sie sich das nicht machen. Denn nur weil sie als Ausbilderin den jungen Leuten die Möglichkeit dazu gab, konnten diese wiederum den „Weg des geringsten Widerstandes" überhaupt wählen. Und das war ja schließlich auch normal. Das würde vermutlich jeder Mensch so machen, wenn er die Gelegenheit dazu hätte, dachte sie weiter. Und schließlich hatte sie selbst auch danach gehandelt. Die beiden hatten Simone konsequent davon abgehalten, ihre eigentlich wichtige und eben nicht so beliebte Arbeit zu erledigen! Dementsprechend war es ja auch für sie der bequemere Weg, sich ablenken zu lassen, anstatt die ungeliebte Aufgabe zu erfüllen.

Jetzt musste sie ein bisschen lächeln. Irgendwie eine witzige Situation, grübelte sie. Vordergründig erscheint das für beide ideal. Simone muss sich nicht um die Bewerbungen kümmern, Martina und Ralf bekommen alles vorgesetzt und müssen sich nicht selbst um die Dinge bemühen. Also eigentlich doch alles im Lot ...

Aber weit gefehlt, kam auch gleich Simones schlechtes Gewissen wieder um die Ecke. Denn weder sind die Bewerbungen abgearbeitet, noch haben die beiden jungen Leute auch nur eine Entscheidung getroffen, sich auch nur eine Info selbstständig eingeholt, geschweige denn irgendetwas Neues gelernt!

Simone begann, Parallelen nicht nur zu ihrer Schulzeit zu ziehen, sondern gedanklich auch in andere Lehr- und Lernsituationen zu wandern. Denn letztlich war es da genauso. Verwöhnte Teilnehmer in Seminaren warten ja auch darauf, dass sie vom Dozenten gesagt bekommen, wie genau etwas funktioniert. Sie wollen keine Verantwortung übernehmen, sondern sich berieseln lassen. Und, wenn man genauer hinschaut, dann ist doch eigentlich Passivität in unserer Bildungslandschaft eher die Regel, Aktivität die Ausnahme. Als Teilnehmer haben wir alle uns daran gewöhnt, in einem Seminar- oder Klassenraum zu sitzen und uns von einem Dozenten oder Lehrer die Wahrheit verkünden zu lassen. Und das ist ja auch eine bequeme Haltung. „Mit den Jahren hat man sich als Lernender in dieser Rolle eingerichtet, es sich darin vielleicht sogar gemütlich gemacht."[101] Warum sollte man etwas ändern? Ob das allerdings für den Lernerfolg und die Behaltensleistung Erfolg versprechend war?

Nach allem, was sie auch bezüglich Lehren und Lernen bereits erarbeitet hatten, war Simone klar, dass das so nicht weitergehen konnte. Sie musste da etwas verändern. Sie war durch den Workshop bei Herrn Lachkamb so inspiriert gewesen, was ihre Rolle als Lernbegleiter anging. Und dann legte sie heute dieses kurzsichtige Verhalten an den Tag!

Diese Gedanken bekräftigten sie darin, dass sie ihre Azubis, wie auch die Teilnehmenden in den Firmenseminaren, ja eigentlich alle Lernenden

---

101 Weidenmann, Bernd, 2006, S. 22

unbedingt aktivieren mussten. Das ist es: selbst etwas tun, von sich aus lernen, selbstorganisiert an Themen rangehen – das ist ein Weg, der mehr Erfolg verspricht. Das würde für viele bedeuten, ihre verführerische Illusion aufzugeben, beim Konsumieren eines Vortrages oder beim Lesen eines Textes habe man alles verstanden und brauche es jetzt nur noch anzuwenden. Nein, ab jetzt wird es anders sein, nahm sie sich vor. Ab jetzt ist man als Lernender bei ihr „selbst an der Reihe, soll etwas beitragen, Stellung beziehen, Neues erproben, sich mit anderen zusammenraufen, Ergebnisse präsentieren, Feedback annehmen und Feedback geben, im Wettbewerb stehen und Probleme lösen."[102]

Simone war wie beflügelt durch ihre Gedanken.

Klar, Entscheidungen treffen, Verantwortung übernehmen und ja auch Lernen scheinen in diesem Sinne anstrengend zu sein, dachte sie sich. Es ist nicht unbedingt der leichteste Weg und es ist vielleicht auch manchmal ein Weg mit Widerständen. Für alle Beteiligten. Und ich weiß auch, dass meine Azubine und der Praktikant sich wundern werden, wenn ich mich plötzlich völlig anders verhalte. Aber darauf lasse ich es ankommen.

Vielleicht ist es ja aber auch ganz anders. Es könnte doch auch sein, dass Lernende sich einbringen wollen! Vielleicht haben sie nur darauf gewartet, endlich aus dieser Zuhörer- und Konsumentenrolle heraus zu dürfen! Sie werden ihre Lethargie verlassen wollen und mit Spaß, Elan und hoher Motivation dabei sein. Wenn Lernende hinter ihrem Lernen einen Sinn für sich entdecken, dachte Simone weiter, dann gibt es diese Suche nach dem Weg des geringsten Widerstandes nicht mehr. Dann sind sie bereit, sich von sich aus einzubringen. Dann kann ich auch mal außergewöhnliche Dinge einfordern, freilich immer mit dem Gedanken dabei, die Azubis auch zu fördern, dachte Simone.

Sie war jetzt zwar wieder guter Dinge. Allerdings hatte sich eine Unsicherheit noch nicht gewandelt. Die Frage war ja immer noch, wie sie ihre neuen guten Ideen und Vorsätze tatsächlich in die Tat umsetzen sollte. Wie würde sie es schaffen, die Auszubildenden zu aktivieren? Es konnte ja nicht die Lösung sein, einfach keine Antworten mehr zu geben. Das wäre auch nicht fair. Ihr dämmerte, dass sie dringend neue Metho-

---

102 a.a.O., S. 22, 23

den brauchten, um den Umgang mit einzelnen Azubis aber auch mit größeren Lerngruppen aktivierend zu gestalten. Denn damit fühlte sie sich zunächst einmal schlicht überfordert.

Simone nahm einen kleinen Notizzettel, um sich ihre Gedanken zu notieren. Sie hielt sie für sehr entscheidend und wollte sie für das Projekttagebuch „Neue Lernkultur" verwenden.

Lernende müssen aktiviert werden

- Es ist einfacher, jemanden nach einer Antwort für ein Problem zu fragen, als selbst eine Lösung zu suchen.
- Lehrende, die sehr fürsorglich sind, verhindern eventuell unbeabsichtigt selbstständige Lernerfolge ihrer Lernenden.
- Alle Menschen gehen den „Weg des geringsten Widerstandes", wenn sie die Möglichkeit dazu bekommen.
- Lernende, die nur konsumieren, fallen in eine Lethargie, die in unserer Bildungslandschaft leider weit verbreitet ist.
- Nur durch Aktivierung der Teilnehmer, ist lebendiges, erfolgreiches und selbstorganisiertes Lernen möglich.
- Fördern von Lernenden funktioniert, in dem man sie auch fordert und nicht nur verwöhnt.

Simone war zufrieden mit ihren Notizen und Erkenntnissen und lehnte sich erst mal bequem zurück. Doch schnell stand sie wieder auf und begab sich auf den Weg Richtung Cafeteria – die Bewerbungen konnten warten, sie hatte jetzt für sie Wichtigeres zu tun ...

14 Wer fragt, der führt

Frank Meister und Simone Kaufmann trafen sich, ohne sich vorher verabredet zu haben, auf dem Flur ganz in der Nähe der Cafeteria. Sie hatten sich beide sehr zielstrebig aufeinander zu bewegt. Und insgeheim hatten sie auch beide das gleiche Ziel. Sie wollten sich untereinander austauschen und ihre Gedanken, die sie eben in ihren jeweiligen Einzelklausuren entwickelt hatten, mit dem anderen besprechen.

Beide hatten sie ihre Notizzettel mitgebracht und waren sich bei einer großen Tasse Kaffee relativ schnell einig, dass sie ohne Umschweife zu Martin gehen sollten, um mit ihm über Qualifizierungsmaßnahmen zu sprechen. Denn der Grundtenor war bei beiden gleich. Sie wussten, dass sie ihren Werkzeugkasten für den Umgang mit Lernenden schnell erweitern mussten. Ihr bisheriges Repertoire an Methoden reichte ganz offensichtlich nicht mehr aus. Es würde ja schließlich keinen Sinn machen, dauernd von Selbstorganisation und selbstständigem Lernen zu parlieren, ohne aber das entsprechende Handwerkszeug an der Hand zu haben! Sie wollten gerne ihr Methodenrepertoire erweitern und sahen das Unternehmen in der Pflicht, für die Ausbilder und alle internen Trainer auf dem Gebiet Methodentraining etwas zu tun. Das hatte ja schließlich auch Vorteile für das Unternehmen.

Erfolgreichere Wissensvermittlung innerhalb der Firma und motiviertere Lernende waren hier nur zwei Argumente. Gerade in der Ausbildung ging es ja auch darum, die Zukunftsfähigkeit des Unternehmens zu sichern, in dem kompetente Nachwuchskräfte ausgebildet wurden. Aber auch in den internen Trainings, zum Beispiel in den ganzen Software-Schulungen, wäre es ja auch nur von Vorteil, wenn die Seminare gut geplant und erfolgreich verlaufen würden, die Teilnehmenden mit Spaß und hohem Lernerfolg dabei wären. Das würde viel Aufwand und Geld sparen aber vor allem auch die Nerven der Teilnehmer und der Trainer schonen.

Gerüstet mit diesen Argumenten machten Sie sich auf den Weg in Martins Büro, um ihre Einschätzung mitzuteilen, dass ihnen Weiterbildung in pädagogisch-didaktischer Hinsicht dringend nötig erschien. Zu ihrer Überraschung mussten sie Martin mit ihren gesammelten Gründen gar nicht mehr überzeugen.

Ganz im Gegenteil, sagte Martin. Ich bin ja sehr froh, dass diese Idee von euch kommt. Ich habe auch schon drüber nachgedacht, wie wir wohl unsere Erkenntnisse aus unseren Jours fixes hier im Unternehmen auch verbreiten können. Denn es nützt ja niemandem etwas, wenn wir in unserem stillen Kämmerlein ein tolles Projekt ausarbeiten. Euer Ansatz erscheint mir hier als äußerst Erfolg versprechend, mit unserem Thema in die Breite zu gehen.

Und gerade im Hinblick auf die Anforderung von Herrn Finster, in drei Monaten hier ein außergewöhnliches PE-Treffen zu dem Thema zu veranstalten, ergänzte er noch seufzend, sind wir gezwungen, das hier im Haus jetzt auch selbst irgendwie umzusetzen.

Vielleicht, meinte Frank nachdenklich, sollten wir ja das eine mit dem anderen ergänzen? Wir könnten das PE-Treffen dazu benutzen, um die Kreativität aller Kollegen aus der ganzen Gruppe zu Rate zu ziehen, mit welchen Methoden wir zukünftig intern Seminare und Schulungen durchführen sollten. Das bedeutet, wir sollten ihnen gar nicht sagen, sie müssen es so oder so tun, sondern genau das mit ihnen gemeinsam erarbeiten. Das wäre doch auch eher im Sinne der Selbstorganisation!

Die Idee ist nicht schlecht, ergänzte Simone, aber genau da ist der Haken! Wie kann man so etwas machen? Wie sollen wir alle Kollegen aus der ganzen Gruppe dazu bringen, an einem Thema zu arbeiten? Oder um die Frage anders zu formulieren: Traut ihr euch zu, einen so großen Teilnehmerkreis in einem Workshop zu moderieren bzw. einen solchen Workshop zu planen? Ich jedenfalls nicht. Dazu fehlt mir das Handwerkszeug. Ich finde, wir sollten uns zunächst den Rat von jemanden einholen, der in so etwas Erfahrung hat.

Sie erinnerte die Kollegen noch mal kurz daran, wie Gerhard Lachkamb den halbtägigen Workshop moderiert hatte, der so interaktiv gestaltet war, dass jeder sich einbringen musste, auch wenn er das zunächst einmal vielleicht gar nicht wollte. Schließlich war es aber dann so, dass sich alle Beteiligten gerne einbrachten. Irgendwie hatte es der Moderator geschafft, eine lockere, angenehme und doch anregende Atmosphäre zu schaffen, in der fast spielerisch gelernt und gearbeitet wurde. Wenn sie das hinbrächten bei ihrem PE-Treffen, das wäre doch hervorragend und würde bestimmt auch Herrn Finster zufrieden stellen.

Nun, ich bin mir nicht sicher, murmelte Martin, ob Herr Finster je zufrieden sein wird. Aber ich stimme dir zu, wir sollten Herrn Lachkamb einladen und ihn zu Rate ziehen.

Gesagt, getan. Simone versprach, ihn sofort anzurufen und ihn schnellstmöglich zu einem ersten Gespräch einzuladen.

Gerhard Lachkamb erklärte sich bereit, schon am nächsten Tag zu einem ersten zweistündigen Treffen in das Unternehmen zu kommen, um einige ganz grundlegende Fragen zu den Anforderungen besprechen.

Frank und Simone kamen auch gleich zur Sache, indem sie Lachkamb schilderten, was sie sich am Vortag so alles gedacht hatten. Ihre größte Befürchtung bestünde darin, dass sie zwar theoretisch wüssten, wie sie mit Lernenden umgehen sollten, es aber praktisch nicht bewerkstelligen könnten, weil ihnen die methodischen Fähigkeiten fehlten ...

Sowohl Martins Einschätzung, dass die Leittextmethode eigentlich nichts anderes wäre als programmiertes Lernen, als auch Simones Sicht der Dinge, dass sie mit ihrem Verhalten die Azubine und den Praktikanten verwöhnen würde, wurden von Lachkamb geteilt.

Also, fragte Simone jetzt ungeduldig und deshalb ganz direkt:

- Wie können wir dafür sorgen, dass sich die jungen Leute mehr einbringen?
- Was können wir tun, dass sie eben nicht nur da sitzen und warten, bis wir ihnen erklären, was wie zu tun ist?
- Und wie kriegen wir es hin, dass die Azubis von sich aus selbst anfangen, nachzudenken und womöglich Lösungen für ihre Fragen und Probleme suchen?

Lachkamb lächelte und meinte nur: Genau so! Das ist die einfachste, schnellste und vielleicht effektivste Art, Lernende einzubeziehen!

Simone, Martin und Frank sahen sich ratlos an. Plötzlich dämmerte es Martin. Ach so, Sie meinen, wir sollen nur die richtigen Fragen stellen?

Sokratische Dialoge

Genau, erwiderte Lachkamb. Es gibt ja den schönen Spruch: Wer fragt, der führt. Genau in diese Richtung könnten auch Ihre Gespräche mit den Lernenden gehen. Wenn Sie nur die richtigen Fragen stellen, werden Sie Ihre Lernenden gedanklich dahin führen können, wo sie die Lösungen für ihre Probleme finden. „Denn die Fragen sollen Ihrem Gegenüber eine neue Blickrichtung auf die Situation ermöglichen und sie oder ihn dadurch einer denkbaren Lösung näher bringen."[103]

Das funktioniert freilich nur unter der Voraussetzung, dass wir dem Grundsatz Glauben schenken, dass alle Menschen die Lösung all ihrer Probleme bereits in sich haben. Diesem Grundgedanken aus der Humanistischen Psychologie folgend gilt es also, diese Problemlösungen aus den Lernenden herauszuholen. So etwas setzt freilich ein gewisses Vertrauen in die Fähigkeiten der Lernenden voraus, das ist klar, ergänzte er.

Das heißt für uns als Lernbegleiter also: „Nicht alles selbst lösen wollen, sondern an das Potenzial im Gegenüber glauben und diesem im Rahmen einer angemessenen Grundhaltung und durch geeignete Techniken – hier Fragetechnik – ermöglichen, sich selbst ein Stück weiter zu entwickeln."[104] Man nennt diese Art des gezielten Einsatzes von Fragen auch gerne Sokratische Dialoge. „Sokrates selbst soll sich als Maieutiker, das heißt Geburtshelfer (Maieutik = Hebammenkunst) bezeichnet haben. Damit wollte er zum Ausdruck bringen, dass er Erkenntnisse beim Gegenüber nur durch die Kraft der richtigen Fragen hervorbringen könne."[105] Es geht also darum, wie eine Hebamme die Geburt zu unterstützen, hier die Geburt eines Gedankens, eines Lernprozesses oder einer Problemlösung.

Aha, meinte Simone jetzt. Sie hatten bei unserem Workshop auch von Hilfe zur Selbsthilfe gesprochen. Das ist dann wohl genau das, oder?

---

103 Patrzek, Andreas, 2003, S. 2
104 ebd.
105 a.a.O., S. 31

Fragen stellen ist Kernkompetenz

Ja richtig, freute sich Lachkamb. Mit den richtigen Fragen helfen Sie dem Lernenden, Erkenntnis zu generieren bzw. neu zu konstruieren. Insofern sollte das Stellen von guten Fragen eine Kernkompetenz jedes Lehrenden sein. Nur leider wird oft gedacht, ein Lehrender sei dann gut, wenn er einfach nur Vorträge macht und sein Wissen wie mit einer Gießkanne über den Lernenden ausschüttet.

Nein, nein, da sind wir schon viel weiter, meinte Frank fast schon beleidigt. Verstehe ich Sie also richtig: „Intelligenz offenbart sich nicht so sehr in den richtigen Antworten als vielmehr in der Fähigkeit, die richtigen Fragen zu stellen"[106]?

Na ja, ich würde nicht gleich von Intelligenz sprechen, erwiderte Herr Lachkamb lachend, aber grundsätzlich haben Sie schon recht. Und das ist dann auch ein erster Schritt, den Sie gehen können: Die Lernenden zum Nachdenken anzuregen, indem Sie ihnen Fragen stellen.

O.k., dann lasst uns halt mal ein paar Fragen an die Azubis stellen, meinte Frank gut gelaunt. Ich habe doch morgen diese Sicherheitsschulung mit den Auszubildenden zum Thema Schutzschuhe ...
   Stimmt, meinte Simone zustimmend, der Raum ist übrigens gerichtet, Namensschilder sind ausgedruckt und auch sonst ist alles vorbereitet.
   Ja, vielen Dank, aber wozu Namensschilder? Frank grinste, er hatte von der Diskussion mit Martina und dem Praktikanten gehört. Aber zurück zur Sache: Wie kann ich jetzt mit Fragen die Azubis dazu bringen, dass sie die Schutzschuhe anziehen?
   Ganz so einfach ist das ja wahrscheinlich nicht, mischte sich Martin ein. Nur durch Fragen werden sie nicht gleich ihr Verhalten ändern. Aber wenn wir die Azubis in Sachen Sicherheit zum Nachdenken anregen, dann haben wir schon viel gewonnen!

---

106 Meier, Dave, 2004, S. 176

Genau, schloss sich Lachkamb an. Und wenn sie anfangen, nachzudenken, dann ist der Schritt zur Verhaltensänderung letztlich auch nicht mehr weit. Denn eine Verhaltensänderung ist ja der von außen sichtbare Effekt eines Lernprozesses. Die Azubis denken nach, konstruieren neues Wissen, lernen also etwas und werden dann zwangsläufig ihr Verhalten ändern. Aber lassen Sie uns zunächst mal Schritt für Schritt vorgehen. Wie muss ich mir denn eine solche Schulung vorstellen? Wie läuft so was denn bisher ab?

Na ja, meinte Frank kleinlaut. Ich begrüße die Azubis, stellen ihnen die jeweilige Betriebsanweisung mit einer Overhead-Folie vor, lese die dahinter stehenden Arbeitsschutzrichtlinien vor und zeige ihnen noch die zur Verfügung stehenden Modelle der Schutzschuhe. Dann unterschreiben sie, dass sie da waren und können wieder gehen.

Das klingt ja sehr spannend, gab Simone den kleinen freundschaftlichen Seitenhieb mit den Namensschildern wieder zurück.

Lachkamb: Lassen Sie uns also überlegen, wie wir diese Schulung zum Beispiel mit Fragen aufpeppen können, damit die jungen Leute Spaß dabei haben, aktiviert werden und gleichzeitig auch noch etwas lernen. Denn nach dem bisherigen Ablauf lernen sie bestenfalls, dass das Thema ziemlich langweilig ist. Was genau sollen die jungen Leute denn nach der Schulung wissen?

Na, dass es eben gefährlich ist, ohne diese Schuhe in der Werkstatt unterwegs zu sein. Was alles passieren kann, wenn sie sie nicht anhaben und dass der Gesetzgeber eben von ihnen verlangt, sie anzuziehen, weil sie sonst nicht versichert sind und natürlich welche Möglichkeiten sie hier haben, Schuhe zu bekommen und welche Modelle sie sich aussuchen können.

Thematische Leitfragen für den Workshop

Aha, dachte Lachkamb kurz nach. Wie wäre es, wenn Sie die Jungs nach der Begrüßung in drei Gruppen aufteilen? Die Gruppe eins geht, ausgerüstet mit Papier und Stiften, raus in die Fabrik und interviewt andere Arbeitskollegen mit zwei ganz konkreten Fragen: Welche Unfälle sind in unserem Unternehmen schon passiert, weil Mitarbeiter die Schutzschuhe nicht anhatten? Und: Was kann ohne Schutzschuhe alles passieren?

Die Gruppe 2 bekommt berufsgenossenschaftliche Handbücher und CDs in die Hand, setzt sich an den Computer in ihrer Glashütte und bearbeitet die Fragestellung: Welche Richtlinien und Gesetze gibt es zu dem Thema Schutzschuhe am Arbeitsplatz?

Und Gruppe 3 marschiert zur Fachkraft für Arbeitssicherheit mit der Frage: Woher bekommen wir unsere Schuhe, welche haben wir zur Auswahl und worauf muss man achten bei der Auswahl?

Die Ergebnisse werden dann nach etwa einer halben Stunde zusammengetragen, auf Flipchart-Papier oder Pinnwänden notiert, von den Gruppen kurz präsentiert und anschließend zum Beispiel mit einem Fotoprotokoll dokumentiert. Sie haben damit dann erreicht, dass sich die Auszubildenden mindestens eine Stunde mit dem Thema befasst haben, unterschiedliche Fragestellungen selbst erarbeitet haben, in Aktion waren und nicht nur zuhören mussten und sowohl eine kurze Präsentation als auch eine Dokumentation erstellt haben. Was wollen sie mehr?

Frank hatte gleich mitgeschrieben. Ihm gefiel der Gedanke sehr gut, war es doch mal eine ganz andere Herangehensweise. Schließlich waren seine Schulungen zu dem Thema Sicherheit nicht gerade beliebt bei den jungen Leuten, was letztlich zur Folge hatte, dass er sie auch nicht gerne durchführte. Wenn aber die Auszubildenden unterwegs und in Aktion waren, so war er sich sicher, müsste ihre Motivation gleich viel höher sein. Und für ihn hieße das letztlich, seine alten Folien nicht mehr benutzen zu müssen, sondern den Jugendlichen mit Rat und Tat zur Seite stehen zu können und für die Richtigkeit der zusammengetragenen Ergebnisse zu sorgen.

Das werde ich morgen gleich ausprobieren, das ist eine sehr gute Idee. Vielen Dank dafür, meinte er zu Lachkamb. Wollen Sie auch dabei sein?

Ja gerne, aber ... antwortete dieser und wurde gleich von der nächsten Frage unterbrochen.

Wissen Sie denn, wo die Schulung stattfindet?

Nein, ich ...

Soll ich sie dann am Werkstor abholen?

Nein, ich ...

Werden Sie dann zu Mittag bleiben?

Nein, ich ...

Könnten Sie um 9 Uhr da sein?

Nein, ich ...

Wann werden Sie denn ankommen?

Ich werde gar nicht ankommen, war Lachkamb froh, endlich zu Wort zu kommen, weil ich aus zeitlichen Gründen gar nicht teilnehmen kann!

Sehr interessant ist jetzt aber gewesen, wie Sie mich eben ausgefragt haben. Vielen Dank dafür. Ich möchte Sie nämlich alle noch ganz gerne darauf aufmerksam machen, dass Fragen nicht gleich Fragen bedeutet und dass es einen großen Unterschied macht, wie Sie fragen. So wie mich eben Herr Meister ausgefragt hat, ähnelte das eher einem Verhör als einem Gespräch. Außerdem kommt hinzu, dass sich seine Art, mich zu befragen, im Nachhinein als wenig aussagekräftig herausgestellt hat. Ich hatte gar keine Gelegenheit, ihm schon zu Anfang zu erklären, dass ich leider aus terminlichen Gründen gar nicht teilnehmen kann.

Aber lassen Sie uns der Reihe nach vorgehen. Wir können verschiedene Fragetechniken unterscheiden, die in unterschiedlichen Kontexten alle ihren Sinn haben. Im richtigen Moment die richtigen Fragen richtig zu stellen befördert das Lernen bzw. die Konstruktion von Wissen.

Geschlossene Fragen

Herr Meister hatte mich eben durchweg mit geschlossenen Fragen eingedeckt. Wie wir gesehen haben, war diese Frageform in dieser Szene wenig hilfreich. Welche Form wir benutzen sollten, hängt immer von der Situation ab, in der sie gestellt wird bzw. von dem Ergebnis, das wir erreichen wollen. Geschlossene Fragen zeichnen sich dadurch aus, das sie prinzipiell feste Antworten wie ja oder nein vorgeben, zum Beispiel:

- Geht es ihnen gut?
- Gefällt Ihnen Ihr neuer Wagen?
- War das Seminar spannend?
- Werden Sie wieder nach Spanien in Urlaub fahren?
- Freuen Sie sich auch schon auf die Fußball-EM?

Also gibt diese Fragetechnik dem Antwortenden eigentlich die möglichen Antworten bereits vor, was eine präzise, knappe und umgrenzte Antwort mit sich bringt. Der Fragende hat einen hohen Gesprächsanteil, er kann schnell die nächste Frage stellen, er hat die Fäden in der Hand. Das klingt zunächst einmal alles sehr positiv. Allerdings müssen wir auch sehen, das er nicht wirklich etwas Neues und Spannendes erfährt, weil er ja schließlich Fragen stellt, deren Antwort im Prinzip ja schon in dem Kopf des Fragenden waren. Das heißt, dass geschlossene Fragen letztlich nur ja oder nein, rot oder gelb, gestern oder morgen etc. abfragen und dementsprechend keinen wirklichen Erkenntnisgewinn mit sich bringen, da die Antworten bereits in der Frage „mitgedacht" waren. „Bei geschlossenen Fragen haben wir also immer ein bestimmtes Bild, Szenario im Kopf, das wir auf Bestätigung hin abfragen."[107]

Das bedeutet dann logischerweise auch, fuhr Lachkamb fort, dass wir Lernende mit geschlossenen Fragen kaum dazu bringen können, etwas Neues zu konstruieren, eine Lösung für ein Problem zu entwickeln oder ähnliches. Mit diesen Fragen können wir wie mit einer Art Checkliste Dinge abfragen, die nur ein Entweder/oder zulassen. So könnte Herr Meister zum Beispiel in der Abschlussrunde seines Seminars über Sicher-

---

[107] Patrzek, Andreas, 2003, S. 94

heitsschuhe die anwesenden Azubis in einer Art Lernkontrolle folgende Fragen stellen:

- Habt ihr die Gefährlichkeit erkannt, ohne die Schuhe im Werk unterwegs zu sein?
- Kennt ihr jetzt die Gefahren, die ohne die Schuhe lauern bzw. den Schutz, den ihr habt, wenn ihr sie anzieht?
- Wisst ihr, wo ihr eure Schuhe abholen könnt?
- Kann ich mich darauf verlassen, dass ihr sie in Zukunft auch anziehen werdet?

Allerdings, so gab Frank jetzt zu bedenken, erhalte ich dann auch nur ein Ja oder ein Nein, ohne letztlich tatsächlich zu wissen, ob die Azubis es wirklich verstanden haben. Dazu müsste ich dann zum Beispiel eher fragen: Wie gefährlich ist es denn nun, ohne Schuhe unterwegs zu sein?

Offene Fragen

Ja genau, sagte Lachkamb. Damit kommen wir zu einer anderen Fragetechnik, nämlich der der offenen Fragen. Die heißen so, weil sie im Gegensatz zu den bisher genannten die Antworten eben nicht mehr oder weniger vorgeben, sondern weil sie tatsächlich ergebnisoffen sind. Das bedeutet, dass der Fragende eben nicht weiß oder abschätzen kann, was denn die Antwort sein wird. Dadurch sind diese Fragen letztlich auch der Weg, wirklich neue Informationen zu erhalten. Wir fragen einen Gegenüber und wissen nicht, was er antworten wird, weil wir ihn nach seiner Meinung, nach seinen Gedanken und Ideen befragen. Und da wir ihm nicht in den Kopf gucken können, kommen da eben manchmal auch unvorhergesehene Dinge als Antwort. Diese offenen Fragen erkennt man ganz klassisch an den so genannten W-Fragewörtern. Lachkamb stand auf, ging zur Pinnwand, nahm sich Moderationskärtchen und schaute die drei ganz erwartungsvoll an ...

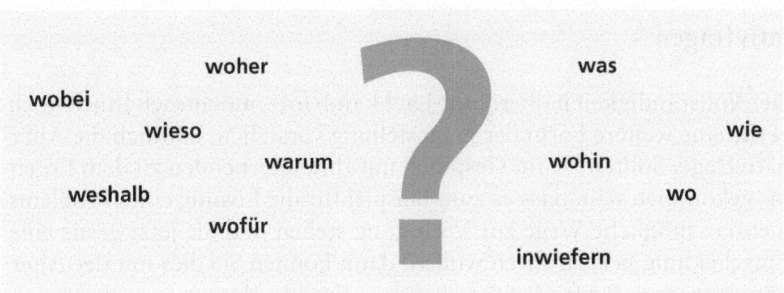

Nach drei Minuten unterbrach Lachkamb die Sammlung: Genug, genug, das reicht schon. Genau, vielen Dank. Wenn Sie diese Worte alle regelmäßig zur Formulierung von Fragen einsetzen, dann werden Sie Ihre Lernenden auch gewiss zum Nachdenken bringen. Denn diese offenen Fragen lassen dem Befragten großen Freiraum in den Antworten. Sie erfahren, was der andere wirklich denkt und nicht das, was Sie ihm vorgegeben haben. Sie lernen vielleicht sogar ganz neue Sichtweisen kennen. Allerdings muss Ihnen auch klar sein, dass der Befragte bei dieser Art der Fragestellung einen höheren Gesprächsanteil hat und dass Sie die direkte Führung des Gesprächs für den Moment der Beantwortung der Frage aus der Hand geben. Es kann auch sein, dass der Befragte einen riesigen Redeschwall von sich gibt. Andererseits drücken Sie ihm gegenüber auch Wertschätzung aus, da er gleichberechtigt am Gespräch teilnehmen kann und Sie ihn nicht einfach nur ausfragen.

Was für uns und unsere Grundfrage der Beteiligung bzw. Aktivierung der Lernenden von größter Bedeutung ist, das ist auf jeden Fall die Tatsache, dass sich die Befragten bei der offenen Frage Gedanken machen müssen, dass sie mehr oder weniger gezwungen sind, eine Antwort zu finden, dass sie selbst Lösungen suchen und zum Nachdenken angeregt werden. Auf diese Weise entsteht Lernen!

Und was den unerwarteten Verlauf eines Gesprächs angeht: Wenn Sie eine Frage gestellt haben und der Befragte sich in seiner Antwort irgendwie verliert, dann können Sie ihn mit einer zweiten Frage wieder zu dem Ausgangsthema zurückholen. Dadurch übernehmen Sie wieder die Gesprächsführung und führen letztlich die Regie in dem Seminar oder dem Lehrgespräch.

Alternativfragen

Der Vollständigkeit halber, fuhr Lachkamb fort, möchte ich Ihnen noch gerne eine weitere Form der Fragestellung vorstellen, nämlich die Alternativfrage. Sollten Sie im Gespräch mit Ihren Lernenden zu dem Ergebnis gekommen sein, dass es zum Beispiel für die Lösung eines Problems mehrere mögliche Wege zur Verfügung stehen und Sie jetzt gerne eine Entscheidung herbeiführen wollen, dann können Sie dies mit der Alternativfrage tun. Sie fordert letztlich eine Entscheidung ein, in dem sie in der Frage bereits die Alternativen mitformulieren, insofern sind Alternativfragen Varianten von geschlossenen Fragen:

- Fahrt ihr dieses Jahr nach Spanien in Urlaub oder nach Italien?
- Gehen wir zu Mittag in die Kantine oder in die Stadt?
- Machen wir das jetzt nach der Lösung 1 oder gehen wir nach Lösung 2 vor?

Diese Alternativfragen bieten sich vor allem an, wenn das Ende eines Gesprächs erreicht ist und man nochmals die Standpunkte wiederholen und zu einer Entscheidung kommen möchte.

Rhetorische Fragen

Gibt es nicht auch noch rhetorische Fragen? Das wollte jetzt Martin genauer wissen. Das sind doch eigentlich Aussagen, die in Form einer Frage gestellt werden und die man dann sofort selbst beantwortet. Deshalb stellen sie im eigentlichen Sinne auch gar keine Fragen dar, oder?

Ja genau, stimmte Lachkamb zu. Das sind Fragen, die hauptsächlich als Stilmittel in zum Beispiel Reden eingesetzt werden, um eine gewisse Spannung zu erzeugen und um die Zuhörer, so weit es eben geht, mit einzubeziehen. Als Beispiel könnten wir uns fragen: Sollen wir nun unsere Lehrveranstaltungen weiterhin so durchführen wie bisher oder stellen wir sie um gemäß unserer Erkenntnissen aus dem Projekt „Neue Lernkultur"? Natürlich stellen wir sie um ...

Suggestive Fragen

Ich habe auch schon von suggestiven Fragen gehört, ergänzte jetzt Simone. Mit dieser Art der Frage erzwingt man doch bei dem Gefragten eine bestimmte Antwort, die man gerne hören möchte. So könnte ich zum Beispiel meine Azubine fragen, wenn sie mich das nächste Mal ausfragt: Du willst mir doch jetzt nicht etwa allen Ernstes sagen, dass du noch nicht weißt, wie das Faxgerät funktioniert? Oder so etwas wie: Du bist doch bestimmt auch meiner Meinung, dass diese Frage auch von dir selbst beantwortet werden kann?

Na ja, ergänzte Frank Simones Aussage. Die Frageform an sich mag ja richtig sein, aber sie klingt schon sehr manipulierend bis bloßstellend. Diese Fragen bewirken beim Gegenüber bestimmt nur noch ein verständnisloses Ja-Sagen. Ich denke, wir sollten bei den offenen oder geschlossenen Fragen und den Alternativfragen bleiben. Das sind ehrlich gemeinte und richtige Fragen und weniger Stilmittel oder gar manipulierende Fragen, mit denen man den Gegenüber als ungebildet erscheinen lässt.

Sie sehen, ergänzte jetzt Gerhard Lachkamb das Gesagte, wir haben eine Menge Möglichkeiten, um mit unterschiedlichen Fragen auch Unterschiedliches zu bewirken. Um aber die Lernenden zu aktivieren ist die offene Frage ein äußerst geeignetes Mittel, da sie diese zum Nachdenken anregt, die Meinung der Befragten herauslockt und diese in das Gespräch mit einbezieht. Also ganz klar nach der vorhin erwähnten sokratischen Herangehensweise.

Hm, ja. Das klingt ja alles sehr spannend, meinte jetzt ein nachdenklicher Martin, aber es ist bestimmt nicht einfach, immer im richtigen Moment die richtige Frage parat zu haben. Das muss bestimmt geübt werden. Schließlich sind wir es als Lehrende ja gewohnt, dass wir unser Wissen zum Besten geben und dann noch bestenfalls eine Fragerunde zulassen, in der es darum geht, eventuelle Unklarheiten zu beseitigen. Aber vielleicht liegt das ja auch an der gründlichen Vorbereitung. Man kann ja eventuell die wichtigsten Fragen, die man den Lernenden stellen möchte, im Vorhinein bereits ausformulieren und sich notieren, so wie wir es vorhin mit den Fragen bezüglich des Azubi-Workshops getan haben. Ich getraue mich ja gar nicht mehr, Schulung zu sagen. Denn so wie ich das sehe, erarbeiten die Azubis das Thema selbst.

Und gerade im Hinblick darauf, dass wir sagen, mit Fragen könne man eine Gruppe Lernender in eine Richtung führen bzw. das Gespräch in eine Richtung führen, ist es bestimmt absolut wichtig, genau zu wissen, was ich letztlich von den Lernenden wissen möchte. Also gut vorbereiten, mir selbst intensive Gedanken machen, das ist wohl das Geheimnis, stimmt's?

Absolut, stimmte Lachkamb zu. Das ist ein sehr guter Gedanke, sich zunächst einmal die Fragen im Voraus schon zu überlegen, da wir tatsächlich im Eifer einer Workshopmoderation häufig ganz andere zu tun und zu beachten haben als auch noch lange zu grübeln, welche Fragen wir denn nun stellen könnten ...

Fragen einfordern

Und wenn ich jetzt Azubis habe, die mich ständig mit Fragen löchern? Simone dachte dabei an die Azubine und den Praktikanten. Ich habe da ja zwei solcher Kandidaten bei mir in der Abteilung, die mich mit Fragen bombardieren, von denen ich weiß, dass sie die Antworten bereits kennen!

Lachkamb: Also grundsätzlich ist es erstens sehr schwer zu wissen, was der Gegenüber schon weiß. Wir sollten uns also zunächst einmal davor hüten, unseren Lernenden zu unterstellen, dass sie sich absichtlich und bewusst blöd stellen. Schließlich wissen ja auch die Auszubildenden, dass sie und ihre Leistungen irgendwann beurteilt werden.

Und zweitens würde ich sagen, dass es eine herausragend positive Eigenschaft Ihrer Lernenden ist, Fragen zu stellen. „Die Fähigkeit Fragen zu stellen ist ein Hinweis auf einen wissensdurstigen Geist und zeichnet gute Lernende aus."[108] Dies sollte freilich nicht dazu führen, dass aus Bequemlichkeit alles immer wieder gefragt wird in der Hoffnung, dass die Dinge dann schon erledigt werden. Sollte so etwas tatsächlich einmal stattfinden, dann sollten Sie das freilich abblocken, indem Sie zum Beispiel die Frage mit einer Gegenfrage erwidern. Dann werden diejenigen, die Sie als Wissensspeicher ausnützen wollen, bald merken, dass das so nicht funktioniert. Aber ich denke, das sind Ausnahmen. Wir sollten bei unseren Lernern im Gegenteil gerade daran

---

[108] Meier, Dave, 2004, S. 176

arbeiten, dass sie immer wieder Fragen stellen. Das wirkt sich positiv auf den Lernprozess aus.

Wir haben es leider nie so wirklich gelernt, einfach drauflos zu fragen. In unserer Kultur gilt es eher als dumm, wenn man vermeintlich zu viele Fragen stellt. Vielen ist es peinlich zuzugeben, dass sie etwas einfach nicht wissen. Es reicht dabei allerdings nicht, den Seminarteilnehmern zu sagen, dass sie jetzt noch Fragen stellen dürfen. Oder denken Sie mal daran, als Sie Ihren letzten Vortrag gehört haben. Vermutlich endete der mit der Frage: Hat noch jemand Fragen zu dem eben Gesagten? Vermutlich haben sich wenn überhaupt nur ganz wenige getraut, tatsächlich Fragen zu stellen. So funktioniert das also nicht.

Sie meinen, mischte sich jetzt Frank wieder ein, der für seinen Workshop mit den Azubis ganz konkrete Tipps erwartete, es gibt auch Spiele oder Methoden, mit denen man die Lernenden dazu bringen kann, Fragen zu stellen?

Auflockernde Fragespiele

Aber freilich, antwortete Lachkamb. Es gibt ein Lernkonzept aus den USA, das sich Accelerated Learning nennt und von Dave Meier entwickelt wurde. Er hat ein schönes Buch über dieses Konzept geschrieben, in dem allerlei Übungen zu unterschiedlichen Themen zu finden sind. Zum Beispiel auch solche witzigen Methoden wie eine „Frage-Party"[109]. Hier sollen alle Teilnehmer im Raum umherlaufen und sich gegenseitig begrüßen, als wenn sie auf einer Party wären. Bei der Gelegenheit soll aber auch jeder dem anderen eine Frage zu dem Seminar stellen. Sollten die beiden die Antworten nicht kennen, dann suchen sie sich einfach eine dritte Person. Das geht so lange, bis sie eine Antwort auf ihre Frage erhalten haben. Dann sucht sich jeder einen neuen Partner und das ganze geht von vorne los.

Das klingt ja wirklich sehr lustig, meinte Martin. Er ergänzte in Richtung Frank: Das kannst du ja auch zum Abschluss der Veranstaltung morgen machen. Die Azubis sollen sich gegenseitig ihre Fragen beantworten und lernen dadurch das Thema noch mal. Gleichzeitig sind sie nochmals aktiviert, in Bewegung und haben bestimmt auch Spaß dabei.

---

[109] Meier, Dave, 2004, S. 176

Du könntest so etwas ja auch als Wettbewerb gestalten, meldete sich Simone zu Wort. Du bildest zwei Gruppen zum Abschluss. Jede Gruppe soll sich zehn Fragen überlegen, die sie dem anderen Team stellen möchte. Dann geht sozusagen die Meisterschaft los. Jede Gruppe stellt der anderen nacheinander je eine Frage. Für eine in einer bestimmten Zeit richtig beantwortete Frage erhält jede Gruppe einen Punkt. Wer die meisten Punkte hat, der hat gewonnen.

Oder noch ganz anders, fiel Frank ein, der ebenfalls auf den Geschmack gekommen war. Ich könnte ja einen richtigen Ball mitnehmen, eine Frage stellen und den Ball einem Azubi zuwerfen, der die Frage dann beantworten soll. Kann er sie beantworten, stellt er eine neue Frage und wirft den Ball an einen anderen Azubis weiter, der seinerseits die Frage beantworten soll usw.

Aha, freute sich jetzt Lachkamb. Jetzt sind wir also an dem Punkt angekommen, an dem Sie beginnen, sich eigene Spiele einfallen zu lassen. Das ist perfekt. Denn unserer Phantasie sind ja schließlich in diesen Dingen keine Grenzen gesetzt. Das Wichtige hierbei ist, dass Sie es schaffen, Ihre Lernenden auf die eine oder andere Art und Weise zu aktivieren. Wenn Sie es über spielerische Elemente schaffen, die Lernenden anzuregen und zu aktivieren, umso besser. Ich sehe schon, das Seminar mit den Azubis morgen wird ein voller Erfolg ...

Gerhard Lachkamb verabredete mit Simone, Martin und Frank, dass sie sich in der kommenden Woche wieder zu einem gemeinsamen Meeting treffen würden und verabschiedete sich, nicht ohne Frank nochmals viel Erfolg für sein neues Workshopkonzept zu wünschen.

Dieser nahm sich das Projekttagebuch „Neue Lernkultur" zur Hand und notierte gemeinsam mit seinen beiden Kollegen:

Fragen aktivieren die Lernenden

- Wer fragt, der hält die Zügel des Gesprächs/des Seminarablaufs in der Hand.
- Fragen können als Leitfaden für einen Workshop dienen.
- Es gibt unterschiedliche Fragetechniken, die in unterschiedlichen Kontexten sinnvoll einzusetzen sind.
- Mit der offenen Frage erfahren wir viele Details und lernen die Sicht des Befragten kennen.
- Das konsequente Stellen von Fragen wirkt sich positiv auf den Lernerfolg aus.
- Viele Menschen trauen sich nicht, permanent Fragen zu stellen, weil sie befürchten, dass man sie für unwissend hält.
- Um die Teilnehmenden in Seminaren zum Fragen anzuregen, empfiehlt es sich durchaus, mit spielerischen Elementen zu arbeiten.

15 Spiele im Training

Frank kam bestens gelaunt in den Besprechungsraum, in dem sich Simone, Martin und als Gast Gerhard Lachkamb bereits eingefunden hatten. Es war ihr zweites Meeting mit dem externen Trainer, in dem sie weitere Schritte planen und sich über das große PE-Treffen unterhalten wollten. Simone hatte ihn am Werkstor abgeholt und ihn erst einmal durch die Firma geführt, um ihm die Möglichkeit zu geben, einen Eindruck von dem Unternehmen zu bekommen.

Bevor sie mit dem eigentlichen Thema begannen, war es zunächst jedoch an Frank zu berichten, wie erfolgreich denn sein Workshop mit den Azubis zum Thema Schutzschuhe verlaufen war. Die anderen Teilnehmenden waren hochgradig gespannt und neugierig, wie er all die Gedanken wohl in die Tat umgesetzt hatte.

Nun, insgesamt betrachtet, so meinte er genüsslich, war das wohl der erfolgreichste Workshop, den ich je gemacht habe und das, obwohl ich im Nachhinein den Eindruck habe, eigentlich gar nichts gemacht zu haben. Die Auszubildenden hatten enorm viel Spaß. Sie durften wie besprochen mit ihren Fragen losziehen, ohne auf den Stühlen im Seminarraum sitzen zu müssen. Sie konnten erfahrene Menschen aus dem Unternehmen interviewen, die ich freilich bereits vorher darauf aufmerksam gemacht hatte, dass die Azubis kommen werden. Sie konnten selbstständig an den Themen arbeiten. Ja, dass eine Gruppe an meinen Computer durfte, war sogar eher eine Belohnung als eine schwere Aufgabe. Eigentlich ist es ja so, dass die Themen Lernen im Allgemeinen und Arbeitsschutz im Besonderen eher negativ besetzt sind. Aber dem war hier gar nicht so. Im Gegenteil: Die Auszubildenden haben gelacht, sie haben geschrieben, sich unterhalten, immer wieder auch zwischen den Gruppen miteinander geredet – es war wirklich äußerst aktiv und darum auch effektiv.

Hmm, meldete sich jetzt Martin eher skeptisch zu Wort. Das ist ja schön, wenn die Jungs Spaß dabei haben, aber wir sind ja auch zum Arbeiten hier und ich muss dem guten Herrn Finster wieder berichten, was denn eigentlich aus den ganzen Geldern wird, die wir hier in der Aus- und Weiterbildung, wie er sagt, „verbraten". Also ist freilich auch ein ganz wichtiger Punkt: Hat diese neue und andere Art, den Workshop zu gestalten, Deiner Meinung nach auch was gebracht?

Ja klar, absolut. Ihr hättet mal zum Beispiel die Fragen und die Antworten hören sollen, die sie sich zum Abschluss gegenseitig gestellt bzw. geantwortet haben. Da wurde ganz deutlich, dass sie sich mit dem Thema befasst hatten und dass sie es auch verinnerlicht hatten. Und auch die Präsentationen. Wenn ich ihnen das Thema einfach nur vorgestellt hätte, dann wäre das niemals so bei ihnen angekommen. Mal ganz davon abgesehen, wie sie die Themen dann auch zusammengefasst und auf Flipchart visualisiert haben. Wirklich gut gemacht und alles drauf gewesen, was wirklich wichtig ist und im Workshop auch thematisiert wurde.

Das ist ja super, schaltete sich jetzt auch Lachkamb ein, dass das so gut angekommen ist bei den Jugendlichen. Und es ist ja tatsächlich so, dass viele aus der Schule rauskommen und sagen: Puh, jetzt muss ich erstmal nichts mehr lernen ... Denn Lernen ist bei uns ja nach wie vor, wie Sie ja auch gesagt haben, negativ besetzt. Es wird mit Anstrengung verbunden, mit Stress und Ärger. Etwas, das durch ständiges Wiederholen und dadurch Langeweile gekennzeichnet ist und schließlich auch noch mit Leistungstest abgefragt wird. Dementsprechend ist es nicht verwunderlich, dass die meisten Menschen den Kopf einziehen, wenn es heißt, dass jetzt etwas gelernt wird. Wenn dann aber mit Spaß und eventuell auch mit spielerischen Elementen an einem Thema gearbeitet wird, dann spricht keiner von Lernen, obwohl genau das letztlich stattfindet. Oder wenn sich Menschen miteinander im Gespräch über ein Thema befinden, sich austauschen und Meinungen gegeneinander abwägen, Kompromisse entwickeln oder Ähnliches, dann findet da Lernen statt. Das genau ist es, was wir methodisch auch in die Wege leiten sollten.

Lernen geschieht im Dialog

Dazu muss aber auch das Miteinander tatsächlich gefördert werden, ergänzte Frank. Denn dass die Azubis in kleinen Gruppen unterwegs waren, hat dazu geführt, dass sie miteinander redeten. Wären wir nur in dem Seminarraum geblieben und ich hätte meine Folien aufgelegt, dann wären die Jungs niemals in einen Austausch über das Thema gekommen. Sie hätten sich höchstens untereinander über die Qualität meiner Folien lustig gemacht. Das heißt, Lernen geschieht im Dialog mit anderen! Und genau den gilt es zu fördern. Und dann ist es eben auch das geforderte selbstorganisierte Lernen. Wir geben ein Thema in die

Gruppe, bieten noch die Art und Weise an, wie das Thema erarbeitet werden kann und legen die notwendigen Materialien bereit, soweit sie diese nicht selbst finden können. Das heißt, eigentlich treten wir als Störungen auf, wir perturbieren ihre Struktur. Den Rest erledigen die Lernenden selbst, jeder nach seiner Art, seinem Tempo und seinem individuellen Lernweg. Und meine Erfahrungen haben jetzt gezeigt, dass das gerade mit den Spielen äußerst erfolgreich war. Denn Spielen ist ja im Gegensatz zu dem Begriff Lernen immer positiv besetzt. Da muss jeder sofort lächeln, da kommt sehr schnell eine gute Stimmung auf.

Positive Emotionen – die Voraussetzung für effektives Lernen

Und das ist ein absolut wichtiger Punkt, gab nun Lachkamb wieder zu bedenken, denn „positive Emotionen sind [...] eine elementare Grundvoraussetzung für optimale Denk- und Lernleistungen."[110] Und diese positiven Emotionen können wir perfekt mit Spielen erzeugen. Das ist zwar zunächst einmal etwas ungewohnt, weil wir es in unserer Schulzeit meistens verlernt haben, spielerisch zu lernen, doch es ist ungemein effizient. Denn Spielen ist geprägt von aktiver Neugier. Wir können in einem angstfreiem Raum neue Erfahrungen machen, schöpferisch Neues erfinden und in einem guten Lernklima hochmotiviert an das Lernen herangehen, ohne dass es negativ besetzt ist. Ganz anders verhält es sich mit negativen Gefühlen. „Wenn ein Mensch in einer Stress-Situation ist, weil er Angst hat, wird sein Organismus von Adrenalin überflutet, das den Körper zwar einerseits mit zusätzlichen Energien versorgt, aber andererseits durch eine Synapsenblockade das Denken unterbindet."[111] Also was die Lerneffizienz angeht, stimmen Sie mir bestimmt zu: In einer Atmosphäre der Freude, der Lustgefühle und der Erfolgserlebnisse funktioniert Lernen besonders gut, weil Wohlfühlen und Vertrautheit Lernen eben besonders beflügeln.

Martin: Dann können wir also letztlich sagen, dass wir Spiele, kombiniert mit einer lebendigen und abwechslungsreichen Seminargestaltung, ganz gezielt einsetzen können, um den Lernerfolg zu steigern, denn: „Spiele motivieren, animieren, erzeugen Spannung und erhöhen die Lernbereitschaft [...] das Interesse der Lernenden am Lerngegenstand

---

[110] Monnet, Claudia, 2005, S. 51
[111] Birkenbihl, Michael, 2001, S. 115

[...] Spiele besitzen einen hohen Wirkungsgrad, weil sie Intellekt und Gefühl ansprechen und unterschiedliche Wahrnehmungskanäle anregen."[112] Das heißt zusammengefasst, Lernen funktioniert in einer anregenden Atmosphäre bedeutend besser.

Ja genau, ergänzte Simone. Und damit wir auch unterschiedliche Spiele einsetzen können bzw. welche parat haben, sollten wir uns unbedingt Literatur anschaffen, in der Spiele vorgestellt und Methoden aufgezeigt werden, die man in bestimmten Situationen und bei bestimmten Themen anwenden kann. Ich denke, es geht ja nicht immer nur darum, mit großem Aufwand unheimlich anspruchsvolle Spiele einzusetzen. Im Kleinen und spontan ist bestimmt auch ideal. So wie zum Beispiel bei Frank in seinem Workshop mit den Fragespielen. Großer Erfolg mit kleinen Mitteln. Nur sollten wir uns eben auch Inspirationen für unsere Seminare holen.

Tipps und Anregungen auf www.aktivierendes-lehren.de

Lachkamb: Es gibt gute Methodensammlungen und Spielebücher. Erste Anregungen gibt es unter www.aktivierendes-lehren.de zu finden. Dort sind auch einige Übungen vorgestellt, die Sie dann für Ihre eigenen Workshops übernehmen können. Aber wichtig ist mir auch, ganz klar zu stellen, dass wir mit Spielen oder auch dem Schaffen einer guten, angenehmen und entspannten Lernatmosphäre Lernen zunächst einmal nur ermöglichen. Denn Lernen müssen die Teilnehmer schon selbst. „Das Spiel ist nicht die Garantie, sondern die Chance für eine Lernerfahrung. Oder für eine ganz andere – denn dafür ist es ja gerade ein Spiel, das es die Gelegenheit zum Experimentieren, Verändern, Erweitern und Verfremden gibt."[113] Also irgendetwas wird wohl immer passieren, aber wir wissen im Vorhinein nicht, was, weil die Menschen, die mitspielen, immer anders sind.

Dieses ganze Gespräch über Spiele und Lernatmosphäre, meldete sich jetzt ein etwas nachdenklich gewordener Frank wieder zu Wort, zeigt doch letztlich etwas, was wir seit Beginn unseres Projektes „Neue Lern-

---

112 Funke/Rachow, 2002, S. 63
113 Funke/Rachow, 2002, S. 68

kultur" immer wieder befürchtet haben. Nämlich dass wir bisher eigentlich alles falsch gemacht haben, was es nur falsch zu machen gilt. Und trotzdem haben unsere Auszubildenden doch auch die Prüfungen geschafft und unsere Seminarteilnehmer haben etwas gelernt. Und wenn das alles so ist, dass wir Lernen durch Spiele oder Ähnliches beschleunigen oder erleichtern können, warum hat uns das früher keiner beigebracht? Was ist passiert, dass Lernen und damit auch Lehren heute anders gestaltet wird als früher?

Nun, sagte Lachkamb, hier ist deutlich zu sagen, dass sich in den vergangenen fünfundzwanzig Jahren in Sachen Hirnforschung mehr getan hat, als in der gesamten Menschheitsgeschichte davor. Das bedeutet, dass wir immer mehr über die Funktionsweisen des Gehirns lernen und dadurch letztlich auch ein anderes Verständnis darüber entsteht, wie Lernen besser funktioniert und wie man es erfolgreicher fördern und unterstützen kann.

Also wenn Sie es bislang nicht so gemacht haben, wie wir es hier besprechen, dann liegt das daran, dass Sie es nicht anders gelernt haben. Sie haben das getan, was Sie selbst von Ihren Lehrern gelernt haben, was Sie selbst als Unterricht erlebt haben und was man Ihnen bei Ihrer Ausbildung zum Ausbilder beigebracht hat. Und als Sie festgestellt haben, dass es nicht mehr so gut funktioniert, haben Sie mit Ihrem Projekt „Neue Lernkultur" begonnen. Insofern haben Sie ja nichts falsch gemacht, sondern Sie haben genau richtig gehandelt. Im Rahmen Ihres Projektes tun sich jetzt eben neue Gedanken und Ideen auf, die es allerdings im Endeffekt unmöglich machen, so weiter zu machen wie bisher.

Jetzt steht Veränderung an, jetzt muss sich dieser gedankliche Fortschritt auch in Ihrer Didaktik niederschlagen. Dazu bedarf es aber vielleicht eines gewissen groben Verständnisses über die neueren Erkenntnisse der Hirnforschung. Also lassen Sie uns doch mal etwas genauer hinschauen, was uns die Theorie über das menschliche Gehirn so sagt und was wir daraus schließen können.

Lachkamb stand auf, ging zum Flipchart und malte eine Skizze des menschlichen Gehirns.[114]

---

114 nach Dave Meier

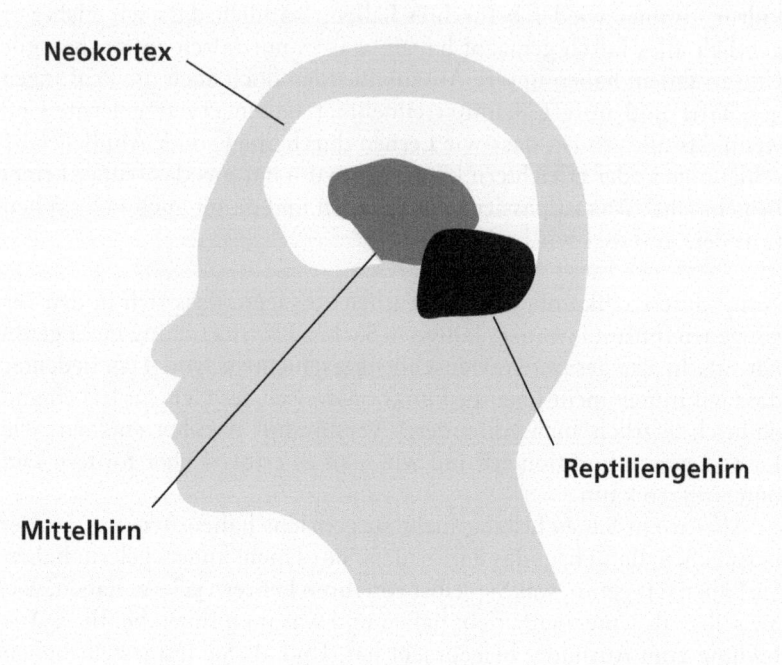

Selbstverständlich ist das alles sehr vereinfachend dargestellt und dient im Prinzip auch nur als Metapher, begann er zu erläutern. Denn die meisten Hirntheorien sind starke Vereinfachungen, die uns aber helfen, recht konkrete Gedanken über dieses komplexe Organ zu entwickeln. Außerdem kommt hinzu, dass unsere neuen Erkenntnisse in Sachen Gehirn morgen wieder Schnee von gestern sein können. Ich möchte Ihnen trotzdem ganz gerne die Theorie des dreieinigen Gehirns vorstellen, die in den vergangenen Jahren immer mehr an Beliebtheit gewonnen hat und die letztlich darauf hinweist, dass Lehren und Lernen so sein müssen, wie wir es hier auch besprechen. Diese Theorie besagt, das unser Gehirn aus drei unterschiedlichen Teilen besteht, die jedoch sehr eng zusammenarbeiten und -wirken. Dennoch hat jeder dieser Teile seinen Arbeitsschwerpunkt.

Die einzelnen Funktionen des dreieinigen Gehirns

Wir kennen das Reptiliengehirn, das limbische System und den Neokortex. Das Reptiliengehirn ist der älteste und ursprünglichste Teil unseres Gehirns. Seine Aufgabe ist das Überleben des Organismus. Dieser Teil regelt die unbewussten Vorgänge wie zum Beispiel Herzschlag oder Blutkreiskauf. Das Reptiliengehirn „ist der Sitz instinktiven, sich wiederholendes Handelns. Es folgt blind und ritualhaft Routine und bereits Dagewesenem."[115]

Unser limbisches System oder auch Mittelhirn genannt, ist unser soziales und emotionales Gehirn. Es ist auch für den Aufbau von Beziehungen zuständig und enthält außerdem auch noch wichtige Bausteine, die für das Abspeichern von Wissen im Langzeitgedächtnis dienen.

Dann haben wir da noch den Neokortex, fuhr Lachkamb fort, während er auf die Grafik zeigte. Das ist diese große Schicht, die ganz oben sozusagen den Deckel des Gehirns darstellt und dennoch ca. 85 Prozent der gesamten Gehirnmasse ausmacht. Dieser Neokortex ist für höhere Aufgaben bestimmt. Er kümmert sich um die Dinge, die uns als Menschen ausmachen bzw. uns von anderen Lebewesen unterscheiden wie zum Beispiel Sprache, abstraktes Denken, Feinmotorik, Kreativität etc.

Wichtig dabei ist jetzt, dass wir diese drei Teile nicht als unabhängig voneinander betrachten, sondern als komplexes, vernetztes System. Und für die Durchführung der unterschiedlichen Aufgaben brauchen sich die Teile, weil sie untereinander in Wechselbeziehung stehen. Das bedeutet, dass hier permanent starke Austauschprozesse ablaufen.

Das würde dann also bedeuten, merkte jetzt Simone an, dass wir bislang mit unserer eher verschulten Art zu lehren, unser Gehirn nur einseitig über Pauken, Nachmachen, Auswendiglernen und Wiederholen bedient haben? Wenn ich Sie recht verstehe, geht es aber darum, Lernarrangements zu entwickeln, die das gesamte Gehirn anregen. Also auch das limbische System mit den Emotionen. Und dabei sind bestimmt nicht Stress und Ärger gemeint, die das Lernen ja eher blockieren. Sondern selbstverständlich die positiven Emotionen, die das Lernen beschleunigen. Zusätzlich geht es auch darum, den Neokortex mit einzubeziehen. Das könnte eventuell dadurch geschehen, die Lernenden etwas erarbeiten zu lassen, sie selbstständig denken zu lassen oder ihre Vorstellungs-

---

[115] Meier, Dave, 2004, S. 63

kraft zu nutzen. Dennoch hat natürlich auch das Reptiliengehirn seine Berechtigung. „Eine Portion Gehorsam gegenüber Erfahrungen und Routine ist notwendig und nützlich."[116] Und wenn wir das schaffen, das gesamte Gehirn in den Lernprozess zu verwickeln, dann wird Lernen schneller, interessanter und vor allem erheblich wirksamer.

Genau so ist es, erwiderte Lachkamb. Und mit viel Bewegung im Seminar, mit Musik, mit Denkaufgaben, die Sie den Lernenden geben und freilich auch mit Spielen und positiven Emotionen wird Ihnen das auch gelingen. Wir haben es vorhin von Herrn Meister gehört, wie gut das mit den Auszubildenden in seinem Workshop geklappt hat. Vor allem, dass die Lernenden unterwegs waren und nicht im Seminarraum sitzen mussten, hat bestimmt einiges zu dem guten Ergebnis beigetragen. Denn: „Still auf seinem Platz zu sitzen ist eine der schlimmsten Strafen, die dem Menschen angetan werden kann. Dennoch verlangen wir genau das von unseren Schülern."[117] Uns wird das bestimmt nicht mehr passieren. Wir wissen jetzt, dass wir unser komplettes Gehirn einsetzen müssen.

Normales, rede- oder präsentationsorientiertes Training, in dem der Dozent sein Wissen über die Lernenden ergießt, neigt dazu, Menschen über einen längeren Zeitraum körperlich inaktiv zu halten. Das lässt sämtliche Körperfunktionen herunterfahren, auch die Gehirnfunktionen. Wir schalten in den Ruhezustand – nur: Lernen im Standby-Modus funktioniert nicht ... Beobachten Sie sich selbst, wenn Sie Stunden über Stunden in einem Vorlesungssaal sitzen und zuhören, körperlich zur Regungslosigkeit verdammt. Es wird nicht lange dauern, dann werden Sie beginnen, nervös auf Ihrem Platz hin und her zu rutschen, oder sich in Ihr Schicksal zu ergeben. Aber dann werden Sie insgesamt mit dem Schlaf kämpfen ...

Also gut, lieber Herr Lachkamb, meldete sich jetzt Martin zu Wort. Wir können doch aber nicht die Seminarteilnehmer einfach nur aufstehen und herumlaufen lassen. Dadurch wird sich doch das Lernen nicht verbessern?

---

116 Meier, Dave, 2004, S. 64
117 Hall, Edward T., in: Meier, Dave, 2004, S. 65

Lernen mit dem SAVI-Ansatz

Nein, da haben Sie wohl recht, gab dieser lachend zurück. Aber wenn wir Körperbewegungen, Übungen zum Nachdenken und das Anregen aller Sinne miteinander verknüpfen, dann hat das durchaus enorme Wirkungen auf den Lernerfolg. Dave Meier nennt das in seinem Konzept des Accelerated Learning den SAVI-Ansatz[118]. Was das bedeutet, kann man sich leicht merken:

Somatisch: Lernen durch Bewegung und Tun
Auditiv: Lernen durch Sprechen und Hören
Visuell: Lernen durch Beobachten und Vorstellungskraft
Intellektuell: Lernen durch Problemlösen und Nachdenken

Uns ist inzwischen selbstverständlich klar, dass wir hier nicht von „Entweder – oder" sprechen, sondern von „Sowohl – als auch". Das bedeutet, dass alle vier Ebenen im Training vorhanden sein sollten. Wenn sie alle gleichzeitig zum Tragen kommen, dann geschieht optimales Lernen. Doch was könnten diese vier Ebenen denn im Einzelnen bedeuten? Um diese Frage zu beantworten, mag ich jetzt aber ganz gerne mal aus dieser Rolle des Redners bzw. des Referenten herausgehen. Erstens habe ich jetzt genug geredet und zweitens würde es ja unserer eben entwickelten Theorie widersprechen, wenn ich jetzt konsequent weiter vortragen würde, oder?

Bitte nicht, entfuhr es jetzt Martin. Wir werden jetzt aber doch nicht etwa selbst etwas erarbeiten sollen? Das muss wirklich nicht sein. Das geht schon auch so. Sie sagen uns, was die vier Punkte bedeuten und wir werden uns das merken können. Wir sind aufmerksame Lernende und brauchen keine Aktivierung ...
    Hey, wendete sich Simone an Martin. Erinnerst Du Dich an den Vortrag, den Du gehört hast? Du hast uns erzählt, Dich an kaum etwas mehr erinnern zu können, weil Du Dich so unbeteiligt gefühlt hast. Jetzt haben wir die Chance, beteiligt zu werden. Also lass Dich jetzt auch beteiligen. Und außerdem: Wir sollten uns selbst nicht so verhalten, wie es unsere liebsten Teilnehmenden tun. Das sind nämlich gerade die, die sich am liebsten zurücklehnen, kaum mitreden und das Seminar an sich vorbeirauschen lassen.

---

118 Meier, Dave, 2004, S. 70

Kleinlaut stimmte Martin seiner Kollegin zu, wohl wissend, dass er selbstverständlich mehr behalten würde, wenn er sich jetzt einbrächte. Schließlich hatten Sie jetzt eine ganze Weile nur gesessen und geredet – es wurde jetzt wirklich Zeit, sich selbst geistig zu bewegen ... Auf der anderen Seite kostete es ihn schon auch etwas Überwindung, aus der bequemen Haltung des Zuhörers herauszugehen ...

Also, lassen Sie uns mit dem Begriff „Somatisches Lernen" beginnen! Lachkamb startete die erste Fragerunde. Wie könnten wir unsere Lernenden körperlich beteiligen oder welche Möglichkeiten haben wir denn, den Körper der Lernenden ins Spiel zu bringen? Simone erkannte freilich sofort, dass Lachkamb klassisch mit einer offenen Frage arbeitete, um die Anwesenden gleich mit ins Boot zu nehmen und das Thema gemeinsam zu erarbeiten. Sie stellte sich ans Flipchart und begann mitzuschreiben, während sie gemeinsam Antworten auf die Frage sammelten:

Somatisches Lernen durch

- das aktive Übernehmen einer Rolle
- das Spielen einer Funktion in einem Ablauf, in einer Maschine, in einer Struktur
- Erstellen von Materialien, Modellen, Poster
- das Ausführen von Lernübungen oder Spielen
- das Interviewen von Personen
- eine Erkundungstour
- das Durchführen eines Projektes, das physische Aktivität fordert
- Rollenspiele ganz allgemein
- das Durchführen von Präsentationen
- Gruppenarbeiten/-übungen
- Auflockerungsübungen

Sitzplatz-Rotation sorgt für Bewegung und Abwechslung

Vielen herzlichen Dank erstmal für diese kreative Mitarbeit. Mit diesen Worten beendete Lachkamb nach etwa fünf Minuten die Sammlung. Freilich gibt es noch viel mehr Möglichkeiten, Lernende dazu zu bringen, sich auch körperlich an einem Seminar zu beteiligen. Ein guter Tipp könnte es auch sein, dass Sie die Teilnehmer nach jeder Pause ihren Platz mit jemanden anderen tauschen lassen. Das führt zusätzlich zu der Bewegung dazu, dass die Lernenden die nächste Seminarphase über neben einem anderen Nachbarn sitzen und sich mit jemandem anderen austauschen.

Und dann möchte ich noch darauf aufmerksam machen, dass diese Sammlung erstens keinerlei Anspruch auf Vollständigkeit hat und sie zweitens jederzeit durch die eigene Phantasie des Trainers erweitert werden kann. Das ist ja wie mit den Spielen, die wir entwickelt haben, um Fragen aus der Gruppe zu bekommen. Sollten Sie gute Einfälle haben, die Lerngruppe in Bewegung zu bringen, hervorragend. Nur zu. Der Phantasie sind auch hier keine Grenzen gesetzt.

Ich möchte jetzt mit Ihnen etwas ganz Ähnliches machen – also auch Sie in Bewegung bringen, fuhr er jetzt lächelnd mit einem freundlichen Blick auf Martin fort. Der grinste schicksalsergeben und wusste genau, das jetzt aktive Mitarbeit gefragt war. Lachkamb begann, Aufgaben an die Teilnehmenden zu verteilen:

- Herr Meister, Sie gehen bitte mit einem Flipchart-Papier und Stiften in Ihre Ausbildungswerkstatt zu den Azubis. Interviewen Sie Ihre Lehrlinge, wie diese sich auditives Lernen vorstellen können. Also die Frage lautet: Wie kann auditives Lernen sein? Mit welchen Maßnahmen/Methoden/Mitteln kann auditives Lernen gefördert werden?

- Frau Kaufmann, Sie möchte ich bitten, sich ebenfalls eine Chart und bunte Stifte zu nehmen und damit zu einigen Ausbildungsbeauftragten zu gehen, um die Frage zu klären: Wie können wir dafür sorgen, dass visuelles Lernen stattfindet?

- Und Herr Peler, von Ihnen hätte ich ganz gerne, dass Sie zu den Ausbildern in der Ausbildungswerkstatt gehen und mit Ihnen Ideen sammeln, wie denn intellektuelles Lernen befördert werden kann?

Dadurch erhalten wir dann eine große Sammlung von Ideen, die von unterschiedlichen Kollegen mitentwickelt wurden und die vermutlich weitaus größer sein wird, als wenn wir sie hier im Raum nur unter uns entwickelt hätten.

Neugierig und voller Tatendrang standen die drei auf und verließen den Raum, um ihren Arbeits- und Lernaufträgen nachzukommen. Sie waren sehr gespannt, was die Mitarbeitenden und die Auszubildenden wohl beitragen würden. Lachkamb begleitete die beiden Herren in die Ausbildungsabteilung.

Als sich die vier eine Stunde später wieder trafen, war die Stimmung recht gelöst und entspannt. Die Kollegen in der Firma hatten sich alle gerne beteiligt. Die Flipchart-Bögen waren voll geschrieben und alle waren durch die Aktion wach und gleichzeitig hochkonzentriert bei der Sache gewesen. Nun ging es also darum, die Ergebnisse vorzustellen und gegebenenfalls zu ergänzen, falls noch etwas fehlen sollte. Ihr erklärtes Ziel war es, die Charts zusammenzustellen und daraus Fotos für das Projekttagebuch „Neue Lernkultur" zu machen. Sie waren sich sicher, dass diese Charts eine ideale Ergänzung zu dem bisher geschriebenen darstellten.

Also fing Frank an zu präsentieren, was er und die Azubis zum Thema auditives Lernen entwickelt hatten:

Auditives Lernen durch

- lautes Lesen der Teilnehmer von Texten aus Handbüchern o. ä.
- Aufnehmen von Kassetten und wieder Abspielen
- Erzählen von Geschichten
- Benutzung von Metaphern
- Abspielen von leiser Hintergrundmusik
- das gegenseitige Beschreiben und Erklären von Lerninhalten
- die detaillierte Beschreibung einer Tätigkeit, während die Lernenden diese Tätigkeit gerade ausführen
- das ununterbrochene Sprechen in Gruppen über das eben Gelernte
- das Stellen von Fragen untereinander oder im Plenum

Simone, Martin und Gerhard Lachkamb waren begeistert. So viele Ideen von den Azubis zu bekommen, war wirklich spitze. Aber ihnen war natürlich auch klar, dass die Azubis jetzt sehr gespannt waren auf die nächste Lehreinheit. Jetzt war freilich eine gewisse Erwartung geweckt. Oder anders ausgedrückt. Nachdem jetzt viele Menschen im Unternehmen mitbekommen hatten, dass sich die Personaler mit besserem Lehren und Lernen beschäftigen, wuchs der Anspruch an zukünftige Weiterbildungsmaßnahmen ungemein ... Tja, meinte Herr Lachkamb belustigt, dass sind die Geister, die wir selbst gerufen haben. Jetzt ist es an uns zu beweisen, dass das auch funktioniert.

Genau, meinte Simone. Wir haben jetzt ja schon einige tolle Mittel gesammelt. Ich war zum Beispiel mit meiner Fragestellung, mit welchen Elementen visuelles Lenen unterstützt werden könnte, in der Abteilung Marketing und Vertrieb. Ich dachte mir, da sitzen die Leute, die sowieso viel mit Visualisierungen zu tun haben. In dieser Abteilung sitzen insgesamt vier Ausbildungsbeauftragte, mit denen ich über die Frage gesprochen habe. Ich finde, wir haben einiges erarbeitet, was uns als Grundlage dienen kann.

Sie stand auf und ging zur Pinnwand, an der ihre Chart hing und begann mit der Präsentation:

Visuelles Lernen durch

- Graphiken, Bilder, Plakate
- Geschichten, Metaphern
- Trockene Themen in Bildern erzählen
- Objekte mitbringen, anschauen lassen
- bewegte Körpersprache
- Teilnehmer malen lassen
- Erstellen von Pinnwänden, Charts etc.
- Dekoration im Raum
- Schilder aufstellen
- Führungen, Begehungen, Beobachtungen im Lernfeld
- Phantasiereisen
- Videos, DVDs
- Visualisierungen allgemein – der Trainer schreibt oder malt konsequent mit
- Mind Maps, Notizen, Netzbilder
- Menschen als Symbole im Raum, die für etwas stehen

Wow, ganz schön viele Punkte, merkte Frank an. Was ist denn mit dem letzten Punkt gemeint? Menschen als Symbole? Nun, erwiderte Simone. Wir haben uns gedacht, dass es ja auch ein Bild wäre, wenn sich unterschiedliche Menschen im Raum aufstellen, wobei jeder für irgendetwas steht. Tun wir mal so, als ob ich zum Beispiel meinen Azubis erklären möchte, wie in unserem Haus ein Angebot für einen Kunden entsteht, und wer da alles mit zu tun hat. Da ist zunächst einmal ein Kunde, der anruft. Ein Azubi stellt sich im Raum auf. Dieser Kunde landet in der Telefonzentrale, die von einem weiteren Azubi dargestellt wird. Dieser leitet weiter an den Verkauf. Dann gibt es eventuell eine Rückfrage in der Produktion etc. Und all diese Stationen können wir mit Auszubildenden darstellen, um dann einen kompletten Prozess der Entstehung eines Angebotes abzubilden. Dadurch haben wir auch visuelles Lernen geschaffen – übrigens auch gleich mit Bewegung dabei, wie Simone noch schmunzelnd ergänzte.

Und dann war da ja auch noch die Überlegung, schloss sich Martin gleich an, nachdem sich Simone wieder hingesetzt hatte, wie wir neben den ganzen körperlich aktiven Dingen auch den Kopf der Lernenden in Bewegung bringen könnten, also das intellektuelle Lernen. Ich habe darüber mit den Ausbildern gesprochen und ebenfalls einige sehr spannende Punkte entwickelt:

Intellektuelles Lernen wird gefördert durch

- das Lösen von Problemstellungen
- das Entwickeln kreativer Ideen
- Brainstorming oder Zuruf-Übungen
- selbstständiges Suchen, Finden und Bearbeiten von Informationen
- das Formulieren von Fragen
- Einzelarbeit oder Diskussionsrunden an einem Thema
- Bearbeiten von vorgegebenen Fragestellungen
- Schreiben und Lesen von Texten
- intensives „Hineindenken" in ein Thema
- Rätsel-Übungen
- Aufbauen von Wirkungsmodellen – „wenn ich das tue, passiert jenes"
- Verbindungen herstellen, Bedeutung schaffen

Wichtig hierbei war uns, ergänzte er noch das Gesagte, dass mit intellektuellem Lernen in unserem Sinne nicht dieses streng verkopfte, gefühllose, abgehobene und akademische Denken gemeint ist. Wir haben das eher so verstanden, dass es das ist, was Menschen tun, wenn sie ihre Intelligenz einsetzen, um Erfahrungen in Wissen zu verwandeln.

Das Intellektuelle „ist also das Mittel, mit dem der Geist Erfahrung in Wissen umwandelt, Wissen in Verständnis und Verständnis (so hoffen wir) in Weisheit."[119] Wenn Übungen und Spiele nur witzig sind, ohne dass die Lernenden intellektuell gefordert sind, dann werden sie nicht zufrieden sein, weil sie die Aktivität als reinen Aktionismus missverstehen, ohne für sich einen Sinn darin zu erkennen.

Also ist Lernen dann optimiert, fasste jetzt Lachkamb noch mal zusammen, wenn alle vier Bereiche in einer Lehrveranstaltung angesprochen sind und sich die Lernenden aktiv beteiligen können (in Bewegung sein – somatisch lernen), Neues hören (auditiv lernen) und sehen (visuell lernen) können und auch intellektuell (intellektuell lernen) gefordert sind.

Diese neuen Erkenntnisse müssen wir gleich in unserem Projekttagebuch festhalten, ergänzte Simone die Worte von Lachkamb. Neben den Fotos der Charts wollte sie schon noch mal die wichtigsten Erkenntnisse aus ihrem Workshop niederschreiben. Sie schnappte sich das Buch, schlug die nächste leere Seite auf und begann, mit Hilfe der anderen die wesentlichen Erkenntnisse zu formulieren.

Aktivierendes Lehren heißt, den *gesamten* Menschen in Bewegung zu bringen

- Lernen geschieht im Dialog – alles was den Dialog befördert, ist im Training erlaubt.
- Ein guter Trainer sorgt für positive Emotionen, da sie erheblich zu dem Lernerfolg beitragen.
- Es gilt, das gesamte Gehirn anzusprechen, also das Reptiliengehirn, das limbische System und den Neokortex – zu „einseitige" Lernarrangements sind nicht Erfolg versprechend.
- Lehren nach dem SAVI-Ansatz bedeutet, die Lerner auf allen sinnlichen Ebenen zu erreichen und dadurch zu aktivieren.
- Und: Auch wenn sich die Teilnehmer zunächst einmal wehren, weil sie lieber sitzen wollen, sollten wir sie als Trainer immer auch zum Tun, zur Mitarbeit, zur Aktivität anregen.

Die vier waren sehr zufrieden mit dem bisherigen Ablauf des Treffens, auch wenn sie vordergründig mit ihrem dringendsten Thema, nämlich dem PE-Treffen, noch nicht weiter gekommen waren.

---
119 Meier, Dave, 2004, S. 78ff

Doch, so meinte Lachkamb, sie seien sehr wohl weiter in der Vorbereitung. Denn jetzt war ihnen klar, worauf sie unbedingt achten mussten in der Gestaltung des Tages – nämlich darauf, dass die Teilnehmenden an der Veranstaltung mit dem ganzen Gehirn und ihrem Körper dabei sein sollten und nicht nur mit den Ohren ...

Sie vereinbarten, die heute gewonnenen neuen Erkenntnisse erstmal zu verarbeiten und verabredeten sich auf einen Folgetermin, an dem sie über die weitere Planung des PE-Treffens sprechen wollten.

16 Gedanken zur Vorbereitung

Martin Peler saß in seinem Büro und war schon sehr gespannt auf das Meeting nachher mit den Kollegen und Gerhard Lachkamb. Sie wollten jetzt sehr konkret in die Vorbereitung des PE-Treffens einsteigen und benötigten dabei dringend seine Unterstützung. Sie waren seiner eigenen Meinung nach noch nicht so weit, eine so große Veranstaltung selbst zu planen und inhaltlich zu organisieren, ohne womöglich ihren eigenen Ideen und Gedanken aus ihrem Projekt „Neue Lernkultur" zu widersprechen.

Freilich, sie könnten einfach nur eine Präsentation nach der anderen durchführen, einen Redner nach dem anderen auf die Bühne schicken – aber das wäre ja furchtbar, grübelte er bei sich. Irgendwie musste der Tag so gestaltet werden, dass die Teilnehmenden die Chance hatten, selbstorganisiert die Themen zu lernen, zu erleben und die Dinge, die besprochen werden auch selbst zu tun. Mit diesen Gedanken machte er sich fröhlich auf zum Jour fixe.

Mit wem haben wir es eigentlich zu tun?

Wer wird denn eigentlich kommen, fragte Lachkamb zunächst einmal ganz einfach und unkonkret.

Nun, gab Martin zurück, alle aus der Unternehmensgruppe, die irgendwie mit Personalentwicklung, Aus- und Weiterbildung zu tun haben. Insgesamt sind das bestimmt so um die fünfzig Leute.

Ganz schön viel. Also die Anzahl der Teilnehmenden haben wir geklärt. Allerdings bin ich mit Ihrer Beschreibung der Zielgruppe noch nicht zufrieden. Denn das ist grundsätzlich einer der ganz wesentlichen Ausgangspunkte aller Vorüberlegungen vor einem Seminar: Mit wem haben wir es eigentlich zu tun? Oder: Wer ist die Zielgruppe der Veranstaltung?

Was denken Sie, richtete er seine Fragen an die drei Kollegen aus dem Unternehmen, was wir alles über die Zielgruppe wissen sollten? Lachkamb stand auf und ging gleich wieder zum Flipchart. Es war für ihn wie selbstverständlich, alles, was in seinen Workshops von den Teilnehmenden als Antworten gegeben wurde, sofort zu notieren.

Einige Kernfragen zur Zielgruppenanalyse

- Wie groß ist die Gruppe?
- Welchen Kenntnisstand haben die Teilnehmer bezüglich des Themas?
- Welchen Wissensstand bzw. welches Bildungsniveau hat die Gruppe?
- Welche beruflichen Erfahrungen bringen die Teilnehmer mit?
- Haben sie Erfahrungen mit Weiterbildung?
- Welche Bedürfnisse/Wünsche haben die Teilnehmer?
- Wie ist ihre Motivation bezüglich des Workshops?
- Welche Besonderheiten gibt es in der Gruppe?
- Bestehen womöglich Konflikte zwischen Teilnehmenden?
- Oder gibt es Probleme, Schwierigkeiten, Konflikte im beruflichen Umfeld Einzelner?
- Welche Erwartungen haben die Teilnehmer an die Veranstaltung?

Je besser wir über unsere Zielgruppe Bescheid wissen, erläuterte Gerhard Lachkamb nach der Sammlung der Punkte, desto besser können wir mit unseren Seminaren auf die jeweiligen Teilnehmer eingehen. Wir sollten uns also immer zuerst mal fragen, mit wem wir es eigentlich zu tun haben. Auch deshalb, weil genau diese Überlegung auf die ganze restliche Vorbereitung Auswirkungen hat. Je nachdem, wer unsere Zielgruppe ist, werden wir unterschiedliche Themen in das Seminar einbringen, unterschiedliche Methoden anwenden etc.

Warum ist da das Bildungsniveau der Teilnehmenden interessant? Ist das nicht schwierig und unangemessen, danach zu fragen, meldete sich Simone zu Wort.

Vielen Dank für die Frage, das ist ein ganz wichtiger Punkt, antwortete Lachkamb. Es geht nicht darum, jemanden irgendwie zu benachteiligen oder zu diskreditieren. Dennoch ist es wichtig, sich auch darüber Gedanken zu machen. Denn das bestimmt ja letztlich auch die Komplexität, mit der wir unsere Themen darstellen, die Sprache, mit der wir etwas präsentieren und gegebenenfalls auch die Methoden und Mittel. Und wenn wir das alles womöglich zu hoch ansetzen, überfordern wir die Teilnehmer. Und dies wiederum führt fast zwangsläufig zu einer starken Demotivation. Und auch umgekehrt ist das sehr unglücklich. Wenn wir eine Gruppe haben, die permanent unterfordert ist, entsteht

Langeweile. Es gibt für die Motivation von Lernenden nichts Schlimmeres als konsequent unter- oder überfordert zu sein. Insofern ist es sehr wohl wichtig und auch im Sinne der Teilnehmenden richtig, sich auch darüber sehr genau zu informieren.

Ein weiteres wichtiges Werkzeug für Ihre Vorbereitung kann außerdem das folgende Entscheidungsraster sein, mit dessen Hilfe Sie weitere wesentliche Aspekte für Ihr Seminar zusammentragen können. Es gilt nämlich noch vier weitere, ganz grundsätzliche Fragen zu klären:

Was möchte ich denn eigentlich in dem Seminar/ Training erreichen? Was sollen die Teilnehmer nach der Veranstaltung wissen/können?	1. Ziele
Welche Themen müssen im Seminar überhaupt behandelt werden, um das zu erreichen? Hier gilt: So viel wie nötig, so wenig wie möglich!	2. Inhalte
Mit welchen Methoden erreiche ich das am besten? Wie muss ich mit der Gruppe arbeiten, um das zu erreichen? Welche aktivierenden Methoden kann ich einsetzen?	3. Methoden
Welche Medien kann ich unterstützend einbinden? Womit kann ich meine Themen darstellen? Was sind geeignete Mittel, um meine Aussagen zu unterstreichen?	4. Medien

Lassen Sie uns zunächst einmal damit beginnen, Ziele für unseren Workshop zu definieren. Das ist der erste Ansatz. In der Pädagogik gibt es den Begriff „Primat der Ziele". Die Ziele stehen, freilich auch in Abhängigkeit mit der Zielgruppe, an oberster Stelle, danach richten sich alle anderen Überlegungen. Also was sollen die Teilnehmer wissen und können, wenn sie abends nach Hause gehen?

Simone: Also ich würde mir wünschen, dass die Teilnehmenden am Abend eine Ahnung haben, was selbstorganisiertes Lernen bedeutet, wie ihre zukünftige Rolle als Lernbegleiter zu verstehen ist und dass sie einige Methoden mit an die Hand bekommen haben. Ach ja und ganz wichtig. Das sie es selbst erlebt und nicht nur davon gehört haben!

Ja genau, schloss sich Frank an. Gerade das Letztgenannte ist auch für mich extrem wichtig. Meine Ausbilder haben nämlich früher schon immer gesagt:

Gesagt ist noch nicht gehört,
gehört ist noch nicht verstanden,
verstanden ist noch nicht einverstanden,
einverstanden ist noch nicht gemacht
und gemacht ist noch lange nicht richtig gemacht ...

Insofern erscheint es mir ganz wichtig, dass wir die Leute auf der Veranstaltung auch was tun lassen und nicht nur irgendwelche Powerpoint-Präsentationen zeigen. Wir müssen sie aktivieren, wir müssen selbstorganisiertes Lernen befördern, so wie wir es seit langem schon diskutieren. Nur dann können sie es auch in ihrer Praxis selbst wieder anwenden. Wenn wir ihnen die Themen nur vorstellen, kann passieren, dass überhaupt nichts umgesetzt wird.

Na, da nehmen wir uns aber ganz schön viel vor, warf Martin jetzt ein. Also müssen wir nicht nur dafür sorgen, dass es theoretisch etwas zu verstehen und zu bearbeiten gibt, sondern auch dass es praktische Beispiele zu erleben gibt und idealerweise auch gleich Umsetzungsmöglichkeiten gegeben sind.

Welche Inhalte sollen wie bearbeitet werden?

Sehr gut, ergänzte Lachkamb. Wir sind ja schon mitten in der Planung. Gehen wir also mal davon aus, dass unsere Zieldefinition abgeschlossen ist. Wichtig ist hierbei zu beachten: Je konkreter das Ziel benannt ist, desto einfacher ist der Rest der Planung. Nach dem Raster muss sich an die Definition der Ziele sofort die Frage anschließen, welche Themen denn nun bearbeitet werden sollten, um genau die gesteckten Ziele zu erreichen?

Martin hat ja eben schon gesagt, fügte Simone an, dass wir zunächst einmal auch etwas Theorie anbieten sollten. Vielleicht mit einem kleinen Impulsreferat? Oder mit einem größeren Vortrag?
Aus meiner Sicht ist ein Vortrag zu dem Thema nicht ideal, meinte Martin. Können wir nicht irgendwas Interaktives tun?
Aber müssen die Leute nicht erst einen gewissen theoretischen Input haben, um überhaupt verstehen zu können, was wir mit Selbstorganisation meinen? Frank war skeptisch. Denn auch wenn wir unsere Teilnehmer häufig unterschätzen: „Die Regel ‚Input kommt vor Output' ist eine Art Naturgesetz und lässt sich nicht außer Kraft setzen. Mit anderen Worten: Vor dem Anwenden kommt das Lernen. Und das lässt sich mit Hilfe effektiver Materialien erheblich vereinfachen."[120]
Aha, meinte Lachkamb. Das könnte ja auch eine sehr spannende Variante sein. Mit Hilfe von guten Materialien können wir die Teilnehmer also das Thema selbst entwickeln lassen. Vielleicht können wir den Biologen Jonathan Myers noch für ein kurzes Impulsreferat von vielleicht 20 Minuten gewinnen. Das wäre doch klasse, oder?

Oh ja, ergänzte Martin, das ist 'ne gute Idee. Der bringt die Leute dazu, dass sie ihm zuhören. Irgendwie hat der eine äußerst lebendige Art, Präsentationen zu gestalten.

Na, dann haben wir ja auch schon die ein oder andere Methode mit drin, resümierte Lachkamb. Einen Vortrag und eine Art Gruppenarbeit, nämlich mit Hilfe von verschiedenen Materialien die Teilnehmer etwas erarbeiten lassen. Und jetzt können wir freilich aus dem Vollen schöpfen, da wir ja erst neulich eine breite Palette von Möglichkeiten gesammelt haben, wie wir methodisch vorgehen können, um dem SAVI-Lernen gerecht zu werden. Insofern sind wir methodisch auf der sicheren Seite. Wir müssen nur schauen, welche dieser Methoden ideal zu unseren Zielen passt ... Käme als Nächstes dann noch die Frage, mit welchen Medien wir dann diese einzelnen Bausteine unterstützen können.

Glücklicherweise, meinte Martin, haben wir hier im Unternehmen wirklich alles: Vom Flipchart über die klassischen Moderationskoffer, Pinnwände, Whiteboard-Tafeln über Notebook und Projektor, auch Overhead-Projektoren. Hier sind wir sehr gut ausgestattet. Aber es gibt

---

120 Linker, Wolfgang, 2005, S. 113

ja auch noch andere Medien, die auch sehr ansprechend sind. Alles, was irgendwie außergewöhnlich ist: Bildkarten zum Beispiel. Mit Musik im Seminarraum zu agieren, mit Bällen zu spielen und Pflanzen zu stellen oder Ähnliches. Wir sollten uns auch Gedanken um die Gestaltung der Räume machen.

Ja unbedingt, ergänzte jetzt Lachkamb. Das hat ja auch wieder was mit dem Wohlfühlen der Teilnehmenden zu tun. In einem kahlen, leeren Seminarraum mit weißen Wänden entsteht keine gute und offene Lernatmosphäre, in der Spaß und Neugier vorherrscht. Und wenn wir die Leute aktivieren wollen, wenn wir sie mit einbinden wollen, wenn wir wollen, dass sie ihren Lernprozess selbstorganisiert steuern, dann müssen wir ja auch genau dafür sorgen.

Also wissen wir jetzt, meinte Herr Meister, mit welchen Denkmodellen wir uns vorbereiten können. Zunächst müssen wir uns über die Zielgruppe im Klaren sein. Dann sollten wir festsetzen, erstens was genau unsere Ziele sind, zweitens mit welchen Inhalten wir diese erreichen wollen, drittens mit welchen Methoden wir an der Erreichung der Ziele arbeiten und viertens welche Medien wir einsetzen. Also wird, wenn ich das richtig interpretiere, alles in Abhängigkeit zu den Zielen entschieden.

Lachkamb nickte und Frank fuhr fort. Das haben wir, glaube ich, verstanden. Aber wie sieht denn nun der Ablauf einer guten Veranstaltung aus? Gibt es so etwas wie ein Muster-Ablauf? Ein Schema, an das wir uns halten können, um unsere Seminare zu planen?

Das ist ein ganz wichtiger Punkt, bekräftigte Simone. Jeder von uns hat ja schon davon gehört, dass wir einen Einstieg und dann eine inhaltliche Einleitung brauchen. Dann kommen wir zum Hauptteil und schließlich zum Abschluss. das wissen wir seit den Zeiten, in denen wir in der Schule Aufsätze geschrieben haben. Aber gibt es nicht darüber hinaus noch Erklärungsmodelle?

Doch doch, warf nun Herr Lachkamb wieder ein. Da gibt es mehrere Modelle. Ich möchte Ihnen gerne drei vorstellen, die ich für recht sinnvoll halte. Zunächst zeige ich Ihnen ein schönes Modell aus der Werbung. Das AIDA-Prinzip. Er stand auf, ging zum Flipchart und notierte:

Das AIDA - Prinzip	**A** – Attention
	I – Interest
	D – Desire
	A – Action

Eigentlich, so begann Herr Lachkamb seine Ausführungen, ist das AIDA-Prinzip nur eine Fortführung des eben genannten Drei-Stufen Modells mit der Einleitung, dem Hauptteil und dem Schluss. Allerdings mit etwas anderen Worten. Mit dem Beginn, nämlich dem Punkt *Attention* ist zunächst einmal gemeint, dass wir es beim Start eines Seminars unbedingt schaffen sollten, die Aufmerksamkeit der Teilnehmenden zu erregen, in dem wir etwas tun, dass eben für Aufmerksamkeit sorgt. Jeder Teilnehmer kommt doch mit bestimmten Erwartungen und Vorstellungen in ein Training, in einen Vortrag, zu einer Präsentation oder in ein Seminar. Wenn nun genau diese Erwartungen getroffen werden, dann geht doch jedem Teilnehmer sofort folgender Satz durch den Kopf: Das hatte ich mir ja gleich so gedacht!

Und wenn das so ist, dann ist es vorbei mit der Aufmerksamkeit. Denn Erwartungen, die genau getroffen werden, verführen letztlich dazu, dass die Zuhörer abschalten, in den Standby-Modus herunterfahren und abwarten. Sie wissen ja eh, was kommt. „Erfüllen Sie eine ganz spezifische Erwartungshaltung nicht, kommen Sie den Teilnehmern Ihrer Präsentation von einer unerwartet anderen Seite, und Sie sichern sich eine sicht-, hör- und spürbar höhere Aufmerksamkeit."[121]

Erwartungen übertreffen schafft Neugier

Also, meldete sich jetzt Martin zu Wort, muss es unser Ziel sein, die Erwartungen der Teilnehmer zu Beginn einer Veranstaltung irgendwie zu übertreffen. Wir müssen auf jeden Fall versuchen, sie zu überraschen, etwas zu tun, womit keiner gerechnet hat. Und wenn wir das hinkriegen, dann haben wir garantiert die Aufmerksamkeit der Zuhörer, weil da ja etwas passiert, was sie auf keinen Fall verpassen sollten.

Ja genau, bestätigte Lachkamb. Und wenn wir zu Beginn die Aufmerksamkeit der Teilnehmenden haben, dann hören sie uns auch zu. Dann

---

[121] Bornhäußer, Andreas, 2001, S. 32ff

sind sie neugierig, dann wollen sie wissen, was jetzt weiter auf sie zukommt. Und jetzt kommt der zweite Teil dieses Modells, nämlich *Interest*: Jetzt geht es also darum, die Neugier, die Aufmerksamkeit, die jetzt vorhanden ist, in Interesse am Thema umzumünzen. Das ist ein ganz wesentlicher Punkt, um die Teilnehmenden nicht zu verlieren. Sie müssen für sich erkennen, dass es wichtig ist, sich mit dem Thema zu beschäftigen. Sie müssen für sich einen Wert und einen Nutzen im Thema erkennen, kurz: Sie müssen interessiert werden. Das ist mit Interest gemeint. Wenn das jetzt nicht passiert, dann werden die Teilnehmenden die Aufmerksamkeit vom Beginn sehr schnell wieder verlieren. Sie müssen also für sich erkennen, dass das Thema etwas mit ihnen und ihrem Alltag, sei es privat oder bei der Arbeit, zu tun hat. Dann werden sie interessiert lauschen, was weiter passiert.

Und *Desire*? Das wollte Frank jetzt wissen. Was zum Kuckuck ist denn mit „Wunsch" und „Begierde" im Zusammenhang mit einem Training gemeint?

Lust am Thema machen

Ich glaube, äußerte Simone jetzt ihre Vermutung, ich weiß, was das bedeuten kann. Denn wenn wir eine Veranstaltung gut eröffnet, die Neugier beim Publikum geweckt und dann in einem zweiten Schritt das Interesse am Thema gefördert haben, muss jetzt ja der nächste Schritt kommen: Es könnte also darum gehen, bei den Teilnehmern so etwas wie ein Verlangen zu wecken, die Themen, die da präsentiert werden, jetzt auch zu haben, zu verstehen oder anwenden zu können. Wir müssen also so präsentieren, dass die Teilnehmenden sozusagen mit den Hufen scharren, das Ganze auch umzusetzen. Für unseren PE-Tag könnte das heißen, dass wir die Themen so vorstellen bzw. anbieten sollten, dass die Teilnehmenden richtig Lust bekommen, das Ganze bei sich im Unternehmen umzusetzen. Es ist also unsere Aufgabe, das Verlangen danach zu wecken!

Ja genau, bestätigte Lachkamb. Und das funktioniert letztlich darüber, wie wir das Ganze darstellen. „Der Überzeugte überzeugt am Besten"[122], kann eine solche Grundregel sein. Das soll freilich heißen, dass

---

[122] Bornhäußer, Andreas, 2001, S. 22

wir nur dann die Teilnehmer für ein Thema begeistern können, wenn wir selbst begeistert sind. Wenn wir selbst Lust und Spaß daran haben, mit unseren Seminarteilnehmern in Interaktion zu sein, Gedanken und Ideen mit ihnen zu bearbeiten, Lösungen für Schwierigkeiten zu entwikkeln und sie im Lernen begleiten, dann haben diese selbst auch Lust und Spaß an den Themen.

Ich verstehe, ergänzte Martin. Als ich den Herrn Myers in seinem Workshop erlebte, war er voller Energie, Freude und Humor. Das hat sich sofort auf die Teilnehmenden und damit freilich auch auf das Thema übertragen.

Lachkamb: Das Darstellen oder das Erarbeiten eines Themas in einer Gruppe benötigt eben schon auch mehr als reine inhaltliche Arbeit. „Neben der Notwendigkeit inhaltlicher Ernsthaftigkeit vertrete ich vor allem die Ansicht, dass die Art der Darbietung allen Beteiligten auch Spaß machen muss. Es geht nicht nur um Information, sondern auch um Unterhaltung."[123] Dann wecken wir bei den Beteiligten auch das Verlangen danach, das Erarbeitete selbst umzusetzen. Lassen Sie uns noch einen Schritt weiter gehen in dem AIDA-Prinzip. Denn da kommt ja abschließend noch der Begriff *Action*. Sie kennen alle Veranstaltungen, die mit „Vielen Dank für Ihre Aufmerksamkeit" enden. Was genau sagt denn eigentlich der Referent, wenn er so etwas sagt?

Martin lachte. Na ja, eigentlich sagt er: Danke, dass sie nicht eingeschlafen sind ...

Oh ja, genau. Das steckt in der Formulierung, stimmte Lachkamb zu. Das ist ein ganz wesentlicher Punkt. Kein selbstbewusster Trainer würde das sagen, schließlich weiß er, dass die Zuhörer bei ihm nicht einschlafen! Ein weiterer wichtiger Gedanke ist, dass mit dieser Formulierung das Thema radikal beendet wird. Manche sagen sogar noch so etwas wie: „Damit bin ich am Ende meiner Ausführungen", oder Ähnliches. Im Prinzip heißt das, dass das Thema nun abgeschlossen ist. Viel schöner wäre es doch, wenn die Teilnehmer aus der Veranstaltung herausgehen und das Thema eben nicht beendet ist, sondern wenn jeder so etwas wie eine Idee für eine Handlung mit auf den Weg bekommt, oder?

---

[123] Bornhäußer, Andreas, 2001, S. 13

Die drei Kollegen nickten Lachkamb neugierig zu. Und wie soll das gehen, fragte Simone.

Action = Handlungsaufforderung

Das kann bewerkstelligt werden, indem eben kein Abschluss formuliert wird, sondern eine Handlungsaufforderung – denn das ist mit Action in diesem Modell gemeint. Das könnte dann zum Beispiel so klingen: So, ich habe ihnen jetzt das AIDA-Prinzip vorgestellt, dass Sie zum Vorbereiten Ihrer Seminare benutzen können. Sie wissen jetzt, wie sie dieses Raster als Planungsinstrument benutzen können und ich möchte Sie gerne ermuntern, das jetzt gleich auch in die Tat umzusetzen und Ihr nächstes Seminar mit diesem Ablaufschema zu planen.

Aha, meinte Frank euphorisch. Das gefällt mir gut. Damit ist freilich deutlich, dass hier jetzt nicht Schluss ist, sondern dass das Thema weiter geführt wird. Der Teilnehmer nimmt gleich eine Inspiration mit, wie er das Erarbeitete direkt in seine Praxis übersetzen kann. Er braucht also den ersten Transferschritt gar nicht selbst zu denken, sondern bekommt ihn gleich von uns geliefert. Das ist klasse.

Und dieses AIDA-Prinzip, so ergänzte jetzt Martin das Gesagte, ist so etwas wie ein Ablaufschema für unsere Veranstaltung. Wir müssen also bedenken, wie wir diese vier Punkte mit Leben füllen, um letztlich die Neugier, den Spaß und damit auch den Lernerfolg bei den Teilnehmenden sichern. Denn wie wir ja auch wissen, gelingt Lernen in einer angenehmen Atmosphäre erheblich besser als unter Stress und Anstrengung. Und letztlich geht es ja immer auch um die Verbesserung von Lernprozessen.

Vier Phasen eines Lernzyklus

Das ist ein gutes Stichwort, mischte sich jetzt Gerhard Lachkamb wieder ein. Wir haben jetzt also ein Modell besprochen, mit dessen Hilfe wir uns vorbereiten können und eines, das als Ablaufschema für eine gute Veranstaltung betrachtet werden kann. Aber wie letztlich ein Lernprozess in modellhafter Form dargestellt werden kann, fehlt uns noch. Da möchte ich Ihnen noch ganz gerne das Modell von Dave Meier vorstellen, der vier Phasen eine Lernzyklus differenziert.

Er stand auf und ging hinüber zur Whiteboard-Tafel, um das Modell zu skizzieren:

Vier Phasen menschlichen Lernens

1. **Planen,** Interesse wecken
2. **Präsentieren,** Begegnung mit dem Lernstoff ermöglichen
3. **Praktizieren,** Integrieren des Neuen in bereits Gelerntes
4. **Produzieren,** anwenden und ausprobieren

Lachkamb: „Dieser einfache viergliedrige Prozess ist universell. Er findet seine Entsprechung in allem Lernen, immer und überall [...] Wenn irgend einer der vier Schritte fehlt, verschlechtert sich das Lernen oder es verschwindet gänzlich."[124] Dieser Prozess lässt sich auf alles anwenden und dient dementsprechend auch für uns als Schema, das wir bedenken sollten.

Interesse wecken

Also hier taucht die Notwendigkeit, das Interesse der Teilnehmenden zu wecken, auch gleich wieder auf, fügte Simone an. Das zieht sich einfach durch. Gutes Lernen kann nicht stattfinden, wenn sich keiner für das Thema interessiert. Also muss es das Ziel sein, positive Gefühle über die bevorstehende Lernerfahrung zu vermitteln durch zum Beispiel Nutzenaussagen für die Lernenden oder das Darlegen von klaren und bedeutsamen Zielen. Über das Schaffen einer idealen Umgebung haben wir ja auch schon gesprochen – das beinhaltet sowohl die physische Umgebung als auch die angstfreie und positiv besetzte soziale und emotionale Umgebung, also, platt gesagt, auch der Umgang miteinander. Gleichzeitig gilt es aber auch, Fragen aufzuwerfen, Neugier zu wecken, Ängste zu nehmen, Lernbarrieren abzubauen und die Lernenden von der ersten Minute an einzubinden. Wenn wir das alles zu Beginn einer Veranstaltung schaffen, dann haben wir bestimmt den Notwendigkeiten in dieser ersten Phase Genüge getan, oder?

124 Meier, Dave, 2004, S. 83

Zugang zum Inhalt

Ja, stimmte Lachkamb zu. Das sehe ich genauso. Dann sind die Ziele der Planungsphase erreicht und wir gehen dann sozusagen gleich in die zweite Phase über, nämlich in die des Präsentierens. Hier geht es darum, den Lernenden den Zugang zum Lernstoff weitestgehend zu erleichtern. Das betrifft letztlich die Art der Darbietung und meint, dass das Thema interessant, erfreulich für die Teilnehmenden, bedeutsam und alle Sinne ansprechend präsentiert werden sollte. Damit ist zum Beispiel gemeint, dass Interaktion mit dem Publikum gefragt ist und das ganze Hirn aktiviert sein sollte. Auch über Bewegung könnten wir nachdenken. eine Variante wäre auch, Live-Situationen einzubauen und diese dann beobachten zu lassen. Oder Partner-, Team- und Entdeckungsaufgaben wären auch spannende Möglichkeiten, sich dem Thema anzunähern. Wichtig ist hierbei, dass diese Phase, obwohl sie Präsentationsphase heißt, nicht nur unbedingt etwas damit zu haben muss, dass ein Dozent stur ein Thema präsentiert. Es geht in dieser Lernphase darum, sich dem Thema anzunähern – je abwechslungsreicher, desto besser. Das kann freilich auch eine ansprechende Präsentation sein, muss es aber nicht.

Andocken des neuen Wissens

Ja und dann kommt die Phase des Praktizierens, also des Integrierens in bereits vorhandenes Wissen, meldete sich Frank zu Wort. Wir wissen ja, dass unser Gehirn immer rekursiv arbeitet, also rückbezüglich auf bereits gemachte Erfahrungen, auf bereits gelerntes Wissen zugreift. Das ist jetzt doch in dieser Phase auch wichtig. Wir müssen unseren Lernenden helfen, neues Wissen irgendwie zu integrieren, es einzubetten in ihre bisherigen Erkenntnisse. Also zum Beispiel über vertiefende Übungen, praktische Versuche oder Feedbackschleifen. Wir hatten ja auch über Lernspiele gesprochen. Mit deren Hilfe ist in dieser Phase bestimmt auch viel zu erreichen. Über das Lösen von bestimmten Aufgaben, Problemen und Praxisfällen könnte Wissen verarbeitet werden. Über Partner- und Teamdialoge, den Austausch dessen, was eben gelernt wurde. Über den Abgleich des konstruierten Wissens entsteht vielleicht neues Wissen. Über wechselseitiges Lehren oder das Wiederholen durch Übungen und Spiele, über Lehrgespräche und Simulationen. Die Möglichkeiten sind reichhaltig, wir müssen sie nur umsetzen. Wichtig dabei ist, dass wir eine Basis schaffen, mit der die Lernenden das eben servierte Menü auch essen und verdauen können.

Festigen des Gelernten

Und schließlich, schloss sich jetzt noch Martin an, kommt dann noch die Phase des Produzierens. In dieser Phase des Lernens muss es jetzt also das Ziel sein, den Teilnehmern zu helfen, ihr eben erworbenes Wissen oder die Fähigkeiten und Fertigkeiten gleich in der Praxis, also zum Beispiel auch jobbezogen anzuwenden. Dies hilft, das Lernen zu verstetigen bzw. das Gelernte auch zu verfestigen, so dass sich auch die jeweilige Leistung konsequent verbessert, weil das gelernte Verhalten einstudiert, geübt und trainiert werden kann. Im Training selbst könnten wir das mit Echt-Welt-Szenarien umsetzen – also keine gestellten Fälle erfinden, sondern reale Situationen im Training zulassen und bearbeiten. Wir könnten außerdem Maßnahmen- oder Durchführungspläne erstellen und ausführen lassen. Ja, wir könnten auch dafür sorgen, dass wir unterstützende Materialien oder Unterlagen mit an die Hand geben und für eine Nachbetreuung am Arbeitsplatz sorgen, zum Beispiel über das Installieren von kleinen Lerngruppen. Ideal wäre auch ein begleitendes Coaching am Arbeitsplatz, um den Lernerfolg direkt in der Praxis zu erleben und ggf. zu vertiefen. Und freilich nicht zu vergessen, konsequentes Feedback hilft auch, den Lernerfolg zu unterstützen.

Und das alles, grinste jetzt Lachkamb, haben wir jetzt mal eben im Dialog zusammengestellt. Dabei haben Sie schon so viele Möglichkeiten und Methoden gesammelt, dass ich parallel gleich mal eine kleine Mind Map erstellt habe, damit wir keinen der wichtigen Gedanken wieder verlieren.

Er präsentierte den verdutzten Kollegen die Zusammenschau dessen, was sie in den letzten fünf Minuten kurz und knapp im Gespräch entwickelt hatten. Sie waren sich ja durchaus dessen bewusst, dass sie sich inzwischen mit dem Themenkomplex Lehren und Lernen ein bisschen auskannten, aber dass sie schon so viel zusammen entwickeln könnten, war ihnen so deutlich noch nicht gewesen. Dementsprechend waren sie auch ein wenig stolz, als ihnen Herr Lachkamb die Mind Map vorstellte.

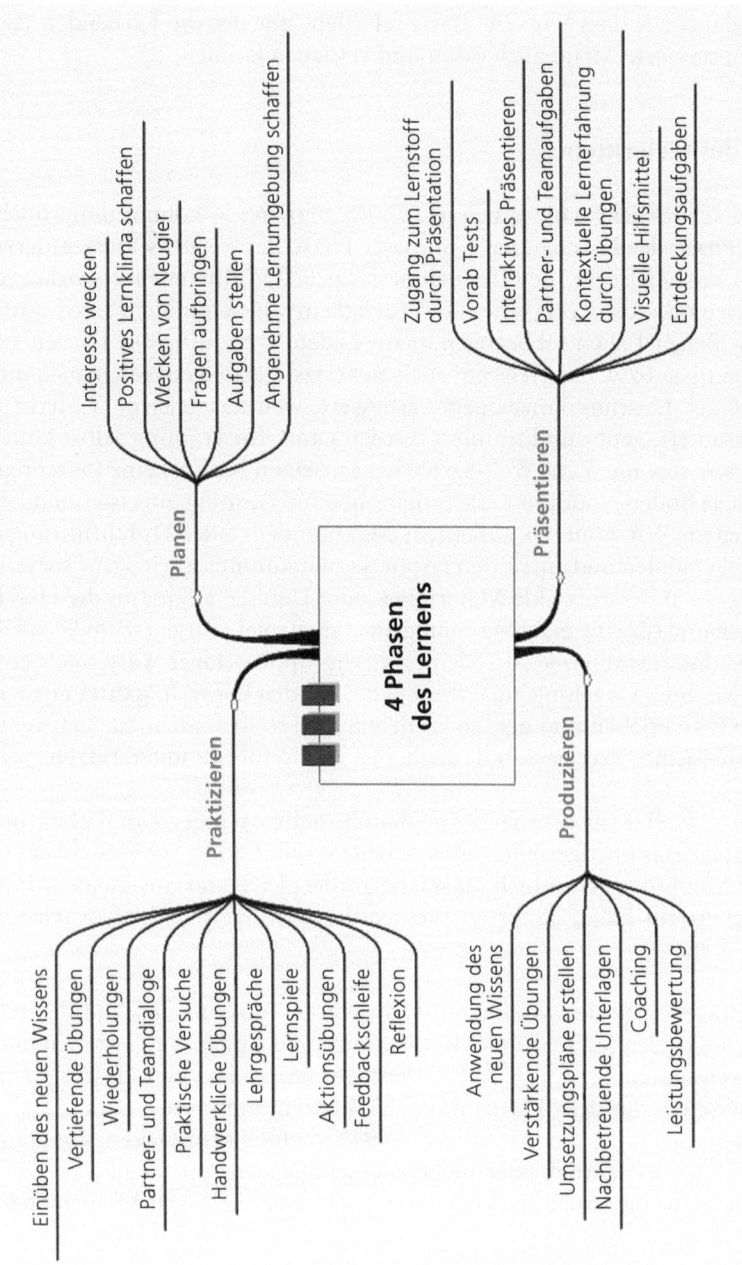

Wir sollten das gleich mal noch woanders festhalten, meinte Frank, der sich jetzt das Projekttagebuch „Neue Lernkultur" vornahm. Wir haben jetzt heute ja schon recht viel Ideen gesammelt, wie wir uns auf ein Seminar, ein Training oder aber eben auch unsere Tagesveranstaltung vorbereiten können. Ich würde das ganz gerne in unser Tagebuch aufnehmen, bevor wir womöglich noch etwas Wichtiges vergessen.

Unter zustimmenden Nicken der Kollegen begann er, folgende Sätze in das Tagebuch zu formulieren:

Erfolg im Training setzt eine gute Planung voraus

- Mit wem haben wir es eigentlich zu tun? Zielgruppenanalyse als erster Denk-Schritt in der Vorbereitung.
- Ziel, Inhalt, Methode und Medien als Entscheidungsraster.
- Wichtig ist, eben nicht genau die Erwartungen der Zielgruppe zu treffen, sondern sie im günstigsten Fall zu übertreffen.
- Das AIDA-Prinzip dient als ein Ablaufschema für eine gute Veranstaltung. Alle vier Punkte müssen gegeben sein.
- Lernen vollzieht sich immer in vier Phasen. Fehlt eine der Phasen, dann wird Lernen verschlechtert und die Ergebnisse lassen zwangsläufig nach.
- Wichtig: Die Präsentationsphase ist nur dazu da, Lernen anzuregen. Mehr kann sie nicht, da Lernen selbst mehr aus Erfahrung besteht denn aus Zuhören.

Jetzt war es auch an der Zeit, den PE-Tag konkret zu planen. Sie hatten die Werkzeuge, sie kannten die nötigen Gedankengänge und vor allem: Sie waren unter Zeitdruck und mussten die Veranstaltung jetzt strukturieren und die Abläufe festlegen. Dementsprechend gingen sie dann auch mit viel Elan und Gerhard Lachkambs Unterstützung daran, die PE-Tag detailliert vorzubereiten und auch festzulegen, wer von ihnen was machen sollte.

17 Der große Tag

Sie trafen sich bereits sehr früh am Morgen, obwohl der Beginn der Veranstaltung erst auf neun Uhr angesetzt war. Simone Kaufmann, Martin Peler und Frank Meister wollten sich nochmals versichern, das alles seinen richtigen Gang ging. Denn schließlich war das für sie eine extrem wichtige Veranstaltung und sie standen erheblich unter Druck. Sie hatten neben all den Kollegen aus der Unternehmensgruppe, die mit Aus- und Weiterbildung bzw. Personalentwicklung zu tun hatten, auch noch einige Berufsschullehrer und Trainer eingeladen, die für ihr Unternehmen arbeiteten. Es ging für sie also schon auch darum, das gesamte Projekt „Neue Lernkultur" nicht nur einer breiteren Gruppe von Fachleuten vorzustellen, sondern es auch ein Stück weit auf seine Praxistauglichkeit zu überprüfen.

Ob das alles so funktioniert, wie wir uns das vorgestellt haben, fragte dann auch eine ziemlich nervöse Simone. Die Frage ist ja, ob die Teilnehmenden mitmachen, sich einbringen und ihre Gedanken mit anderen teilen?

Ja, das ist die Frage, gab Frank zu bedenken, schließlich sind sie es gewohnt, einfach nur zuzuhören, sich berieseln zu lassen. Es ist ja auch normal, zu solch einer Veranstaltung zu gehen, sich hinzusetzen und eine Präsentation nach der anderen zu sehen. Aber wir wollen das anders machen und wir werden damit bestimmt erfolgreich sein, sprach er sich und seinen Kollegen Mut zu.
 Genau, meinte ein auch sichtlich angespannter Martin. Wir haben diese Herangehensweise aus gutem Grund gewählt. Unsere Leute werden heute mitarbeiten müssen, sie werden dies hoffentlich auch wollen und einiges dabei lernen. Und im Zweifelsfall haben wir ja auch noch Herrn Lachkamb eingeladen, falls wir kurzfristig umplanen müssen. Und wir haben die Veranstaltung als Workshop angekündigt – also kann sich eigentlich keiner wundern, dass er auch gefordert ist, etwas zu tun.

Gerhard Lachkamb und der Biologe Jonathan Myers waren als Referenten eingeladen, um zu Beginn der Veranstaltung durch kurze Impulsreferate von jeweils zwanzig Minuten die Diskussion zwischen den Teilnehmenden ins Laufen zu bringen. Danach war vorgesehen, sofort in unterschiedliche Workshop-Phasen zu gehen und die verschiedenen Facetten selbstorganisierten Lernens zu erarbeiten bzw. zu besprechen.

Zu Martins Ungemach hatte sich auch Herr Finster angekündigt, der es sich nicht nehmen lassen wollte, sozusagen als ein weiterer Gast an der Veranstaltung teil zu nehmen.

Ab halb neun, nachdem Simone, Martin und Frank noch die Räume inspiziert, die Flipchart-Bögen aufgefüllt und für ausreichend Moderationsmaterial gesorgt hatten, tröpfelten so nach und nach die ersten Gäste ein. Die Anspannung bei den dreien stieg, als sich die ersten Teilnehmenden über die offene Atmosphäre und die Stehtische wunderten, die zum Empfang bereit standen, hatten sie doch alle einen großen Vortragsraum erwartet, in dem Stuhlreihen mit Tischen wie in einem Klassenzimmer aufgestellt waren. Doch schien diese außergewöhnliche Gestaltung eher dazu beizutragen, das Ankommen und das Miteinander-ins-Gespräch-Kommen zu erleichtern. Denn kaum waren die ersten mit Kaffee und Gebäck versorgt, bildeten sich kleine Gruppen, die sich angeregt unterhielten. Simone, Martin und Frank waren sehr froh darüber, hatten sie doch genau dieses Szenario geplant.

Kurz vor dem Start der Veranstaltung kam Herr Finster schnellen Schrittes auf Martin zugeeilt. Dieser war ohnehin angespannt und erschrak dementsprechend leicht, als er die ätzende Stimme von Herrn Finster hörte: Herr Peler, ich gehe davon aus, dass Sie sehr wohl wissen, dass dieser Tag ein ganz wichtiger in Ihrer Karriere sein kann?
Während er das sagte, warf Herr Finster mit einer seltsamen, aber doch vielsagenden Geste seinen Kopf in den Nacken, als ob er etwas wegwerfen wollte, was auf seinem Kopf lag.

Oh ja, antwortete Martin. Ich denke, dass ich mir der Wichtigkeit des heutigen Tages bewusst bin. Sie haben diesen Tag ins Leben gerufen. Sie wollen selbstverständlich auch, dass er ein Erfolg wird, damit Sie Ihr Gesicht nicht verlieren. Dafür üben Sie einen erheblichen Druck auf mich und meine Mitarbeiter aus und glauben tatsächlich, dass das hilft, ein Projekt erfolgreich auf die Beine zu stellen!

Herr Finster zuckte verwundert mit den Augenbrauen, als er diese ehrlichen Worte hörte, fiel jedoch sehr schnell wieder in sein selbstgefälliges Lächeln zurück. Wir werden sehen, Herr Peler, wir werden sehen, antwortete er gewohnt ätzend, machte auf dem Absatz kehrt und begab sich wieder unter die inzwischen vollständig anwesenden Gäste.

Um neun Uhr war es dann soweit. Die eigentliche Veranstaltung begann, nachdem Martin Peler in einer kleinen Ansprache die Teilnehmenden begrüßt hatte und Simone Kaufmann und Frank Meister die Moderation des weiteren Tages übernommen hatten. Mit viel Spaß und Elan arbeiteten die Anwesenden in kleinen Gruppen über den Tag verteilt in verschiedenen Workshopeinheiten und erdachten Spiele, sinnierten über die Rolle des Lernbegleiters und grübelten über *selbstorganisiertes Lernen* und die daraus resultierenden Auswirkungen auf *aktivierendes Lehren*. Denn schließlich waren es genau die Begriffe, die die Kernthemen dieser Konferenz bildeten.

Völlig geschafft aber glücklich saßen die drei am späten Nachmittag zusammen bei einem Kaffee an einem der Bistrotische im großen Saal. Die meisten Teilnehmenden hatten sich bereits verabschiedet und waren wieder abgereist. Es waren aber auch noch einige wenige da, die sich an den unterschiedlichen Charts aufhielten und sich nochmals vergegenwärtigten, was an dem Tag so alles passiert war. Zwei von ihnen, Frau Huber, die für die PE in einem anderen Unternehmen der Gruppe zuständig war, und Herr Lämpel, der als Berufsschullehrer arbeitete, setzten sich zu Simone, Martin und Frank.

Das war ja ein sehr spannender Tag, begann Frau Huber das Gespräch. Vielen Dank dafür, dass wir das in dieser Form erleben durften. Eigentlich hatten wir ja eine ganz andere Erwartung, wenn wir ehrlich sind. Schon der Beginn mit den Bistrotischen war ja total spannend. Jeder konnte sofort mit jedem ins Gespräch kommen, wenn er nur wollte. Und wir hatten befürchtet, dass wir jetzt den ganzen Tag über wieder nur unterschiedliche Vorträge zu hören bekommen, wie wir unsere Arbeit als Lehrende besser machen können. Das wäre ja ein typisches Veranstaltungsdesign gewesen. Aber es kam ja zum Glück anders.

Und es war auch sehr schön, ergänzte Herr Lämpel das Gesagte, dass die beiden Referenten zu Beginn jeweils nur so kurz sprachen. Viele Informationen in spannenden und anregenden kurzen Vorträgen – Kompliment – das war sehr inspirierend für die weiteren Diskussionen.

Oh, dieses Kompliment geben wir freilich gerne an die beiden Herren weiter, sagte ein zufriedener Martin. Das war auch die Anforderung an die Referenten: kurz und knackig Inhalte liefern, die Teilnehmenden neugierig machen, so dass sie an den Themen weiter arbeiten wollen und sie dann auch losschicken mit Anregungen für vertiefende Fragen. Und dass alle gleich zu Beginn miteinander ins Gespräch kommen, haben wir ja auch bewusst über das Aufstellen der Tische angeregt.

Oh ja, diese Bistrotische, warf Frau Huber wieder ein. Das muss ich mir unbedingt merken. Denn schließlich ist es ja meistens so, dass die Teilnehmenden an solch einer Konferenz zunächst einmal unsicher sind, was da auf sie zukommt. Sie sind dementsprechend auch schwer dazu zu bewegen, sich einzubringen, inhaltlich Stellung zu beziehen oder gar miteinander ins Diskutieren bzw. in einen Austausch zu kommen. Und um diese anfänglichen Bedenken auszuräumen, war das eine tolle Methode!

World Café

Das nennt sich World-Café[125], warf Simone mit einem kleinen Anflug von Stolz ein. Wir haben diese Herangehensweise bewusst gewählt, um erstens eine gute Atmosphäre zu schaffen und um zweitens auch gleich inhaltlich einen Einstieg zu bekommen. Denn nach den beiden kurzen Referaten waren ja schon Ideen gesetzt, Themen in die Köpfe gepflanzt. Jetzt musste es darum gehen, diesen ersten Ideen einen Platz zu geben und daraus richtige Workshop-Themen zu formen. Also brauchten wir eine kreative Methode, mit der die Menschen ins Gespräch kommen und sich austauschen können.

Und das hat gut geklappt, ergänzte ein zufriedener Herr Lämpel. Obwohl natürlich zunächst einmal das Entsetzen groß war, als es hieß, dass wir jetzt etwas machen müssen. Zuhören ist halt doch bequemer. Auf der anderen Seite hat das aber auch dazu geführt, dass wir erfahren haben, was eigentlich die unterschiedlichen Meinungen zwischen den Teilnehmenden so sind, wie sie verschiedene Themen einschätzen, was sie denken und wie sie handeln. Und genau dieser Austausch war ja

---

125 Eine detaillierte Beschreibung der Methode World-Café finden Sie unter www.aktivierendes-lehren.de

dann auch das Bereichernde, nachdem die anfänglichen Bedenken ausgeräumt waren.

Oh ja, das ist ein ganz wichtiger Aspekt, warf jetzt Frank ein. Denn das ist nämlich genau der Punkt mit dem Pluralismus in unserer Gesellschaft! Wir hatten diese Diskussion ja auch schon in unserem Jour fixe gleich zu Beginn des Projekts und heute hat sich ja, glaube ich, auch eine Arbeitsgruppe am Nachmittag dieses Themas angenommen.

Wir haben es mit völlig unterschiedlichen Lernenden zu tun, die verschiedenste Geschichten, die unterschiedlichsten Lernbiografien und damit einhergehend enorm differierende Wissensformen, Lebenswelten und Denkmuster mitbringen. Und genau das ist heute in dieser Veranstaltung auch sehr deutlich ersichtlich geworden. Jeder von den Teilnehmenden hat seinen individuellen Erfahrungsschatz mitgebracht, hatte seine eigenen Denkweisen und Standpunkte zu den Themen in seinem individuellen Päckchen mit dabei. Und unsere Aufgabe bestand nun darin, die Gruppe zu öffnen, so dass sie die Bereitschaft hat, diese unterschiedlichen Standpunkte auch auszutauschen, um gegenseitig daran zu lernen. Denn wenn wir das nicht getan hätten, sondern zum Beispiel in Form von Vorträgen immer nur einzelne Sichtweisen, also individuelle Gedanken eines Vortragenden in den Raum gestellt hätten, dann hätten wir der Pluralität der Gruppe niemals Rechnung tragen können.

Und hätten damit, ergänzte Simone, nicht nur in gewissem Maße den Meinungen unrecht getan, die nicht zu Wort gekommen wären. Nein, wir hätten zusätzlich den Austausch und damit die Multiplikation der Ideen verhindert. Durch unseren aktivierenden Lehrstil hingegen ist es uns gelungen, alle Wissensformen, Denkmuster und Ansichten zu integrieren und damit die Verständigung unter Anerkennung der Meinung anderer zu ermöglichen. Vielfalt ist die Lösung, war unser Credo in unserer Projektsitzung damals. Heute haben wir erlebt, wie diese aussehen kann.

Und wie viel Spaß und Erfolg sie auch mit sich bringt, gab Martin noch zu bedenken. Denn gerade diese Vielfalt in den Ideen und Gedanken machten den Ablauf des heutigen Tages so spannend. Und diese Vielfalt durch das bloße Anbieten von einzelnen Entwürfen, die allein stehen und dann für alle gelten sollen, zu unterdrücken, wäre nach unserer heutigen Sicht eigentlich ein Frevel gewesen. Insofern war es wichtig und richtig, alle mit einzubeziehen, über dieses World Café zu Beginn alle Standpunkte zu Wort kommen zu lassen.

Ja, und das war ja auch dann auch sehr interessant, sagte Frau Huber, die sich jetzt wieder zu Wort meldete. Vor allem das Durchtauschen an den verschiedenen Tischen war ja wirklich klasse, konnte man doch auch sehen, was die anderen Teilnehmenden so kreiert haben. Und außerdem hat es dazu geführt, dass die eigenen Ideen sich erweitert haben, dass sich wieder völlig neue Assoziationen ergaben und die Gruppe gleich wieder an neuen und erweiterten Gedanken arbeiten konnte. Diese Methode hat mich wirklich begeistert, gerade um in so einen Workshop-Tag einzusteigen. Und um das Ganze dann auch bei uns im Unternehmen umsetzen zu können, habe ich mir auch gleich eine von diesen netten laminierten Tischkärtchen eingesteckt, auf denen die Regeln für die einzelnen Sequenzen drauf standen. Mit einem Siegerlächeln hielt sie ihre Trophäe in die Höhe:

World-Café Etiquette

- Tauschen Sie sich aus und bringen Sie Ihre eigenen Sichtweisen und Erkenntnisse mit ein.
- Verbinden Sie Ihre Ideen miteinander und entdecken Sie neue Ansichten.
- Malen und schreiben Sie Ihre Gedanken auf die Tischdecke, als sei sie Ihr Bierdeckel.
- Haben Sie Spaß dabei!

Aber neben dieser methodisch gelungenen Einleitung muss man ja auch noch ergänzend erwähnen, sagte Herr Lämpel, dass zum Beispiel gerade auch der Herr Myers mit seinem Vortrag für erheblichen Gesprächsstoff gesorgt hat. Also da kam ja auch durchaus Leben in die Bude! Als er zum Beispiel die These in den Raum warf, dass Erkenntnis vom Subjekt gesteuert sei und wir als Lehrende mit unseren Themen lediglich als Perturbation, also als „Verstörung" des Systems zu betrachten seien, was das ja schon eine gewisse Provokation für uns alle, die wir pädagogisch arbeiten. Und da entstand ja auch Bedarf, sich da auszutauschen.

Ja, meinte Martin nachdenklich, einerseits war es eine gewollte Provokation, um die Diskussion anzuheizen. Andererseits ist es aber aus biologischer Sicht eine unumstößliche Tatsache, dass Erkenntnis tatsächlich ein vom Subjekt autopoietisch gesteuerter Prozess ist.

Dementsprechend, ergänzte Simone, müssen und mussten wir ja auch das Design der Veranstaltung in dieser Form entwickeln. Denn, als wir zum Beispiel nach der Phase des eröffnenden World-Cafés in die Workshops gingen, haben wir ganz bewusst darauf geachtet, hier rigoros auf Selbstorganisation zu bauen. Wir würden uns und unseren eigenen Thesen widersprechen, wenn wir hier in den üblichen Stil verfallen wären und einfach nur noch irgendwelche Redner irgendetwas erzählen hätten lassen. Und außerdem ging es in dieser Konferenz ja auch darum, dass sich jeder für sich selbst seine eigenen Gedanken zum Thema Lehren und Lernen im Allgemeinen macht und daraus letztlich Schlüsse für Lehren im Unternehmen zieht. Denn unsere „Neue Lernkultur" muss ja nicht zwangsläufig genau die gleiche sein, wie Sie sie für Ihr Unternehmen übernehmen.

Allerdings, gab Frau Huber zu bedenken, eben jeder nach seiner Art und Weise. Mir ist es zum Beispiel so ergangen, dass ich kurz vor der Mittagspause in eine Kleingruppe kam, die gerade damit beschäftigt war, sich darüber zu unterhalten, ob und wie man die Ergebnisse von Seminaren und Weiterbildungsveranstaltungen messbar machen und damit buchhalterisch nachweisen kann. Es ging ihnen darum, auch den finanziellen Nutzen von Bildungsarbeit zu ermitteln. Eigentlich ein sehr spannendes Thema. Allerdings hatten die Teilnehmer dieser Gruppe eine Menge Statistiken und Tabellen aufgebaut, sprachen von allerlei Variablen und versuchten, Verhalten bzw. Lernen zu objektivieren. Ich hörte mir das eine Weile an und habe aber die Gruppe dann doch wieder verlassen, weil ich irgendwie keinen Zugang zu dem Thema fand oder aber zu der Form, wie es hier bearbeitet wurde. Aber es war für mich dennoch eine sehr interessante Erfahrung, weil ich eigentlich schon spannend fand, was da bearbeitet wurde.

Doch eben nicht in dieser Form, sagte Martin. Genau das ist es auch, was Jonathan Myers heute morgen mit der strukturellen Koppelung bezeichnet hat. Die Art, wie diese Kleingruppe das Feld beackert hat, war ganz offensichtlich nicht die richtige für Sie. Mit Tabellen und Statistiken kann man Sie wohl nicht für ein Thema erwärmen. Für Sie wäre es wichtig gewesen, anders an diese Sache ranzugehen. Es ist also nicht gelungen, dieses Thema, so wie es dort diskutiert wurde, mit Ihrer individuellen Struktur zu koppeln. Sehr schönes Beispiel und toller Beweis für die Thesen von Herr Myers, freute sich Martin.

Nun ja, gab nun Herr Lämpel zu bedenken, der sich als Berufsschullehrer mit festen Lehrplänen herumschlagen musste. Es kann ja aber nicht immer so sein, dass die Lernenden einfach weitergehen und sagen, dieses Thema passt jetzt nicht in meine Struktur. Manchmal muss man ja schon auch einfach mal Dinge vermitteln, oder?

Ja sicher, gab Frank lachend zu. Gerade als Ausbilder weiß ich genau, wovon Sie da sprechen. Mich drückt ja auch manchmal die Ausbildungsverordnung. Und dennoch, wir hatten ja auch heute schon davon gesprochen, dass die Regel „Input kommt vor Output" als eine Art Naturgesetz nicht außer Kraft gesetzt werden kann. Also vor dem Anwenden kommt immer auch das Lernen. Aber das lässt sich eben mit Hilfe effektiver Materialien und unterschiedlicher Methoden erheblich vereinfachen. Also wichtig ist die Erkenntnis, dass Frau Huber sich an dem Tisch mit der Art und Weise, wie dieses Thema bearbeitet wurde, nicht richtig wohl fühlte bzw. sich nicht an das Thema koppeln konnte. Das bedeutet nicht, das sie es mit einer anderen Art und Weise nicht gekonnt hätte.

Ja stimmt, gab Frau Huber zu. Ich dachte mir auch, dieses Thema bei mir nochmals aufzugreifen. Aber heute war es ja möglich, einfach zu tauschen. Sie hatten ja mit dieser Methode dafür gesorgt, dass wir uns als Schmetterlinge bzw. Hummeln betätigen konnten und einfach davonfliegen konnten nach diesem Gesetz. Wie hieß das noch mal?

Simone lachte. Das Gesetz der zwei Füße, heißt das. Und die Methode als Ganzes heißt Open Space[126]. Das heißt, dass das Design des gesamten Tages als Open-Space-Konferenz bezeichnet werden kann. Und da ist ja genau das passiert bzw. hat sozusagen in Reinform stattgefunden, was wir unter Selbstorganisation verstehen. Die Teilnehmer selbst haben nach der ersten Phase des Findens und Kreierens von Themen im

---

[126] Eine detaillierte Beschreibung der Methode Open Space finden Sie unter www.aktivierendes-lehren.de

World-Café den weiteren Verlauf geprägt, in dem sie selbst Themen für ihre eigenen Workshops definiert haben. Sie konnten sich selbst Gruppen aussuchen, in denen sie mitarbeiten wollten, durften durchtauschen, wenn sie nichts mehr beizutragen oder zu lernen hatten und konnten sich den ganzen Tag über frei bewegen.

Und dennoch ist etwas Erstaunliches passiert, ergänzte Martin. Wir hatten ja schon auch ein bisschen Bammel davor, dass sich niemand findet, der ein Workshop-Thema vorschlägt, oder dass es Leute gibt, die sich nicht einbringen wollen, oder dass sich viele einfach nur zum Kaffeetrinken zusammenstellen. Aber nichts dergleichen ist geschehen. Im Gegenteil. Die Teilnehmer, befreit von dem Zwang, einem vorgeplanten und durchstrukturierten Workshop zu folgen, waren erstaunlich kreativ, motiviert und hocherfreut über die Freiheit, die sie hatten. Und sie haben sie genutzt. Wie haben Sie das denn erlebt als Teilnehmer?

Nun ja, meinte ein nachdenklicher Herr Lämpel. Schon auch so, wie Sie das sagen. Es war ja auch ein Von-der-Leine-Lassen, was da stattfand. Und das hat zu einer Vielzahl von kleinen Arbeitsgruppen geführt, die intensiv diskutierten und dabei auch völlig neue Gedanken, Ansätze und auch Methoden entwickelten, die ich ja auch direkt in meinem Unterricht anwenden kann.

Hier hat also etwas stattgefunden, gab jetzt Simone zu bedenken, was wir als Konstruktion von Wissen bezeichnen können. Es ging nicht darum, etwas wieder zu geben, was irgendwelche Vortragsredner mal erzählt haben, sondern darum, in kleinen Arbeitsgruppen der Fragestellung nachzugehen, wie Selbstorganisation in der Lehre umgesetzt werden kann. Um diese Frage rankte sich der ganze Tag und dabei sind Dinge entwickelt worden, die hier aus dieser Gruppe entstanden, die hier konstruiert wurden.

Genau, meinte Frau Huber. Es war also nicht nur eine Rekonstruktion von Wissen, also ein Nachplappern von etwas, das wir irgendwann mal gehört haben, sondern wirklich ein Neu-Konstruieren. Jeder von uns hatte heute die Gelegenheit, sein eigenes Wissen, seine eigene Erkenntnis und sein eigenes pädagogisches Know-how zu vertiefen. Neue Methoden für seinen eigenen Unterricht zu entwickeln, neue Herangehensweisen zu erlernen, kurz: neues Wissen zu konstruieren.

Das ist die große Stärke einer solchen Konferenz, sagte ein zufriedener Martin. Keiner hat, abgesehen von den kurzen Impulsreferaten am Morgen, Vorträge gehalten, keiner hat doziert, so dass die anderen nur zuhören mussten, sondern alle waren aktiviert und mussten sich sozusagen um ihren eigenen Lernerfolg kümmern.

Oh ja, fügte Lehrer Lämpel hinzu. Deshalb ist es unsere Aufgabe, den Lernenden zu aktivieren. Ich war heute Nachmittag in einer Arbeitsgruppe, die ich ja auch selbst ins Leben gerufen hatte, in der wir uns genau diese Frage stellten. Wie ist denn die Rolle des Lehrenden, wenn Lernen selbstorganisiert vonstatten geht? Und schließlich kamen wir auch darauf, dass es hauptsächlich darum gehen kann, Lernen anzuregen, Methoden und Materialien zur Verfügung zu stellen und mit den Lernenden gemeinsam zu reflektieren, was denn nun gelernt wurde. Ich bin übrigens der Meinung, dass Ihnen das heute mit dieser Konferenz sehr gut gelungen ist. Wir hatten übrigens Herrn Finster mal kurz in unserer Gruppe und unter uns gesagt: Er hat das Prinzip nicht verstanden.

Den letzten Satz hatte Herr Lämpel fast geflüstert, um ja nicht von allen gehört zu werden. Er fügte weiter an: Der schien sich vor allem selbst gerne reden zu hören. Er dozierte, was seiner Meinung nach die Rolle des Lernbegleiters sein sollte, fragte, ob alle verstanden hatten, was er meinte und ging dann zum nächsten Thema. Das hatte mit Konstruktion nichts zu tun. Das war eher ein ganz klassisches Dozieren. Aber zum Glück ging es dann ja wieder ohne ihn gut weiter und wir konnten weiter konstruktiv diskutieren.

Aber noch mal: Ich war zugegebenermaßen sehr skeptisch zu Beginn, als sie anmoderierten, was heute so passiert, Herr Peler. Doch rückblickend haben wir dann doch alle mit Spaß und Freude den ganzen Tag über gearbeitet. Aber abschließend habe ich ja noch eine Frage: Werden wir eigentlich noch eine Dokumentation des heutigen Tages bekommen?

Simone, Martin und Frank schauten sich betreten an. Daran hatten sie gar nicht gedacht. Herr Lachkamb hatte etwas von Fotoprotokollen geredet, aber das war letztlich in der ganzen Vorbereitungsphase untergegangen. Frank hatte die rettende Idee: Also neben einem Fotoprotokoll, so haben wir uns gedacht, kopieren wir unsere Erkenntnisse aus dem Projekttagebuch „Neue Lernkultur", sagte er im Brustton der Überzeugung, so als ob das alles bereits seit langem geplant gewesen war, so dass jeder unseren Erkenntnisprozess nachvollziehen kann. Die wichtigsten Gedanken stehen darin und können so von jedem in unserer Unternehmensgruppe genutzt werden.

Das ist ein super Idee, vielen Dank dafür, meinte Frau Huber, die sich jetzt mit Herrn Lämpel zusammen verabschiedete, nicht ohne hinzuzufügen, dass sie sich schon darauf freuten, im nächsten Jahr auf der nächsten Konferenz weiter an den Themen zu arbeiten.

Als die beiden gegangen waren, wandte sich Martin wieder seinen Kollegen zu. Oha, gut geflunkert, was die Unterlagen angeht! Jetzt haben wir es also geschafft. Hoffentlich kommt bloß keiner auf die Idee, dass wir so eine Konferenz im nächsten Jahr wieder organisieren sollen.

Na, gab Simone lachend zu bedenken, wer etwas gut macht und so hohe Standards setzt, läuft ja schon Gefahr, das Thema immer wieder ans Bein gebunden zu bekommen!
   Aber es war ja nicht nur anstrengend, sondern auch bereichernd und hat Spaß gemacht. Vielen Dank für die gute Zusammenarbeit heute, meinte jetzt Frank, der von der Moderation ganz schön geschafft war. Welches Projekt gehen wir als Nächstes an?, fragte er lachend.
   Oh je, stöhnte Martin. Nicht doch. Reicht das nicht erstmal aus, jetzt?
   Nun, was ich heute des Öfteren gehört habe, schaltete sich jetzt Simone ein, war die Aussage, dass wir irgendwie so etwas wie eine Methodensammlung bräuchten. Also ein Buch, ein Nachschlagewerk oder eine Sammlung im Intranet, in der alle nachschauen können, die eine Veranstaltung planen. Ich denke, das könnte ein Projekt für das nächste Jahr und den nächsten Kongress sein ...

Als die drei Ihre Sachen zusammenpacken wollten, um nach Hause zu gehen, kam Herr Finster auf sie zu. Seine unangehme Stimme führte dazu, dass sich sofort Martins Nackenhaare stellten.

Nun, ich muss sagen, sagte Finster, während er seine Schultern straffte, um etwas größer zu wirken, die Veranstaltung war ja gar nicht so schlecht. Ich glaube, die Leute waren sehr zufrieden und haben alle mitgearbeitet. Das war wohl ein ganz guter Workshop. Mal sehen, was sich in der Unternehmensgruppe bewegt nach diesem Tag.

Oh, vielen Dank, Herr Finster, entfuhr es Martin, der sichtlich überrascht war, fast so etwas wie ein Lob von Herrn Finster zu bekommen.

Aber nicht zu Höhenflügen ansetzen, Kollegen. Wir werden sehen, was sich umsetzen lässt. Nachdem Herr Finster den Satz beendet hatte, drehte er sich um und verabschiedete sich mit einer kurzen Handbewegung.

Simone sah die beiden Kollegen verwundert an, hatten sie doch alle drei gemeint, ein kleines und nur ganz kurz aufflackerndes Lächeln bei Herrn Finster entdeckt zu haben. Tja, es geschehen noch Zeichen und Wunder! Das ist ein wirklich großer Erfolg des heutigen Tages. Er hat nicht gemotzt, das ist wohl Lob genug. Ich denke, die Teilnehmenden des heutigen Tages waren sehr zufrieden, der Herr Finster ist es wohl auch und für uns sollte das Gleiche gelten.

Sie verließen lachend den Konferenzraum und verabschiedeten sich voneinander, nicht ohne sich für ihren nächsten Jour fixe um 11 zu verabreden.

Literatur

Arnold, Rolf (1995). *Bildung und Betrieb – Anmerkungen zu einem betriebspädagogischen Paradigmenwechsel.* In: Walter Dürr (Hrsg.): Selbstorganisation verstehen lernen. Frankfurt/Main. Peter Lang GmbH.

Arnold, Rolf/Siebert, Horst (1997). 2.Aufl.. *Konstruktivistische Erwachsenenbildung: Von der Deutung zur Konstruktion von Wirklichkeit.* Hohengehren. Schneider Verlag.

Baumann, Zygmunt (1995). *Ansichten der Postmoderne.* Hamburg/ Berlin. Argument Verlag.

Beck, Ulrich (1997). *Was ist Globalisierung?* Frankfurt/Main. Suhrkamp Verlag.

Beck, Ulrich (2005). *Was zur Wahl steht.* Frankfurt/Main. Suhrkamp Verlag.

Birkenbihl, Michael (2001). 16. Aufl. *Train the Trainer.* Arbeitshandbuch für Ausbilder und Dozenten. Landsberg/Lech. Verlag Moderne Industrie.

Bornhäußer, Andreas (2001). *Präsentainment.* Die hohe Kunst des Verkaufens. Bergheim. Benleo Verlag.

Capra, Fritjof (1998). 6. Aufl. *Wendezeit.* Bausteine für ein neues Weltbild. München. Deutscher Taschenbuch Verlag.

Dawkins, Richard (1978). *Das egoistische Gen.* Berlin/Heidelberg/New York. Springer Verlag.

DeMarco, Tom (1998). *Der Termin.* Ein Roman über Projektmanagement. München, Wien. Carl Hanser Verlag.

Dubs, Rolf (1999). *Lehren und Lernen – ein Wechselspiel.* In: DIE: Materialien 18. Selbstgesteuertes Lernen – auf dem Weg zu einer neuen Lernkultur. Deutsches Institut für Erwachsenenbildung. Frankfurt/Main.

Dürr, Walter (Hrsg.). (1995). *Selbstorganisation verstehen lernen.* Komplexität im Umfeld von Wirtschaft und Pädagogik. Frankfurt/Main. Peter Lang GmbH.

Etringer, Bianca (2004) *Authentizität und Moderation.* Als Diplomarbeit vorgelegt an der Universität Bielefeld, Fakultät für Pädagogik.

Foerster, Heinz von (1995). *Das Konstruieren einer Wirklichkeit.* In: Paul Watzlawick (Hrsg.). 9. Aufl. Die erfundene Wirklichkeit. Wie wissen wir, was wir zu wissen glauben? München. Piper Verlag.

Forneck, H. J. (2002). *Konzept Selbstlernen,* in: Management & Training – Magazin für Human Resources Development, 4-2002, S. 28-31.

Funke, Amelie/Rachow, Axel (2002). *Rezeptbuch für lebendiges Training.* Bonn. managerSeminare Gerhard May Verlags GmbH.

Glasersfeld, Ernst von (1995). *Einführung in den radikalen Konstruktivismus.* In: Paul Watzlawick (Hrsg.). 9. Aufl. Die erfundene Wirklichkeit. Wie wissen wir, was wir zu wissen glauben? München. Piper Verlag.

Glasersfeld, Ernst von (1997). *Wege des Wissens.* Konstruktivistische Erkundungen durch unser Denken. Heidelberg. Carl-Auer-Systeme.

Goleman, Daniel (1997). *Emotionale Intelligenz.* München. Dtv.

Green, Norm & Kathy (2007). 3. Aufl. *Kooperatives Lernen im Klassenraum und im Kollegium.* Seelze-Velber. Kallmeyer in Verbindung mit Klett. Erhard Friedrich Verlag GmbH.

Hamann, Angelika (2002). *Erfolgreiche Aus- und Weiterbildung des selbstständigen Trainers.* In: Hey, Hans A. (Hrsg.). Trainerkarriere. Offenbach. Gabal Verlag GmbH.

Heimann P./Otto, G./ Schulz, W. (1979). 10. Aufl.. *Unterricht. Analyse und Planung.* Hannover. Hermann Schroedel Verlag.

Hejl, Peter M. (1995). *Ethik, Konstruktivismus und gesellschaftliche Selbstregelung.* In: Rusch/Schmidt (Hrsg.). Konstruktivismus und Ethik. Frankfurt/Main. Suhrkamp.

Heydorn, Heinz- Joachim (1980). *Ungleichheit für alle.* Frankfurt/Main. Syndikat.

Hüther, Gerald (2001). 2. Aufl.. Bedienungsanleitung für ein menschliches Gehirn. Göttingen. Vandenhoeck & Ruprecht.

Kant, Immanuel (1982). 2. Aufl. *Ausgewählte Schriften zur Pädagogik und ihrer Begründung.* Theodor Rutt (Hrsg). Paderborn. Ferdinand Schöningh.

Kant, Immanuel (1982). 2. Aufl.. *Vorlesung über Pädagogik.* In: Groothoff, Hans- Hermann. Ausgewählte Schriften zur Pädagogik und ihrer Begründung. Theodor Rutt (Hrsg.). Paderborn. Ferdinand Schöningh.

Kant, Immanuel (1995). *Grundlegung zur Metaphysik der Sitten.* Ossner/Rumpf/Vahland (Hrsg.). Stuttgart. Ernst Klett Schulbuchverlag.

Klafki, Wolfgang (1996). 5. Aufl.. *Neue Studien zur Bildungstheorie und Didaktik.* Zeitgemäße Allgemeinbildung und kritisch-konstruktive Didaktik. Weinheim und Basel. Beltz Verlag.

Kösel, Edmund (1995). 2. Aufl. *Die Modellierung von Lernwelten.* Ein Handbuch zur Subjektiven Didaktik. Elztal- Dallau. Laub Verlag.

Küng, Hans (Hrsg). (1995). *Ja zum Weltethos.* Perspektiven für die Suche nach Orientierung. München. Piper GmbH & Co. KG.

Linker, Wolfgang (2005). *Besprechungen moderieren*. In: Monnet, Claudia. (Hrsg.) Turbo Workshops. Bonn. ManagerSeminare Verlags GmbH.
Ludwig, Ralf (1995). *Kant für Anfänger*. Der kategorische Imperativ. München. Deutscher Taschenbuch Verlag.

Marotzki, Winfried (1992). *Grundlagenarbeit: Herausforderungen für Kritische Erziehungswissenschaft durch die Philosophie J.-F. Lyotards*. In: Kritische Erziehungswissenschaft – Moderne – Postmoderne. Band I. Weinheim. Deutscher Studien Verlag.
Maturana, Humberto R. (1994). *Was ist erkennen?* München. R. Piper GmbH & Co. KG.
Maturana, Humberto R./Varela, Francisco J. (1987). *Der Baum der Erkenntnis*. Die biologischen Wurzeln des menschlichen Erkennens. München. Goldmann Verlag.
Meier, Dave (2004). *Accelerated Learning*. Handbuch zum schnellen und effektiven Lernen in Gruppen. Bonn. ManagerSeminare Verlags GmbH.
Meyerhoff, Juliane/Brühl, Christoph (2006). 2. Aufl. *Fachwissen lebendig vermitteln*. Das Methodenhandbuch für Trainer und Dozenten. Leonberg. Rosenberger Fachverlag.
Miegel, Meinhard (2003). *Die deformierte Gesellschaft*. Wie die Deutschen ihre Wirklichkeit verdrängen. Berlin. Ullstein Buchverlage GmbH.
Monnet, Claudia (Hrsg.). (2005). *Turbo-Workshops*. AL – Accelerated Learning zum Nachmachen. Bonn. ManagerSeminare Verlags GmbH

Nohl, Hermann (1949). *Pädagogik aus dreißig Jahren*. Frankfurt/Main. Schulte-Bulmke.

O´Connor, Joseph/Seymour, John (1996). 6. Aufl.. *Neurolinguistisches Programmieren*: Gelungene Kommunikation und persönliche Entfaltung. Freiburg/Br. Verlag für angewandte Kinesiologie.

Patrzek, Andreas (2005). 3. Aufl. *Fragekompetenz für Führungskräfte*. Handbuch für wirksame Gespräche mit Mitarbeitern. Leonberg. Rosenberger Fachverlag.
Paulik, Helmut (Hrsg.). (1988). 11. Aufl.. *Der Ausbilder im Unternehmen*. Landsberg
Portele, Gerhard (1989). *Autonomie – Macht – Liebe*. Frankfurt/Main. Suhrkamp Verlag.

Quitman, Helmut (1996). *Humanistische Psychologie*. Göttingen; Bern; Toronto; Seattle. Hogrefe Verlag für Psychologie.

Rosenstiel, Lutz von (2001). 10. Aufl. *Motivation im Betrieb*. Mit Fallstudien aus der Praxis. Leonberg. Rosenberger Fachverlag.

Siebert, Horst (2004). *Methoden für die Bildungsarbeit*. Bielefeld. W. Bertelsmann Verlag.

Spitzer, Manfred (2000) *Geist im Netz: Modelle für Lernen, Denken und Handeln*. Heidelberg, Berlin. Spektrum, Aakademischer Verlag

Sprenger, Reinhard K. (2000). *Das Prinzip Selbstverantwortung*. Wege zur Motivation. Frankfurt/Main. Limitierte Jubiläumsausgabe. Campus Verlag GmbH.

Varela, Franciso J. (1994). *Ethisches Können*. Frankfurt/New York. Campus Verlag.

Watzlawick, Paul (1995). 2. Aufl. *Einführung in den Konstruktivismus*. München. Piper.

Weidenmann, Bernd (2006). *Handbuch Active Training*. Die besten Methoden für lebendige Seminare. Weinheim und Basel. Beltz Verlag.

Welsch, Wolfgang (1993). *Topoi der Postmoderne*. In: Fischer/Retzer/Schweitzer. Das Ende der großen Entwürfe. Frankfurt/Main Suhrkamp Verlag.

Welsch, Wolfgang (1997). 5. Aufl. *Unsere postmoderne Moderne*. Berlin. Akademie Verlag GmbH.

Welsch, Wolfgang (1988). *Postmoderne – Pluralität als ethischer und politischer Wert*. Köln. Wirtschaftsverlag Bachem GmbH.

Winkler, Michael (1992). *Erziehung im System der Barbareivermeidung*. In: Kritische Erziehungswissenschaft – Moderne – Postmoderne. Band I. Weinheim. Deutscher Studien Verlag.

Zum Autor

Gerd Kalmbach, Jahrgang 1971, Diplompädagoge, ist seit 1999 als freiberuflicher Trainer und Lehrbeauftragter an der Hochschule Offenburg und der Berufsakademie Lörrach selbstständig tätig. Während seines Studiums der Erziehungswissenschaften an der Pädagogischen Hochschule Freiburg mit dem Schwerpunkt Erwachsenenbildung und berufliche Fortbildung hat er studienbegleitend in der Produktion eines mittelständischen, metallverarbeitenden Unternehmens gearbeitet. Zusatzqualifikationen in NLP und partnerzentrierter Gesprächsführung, die wissenschaftliche Mitarbeit in einem Modellversuch und der regelmäßige fachliche Austausch mit Kollegen ergänzen seine fachliche Kompetenzen.

Gerd Kalmbach trainiert hauptsächlich interne Trainer, Ausbilder und Menschen, die im weitesten Sinne lehrend tätig sind („Train the Trainer"). Das Konzept „Aktivierendes Lehren" entwickelte Gerd Kalmbach im Zusammenhang mit seiner Diplomarbeit, die sich mit der „Selbstorganisation in der beruflichen Aus- und Weiterbildung" auseinandersetzt. In den acht Jahren seiner praktischen Trainertätigkeit hat er die Methode im regelmäßigen Austausch mit Seminarteilnehmern, Kunden und Bildungsverantwortlichen in Unternehmen konsequent weiterentwickelt.

Über die Seminar- und Trainertätigkeit hinaus arbeitet Gerd Kalmbach in längerfristigen Projekten zum Thema „Weiterbildung und Qualifikation von Mitarbeitern" eng mit Firmenkunden zusammen. Zusätzlich engagiert er sich als Interims-Bildungsreferent für die TGE-Akademie (www.tge-akademie.de) in Neumarkt in der Oberpfalz.

Über sein berufliches Engagement hinaus ist Gerd Kalmbach ehrenamtlich verantwortlich für das Ressort Bildung und Wirtschaft bei den Wirtschaftsjunioren Ortenau und außerdem im BDVT (Berufsverband der Verkaufsförderer und Trainer) aktiv tätig.

Kontakt: www.aktivierendes-lehren.de oder www.gerd-kalmbach.de

zenz zum Wissen.

rn Sie sich umfassendes Wirtschaftswissen mit Sofortzugriff
usende Fachbücher und Fachzeitschriften aus den Bereichen:
gement, Finance & Controlling, Business IT, Marketing,
c Relations, Vertrieb und Banking.

siv für Leser von Springer-Fachbüchern: Testen Sie Springer
rofessionals 30 Tage unverbindlich. Nutzen Sie dazu im
llverlauf Ihren persönlichen Aktionscode C0005407 auf
springerprofessional.de/buchkunden/

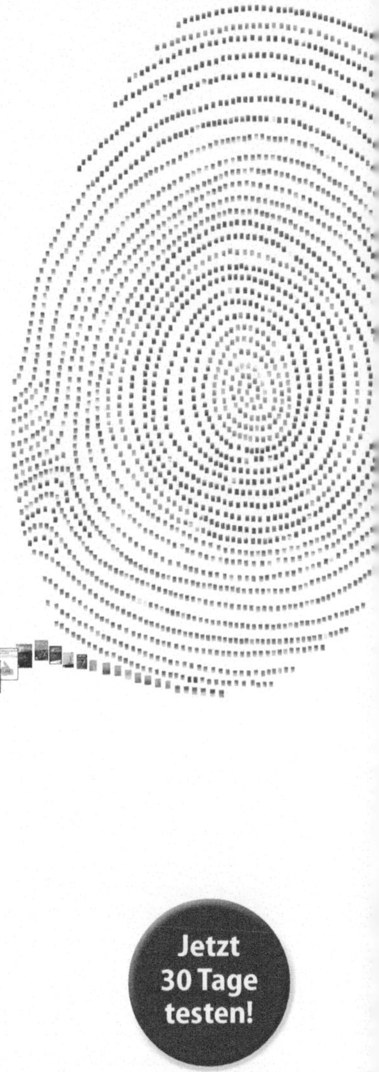

**Jetzt
30 Tage
testen!**

Springer für Professionals.
Digitale Fachbibliothek. Themen-Scout. Knowledge-Manager.

- Zugriff auf tausende von Fachbüchern und Fachzeitschriften
- Selektion, Komprimierung und Verknüpfung relevanter Themen durch Fachredaktionen
- Tools zur persönlichen Wissensorganisation und Vernetzung

www.entschieden-intelligenter.de

ringer für Professionals

The manufacturer's authorised representative in the EU is Springer Nature Customer Service Centre GmbH, Europaplatz 3, 69115 Heidelberg, Germany. If you have any concerns regarding our products, please contact ProductSafety@springernature.com

Printed and bound by CPI Group (UK) Ltd, Croydon, CR0 4YY

23/03/2026

02076675-0003